utb 5329

Eine Arbeitsgemeinschaft der Verlage

Böhlau Verlag · Wien · Köln · Weimar
Verlag Barbara Budrich · Opladen · Toronto
facultas · Wien
Wilhelm Fink · Paderborn
Narr Francke Attempto Verlag / expert verlag · Tübingen
Haupt Verlag · Bern
Verlag Julius Klinkhardt · Bad Heilbrunn
Mohr Siebeck · Tübingen
Ernst Reinhardt Verlag · München
Ferdinand Schöningh · Paderborn
transcript Verlag · Bielefeld
Eugen Ulmer Verlag · Stuttgart
UVK Verlag · München
Vandenhoeck & Ruprecht · Göttingen
Waxmann · Münster · New York
wbv Publikation · Bielefeld

LiLA
Linguistik fürs Lehramt

Hg. von Petra Gretsch und Gabriele Kniffka

Dirk Betzel · Hansjörg Droll

Orthographie

Schriftstruktur und Rechtschreibdidaktik

Ferdinand Schöningh

Die Autoren:

Dirk Betzel ist Professor für deutsche Sprache und ihre Didaktik an der Pädagogischen Hochschule Ludwigsburg.

Hansjörg Droll arbeitet als Akademischer Oberrat am Institut für deutsche Sprache und Literatur der Pädagogischen Hochschule Freiburg.

Umschlagabbildung: Atelier Reichert unter Verwendung von AdobeStock #212073958, zolga

Online-Angebote oder elektronische Ausgaben sind erhältlich unter **www.utb-shop.de**

Bibliografische Information der Deutschen Nationalbibliothek

Die Deutsche Nationalbibliothek verzeichnet diese Publikation in der Deutschen Nationalbibliografie; detaillierte bibliografische Daten sind im Internet über http://dnb.d-nb.de abrufbar.

© 2020 Verlag Ferdinand Schöningh, ein Imprint der Brill-Gruppe
(Koninklijke Brill NV, Leiden, Niederlande; Brill USA Inc., Boston MA, USA; Brill Asia Pte Ltd, Singapore;
Brill Deutschland GmbH, Paderborn, Deutschland)

Internet: www.schoeningh.de

Das Werk, einschließlich aller seiner Teile, ist urheberrechtlich geschützt. Jede Verwertung außerhalb der engen Grenzen des Urheberrechtsgesetzes ist ohne Zustimmung des Verlages unzulässig und strafbar. Das gilt insbesondere für Vervielfältigungen, Mikroverfilmungen und die Einspeicherung und Verarbeitung in elektronischen Systemen.

Herstellung: Brill Deutschland GmbH, Paderborn
Einbandgestaltung: Atelier Reichert, Stuttgart

UTB-Band-Nr: 5329
ISBN 978-3-8252-5329-5

Vorwort der Herausgeberinnen

Die Reihe **LiLA – Linguistik fürs Lehramt** richtet sich an Studierende in Lehramts- und lehramtsaffinen Studiengängen, an angehende Lehrkräfte in der zweiten Ausbildungsphase sowie an Lehrkräfte, die ihre sprachwissenschaftlichen Kenntnisse auffrischen möchten. Die Reihe hat zum Ziel, fachwissenschaftliche und fachdidaktischen Aspekte auf gehobenem Niveau zu verbinden und den Zugang zum jeweiligen linguistischen Kernbereich aus praxisnahen Fragestellungen heraus zu eröffnen. Zum einen wird hier an die Erfahrungswelt von Lehramtsstudierenden, Referendar/innen und Lehrer/innen angeknüpft, zum anderen sind die Überlegungen unmittelbar auf die schulische Praxis anwendbar.

Den Ausgangspunkt der Einführungen bilden fachdidaktische Fragestellungen, die zu einem praxisorientierten und systematischen Problemaufriss der jeweiligen Teildisziplin(en) führen. Neben den Schlüsselbegriffen der Disziplin bieten die Bände eine Vertiefung in schulrelevanten Kernbereichen und eine Auffächerung des Praxisfeldes mit Übungen. Die Bände richten sich an Personen ohne oder mit geringen Vorkenntnissen, ermöglichen aber auch die gezielte Auffrischung bzw. Aktualisierung von vorhandenem Wissen.

Wir wünschen uns, dass der Funke der Begeisterung für Fragen nach der Funktionsweise von Sprachen auch auf unsere Leser/innen überspringt und letztlich auch bei denen ankommt, die sich qua Bildungsplan mit sprachlichen Fragen zu beschäftigen haben: den Schülerinnen und Schülern. Wir möchten an dieser Stelle unserem Autorenteam danken, das unsere Entdeckerfreude bei der Erkundung von Gemeinsamkeiten und Unterschieden zwischen Sprachen oder auch zwischen Sprache und Schrift teilt und sich in Autoren-Tandems couragiert auf die Herausforderung eingelassen hat.

Übrigens finden Sie zu allen Übungen in diesem Buch online Lösungsvorschläge unter **www.utb-shop.de/9783825253295**. Überall, wo Sie am Rand ein Maus-Symbol sehen, gibt es dort außerdem weiterführendes Zusatzmaterial.

Petra Gretsch
Gabriele Kniffka

Inhalt

1. **Grundlagen** 9
   1.1 Orthographie und Graphematik 9
   1.2 Rechtschreibung erwerben und lernen 15
   1.3 Rechtschreibkompetenz 19
2. **Schriftstruktur** 25
   2.1 Phonographisches Prinzip................................... 25
       2.1.1 Einleitung... 25
       2.1.2 Grapheme, Phoneme und Graphem-Phonem-Korrespondenzen 28
   2.2 Silbisches Prinzip 38
       2.2.1 Einleitung... 38
       2.2.2 Grundlagen zur Silbe................................. 40
       2.2.3 Offene und geschlossene Silbe (unmarkiert) 44
       2.2.4 Silbengelenkschreibung................................ 50
       2.2.5 Silbeninitiales <h> 54
       2.2.6 <ie>-Schreibung 58
       2.2.7 Dehnungs-<h> 61
       2.2.8 Doppelvokale 64
       2.2.9 *s*-Schreibung 66
   2.3 Morphologisches Prinzip 73
       2.3.1 Einleitung... 73
       2.3.2 Schreibung von Umlauten............................. 75
       2.3.3 Nichtberücksichtigung der Auslautverhärtung 77
       2.3.4 Schreibung an der Morphemgrenze 80
       2.3.5 Vererbung silbischer Schreibungen 83
   2.4 Syntaktisches Prinzip 86
       2.4.1 Einleitung 86
       2.4.2 Satzinterne Großschreibung 88
       2.4.3 Getrennt- und Zusammenschreibung 101
       2.4.4 *Das-/dass*-Schreibung 112
   2.5 Interpunktion 120
       2.5.1 Einleitung 120
       2.5.2 Das Komma 123
       2.5.3 Das Komma und weitere Interpunktionszeichen aus Lesersicht 135

3. **Rechtschreibdiagnostik** **147**
   3.1   Heterogenität im (Rechtschreib-)Unterricht 147
   3.2   Rechtschreibdiagnostik 152
         3.2.1 Überblick 152
         3.2.2 Qualitative Fehleranalyse bei frei verfassten Texten 157
         3.2.3 Weitere Möglichkeiten der Rechtschreibdiagnostik 169

Literatur 173

Abbildungsverzeichnis 185

Tabellenverzeichnis 187

Abkürzungsverzeichnis 188

Sachregister 189

1. Grundlagen

Ein wesentliches Ziel des Rechtschreibunterrichts besteht unzweifelhaft darin, Schülerinnen und Schülern einen Zugang zum Schriftsystem zu ermöglichen, sodass sie imstande sind, weitgehend fehlerfrei zu schreiben und Schriftstrukturen für den Leseprozess zu nutzen. Bevor wir in Kapitel 2 die Struktur des Schriftsystems beleuchten, werden im ersten Kapitel zunächst Grundlagen besprochen. Die Gegenüberstellung von Orthographie und Graphematik in Kapitel 1.1 verdeutlicht unterschiedliche Perspektiven auf das Schriftsystem. Die jeweilige Perspektive hat Auswirkungen auf die Konzeption von Rechtschreibunterricht und auf die Gestaltung von Lernprozessen – darum geht es in Kapitel 1.2. Abschließend erfolgt in Kapitel 1.3 eine Annäherung an den facettenreichen Begriff ‚Rechtschreibkompetenz'.

1.1 Orthographie und Graphematik

Der Rechtschreibung wird im Allgemeinen ein hoher Stellenwert beigemessen. Wer sie nur unzureichend beherrscht, muss zumindest in beruflichen Kontexten mit Nachteilen und negativen Zuschreibungen rechnen. In welchem Maße orthographische Abweichungen ansonsten toleriert werden, hängt mitunter von der Textsorte, der Beziehung zwischen Schreiber/in und Leser/in und womöglich vom Medium (z. B. SMS, Chat) ab, in dem ein Text geschrieben wurde (vgl. Dürscheid 2016: 167). Der schulische Stellenwert der Rechtschreibung wird schon dadurch ersichtlich, dass die Rechtschreibleistung am Ende der Grundschulzeit zu den stärksten Prädiktoren für die Sekundarschulempfehlung zählt (vgl. Steinig et al. 2009). Nicht zuletzt zeigt sich die gesellschaftliche Bedeutung der Orthographie auch daran, dass sie in unregelmäßigen Abständen im Fokus öffentlicher Debatten steht.

Dass wir im Gegensatz zu anderen Bereichen des Deutschunterrichts in Bezug auf die Rechtschreibleistung relativ schnell zu einer Einschätzung gelangen, liegt an ihrer Evidenz. Die Schreibung ist nicht beliebig, sondern einheitlich und verbindlich geregelt – sie ist normiert. Auf der Grundlage solcher Normen lassen sich Schreibungen als richtig oder falsch beurteilen. In Bezug auf die deutsche Orthographie spricht Kohrt (1990: 121) von einer „doppelten Kodifikation", weil Normen einerseits wortbezogen in Form eines Wörterverzeichnisses und andererseits als Schreibvorschriften in Form von Regeln niedergelegt sind. Die aktuelle Fassung des amtlichen Regelwerks (ARW) sowie das aktuelle Wörterverzeichnis können auf der Homepage des Rats für deutsche Rechtschreibung abgerufen werden,[1] einem zwischenstaatlichen Gremium, das für die Einheitlichkeit und Weiterentwicklung der deutschen Orthographie verantwortlich ist.

Der Vorteil einer einheitlich geregelten Schreibung liegt auf der Hand, bildet sie doch die Grundlage einer gelingenden schriftlichen Kommunikation, die unabhängig von Ort und Zeit funktionieren soll. Für das Deutsche existiert eine einheitlich geregelte Schreibung seit den Beschlüssen der II. Orthographischen Konferenz von 1901, welche 1903 für Schulen und Behörden verbindlich eingeführt wurde. Diesem vorläufigen Endpunkt ging ein mehrere Jahrhunderte andauernder Prozess voraus, der als Wechselwirkung von sich stetig verändernden Schreibgewohnheiten und zumeist nachgelagerten Normierungsversuchen beschrieben werden kann (Bergmann & Nerius 1998). Antriebsfaktoren für ein sich allmählich herausbildendes einheitliches Schriftsystem waren unter anderem die gestiegenen Anforderungen an Schrift für das stille Lesen und der seit Erfindung des Buchdrucks wachsende Buchmarkt mit einem kontinuierlich größer werdenden Leserkreis, um den sich Buchdrucker mit möglichst leserfreundlichen Produkten bemühten (vgl. Maas 2015). Zunehmende Vereinheitlichungsbestrebungen ab Mitte des 18. Jahrhunderts bis zur II. Orthographischen Konferenz als ihr vorläufiger Endpunkt waren insbesondere motiviert durch den gestiegenen Bedarf an schriftlichem Austausch im Zuge wachsender Mobilität, die Einführung der Schulpflicht sowie die Reichsgründung von 1871.

Im vorangegangenen Abschnitt ist bereits angeklungen, dass die Schreibung des Deutschen mit Blick auf die Schriftgeschichte weitgehend als ein allmählich entstandenes „natürliches System" aufgefasst werden kann (Fuhrhop 2015a: 3). Mit diesem Schriftsystem beschäftigen sich sowohl die Orthographie als auch die Graphematik, allerdings aus unterschiedlichen Perspektiven:

> Beide Disziplinen sind zwar mit der Formseite der geschriebenen Sprache befasst [...], doch unterscheiden sie sich in einem wesentlichen Punkt: In der **Graphematik** geht es um die **Beschreibung des Schriftsystems**, in der **Orthographie** um die **Normierung des Schriftsystems**. (Dürscheid 2016: 128, Hervorhebung D. B. & H. D.)

Spricht man von **Orthographie** (griech. *orthós = richtig*; *gráphein = schreiben*), rekurriert man auf eine externe Norm, die sich in orthographischen Regeln und einem zusätzlichen Wörterverzeichnis (z. B. Duden) manifestiert. Orthographie ist somit eng mit dem bereits erwähnten amtlichen Regelwerk (ARW) verknüpft. Auf dieser Grundlage kann z. B. die Schreibung *<Bläter> eindeutig als normwidrige Schreibung, die Wortform <Blätter> hingegen als normkonforme Schreibung bestimmt werden. Die im ARW kodifizierte Norm dient also in erster Linie zur Sicherung der einheitlichen Schreibweise und richtet sich

---

[1] [http://www.rechtschreibrat.com]

vorwiegend an kompetente Schreiber/innen, die sich schnell zurechtfinden sollen, um interne orthographische Zweifelsfälle klären zu können (vgl. Eisenberg 2016: 65). Als Grundlage für didaktische Entscheidungen ist sie kaum geeignet, da aufgrund der Fülle von orthographischen Einzelregeln ein verstehender Zugang zum Gesamtsystem erschwert wird.

Dass orthographische Normen auch Veränderungen unterliegen können, zeigte zuletzt die Rechtschreibreform von 1996 und ihre Modifizierung im Jahr 2004/2006. So schreiben wir seitdem bspw. *Betttuch* (statt: *Bettuch*), *Bändel* (statt: *Bendel*) oder *im Allgemeinen* (statt: *im allgemeinen*). Solche Veränderungen der Schreibnorm stehen idealerweise im Einklang mit dem rekonstruierbaren Schriftsystem und der Intuition der Schreiber/innen, mitunter stehen sie auch im Widerspruch dazu. In Kapitel 2.4.2 werden wir argumentieren, dass die nun geforderte Großschreibung von *im Allgemeinen* nicht mit der Systematik der Großschreibung kompatibel ist. Ähnlich wie auch in bestimmten Bereichen der Getrennt- und Zusammenschreibung (s. Kap. 2.4.3) besteht also in solchen Fällen eine Divergenz zwischen der aktuell gültigen Schreibnorm und dem graphematisch rekonstruierbaren Schriftsystem.

Unabhängig von solchen Veränderungen, die auch durch zugelassene Variantenschreibungen (z. B. *anstelle* oder *an Stelle*) zum Ausdruck kommen, bleibt festzuhalten, dass orthographische Normen für das Rechtschreiblernen ungeeignet sind. Vielmehr geht es beim Rechtschreiblernen um ein Entdecken von regelhaften Strukturen der Schrift. Normgemäß schreiben zu können, bleibt freilich das Ziel eines solchen Prozesses.

Bislang war hauptsächlich von orthographischen Normen die Rede. Normen, die der einheitlichen Schreibung des Deutschen zugrunde liegen, sind jedoch nicht willkürlich gewählt, sondern stützen sich weitgehend „auf den historisch gewachsenen Sprachgebrauch" (Dürscheid 2016: 168) und weichen lediglich in „sehr beschränktem Umfang von einem graphematisch rekonstruierbaren Schriftsystem ab" (Eisenberg 2013a: 288). Demzufolge lässt sich die normierte Schreibweise eines Wortes durch schriftsystematische Einsichten erschließen – die Schreibweise wird somit erklärbar. Diejenige linguistische Teildisziplin, die diese Regularitäten des Schriftsystems ermittelt, heißt **Graphematik**. Sie deckt die regelhaften Strukturen auf, die dem Lesen und Schreiben zugrunde liegen, und beschreibt sie auf segmentaler und suprasegmentaler Ebene[2] (vgl. Dürscheid 2016: 128 f.).

---

2 Mit der Berücksichtigung *segmentaler* und *suprasegmentaler* Einheiten des Schriftsystems vertreten wir in Anlehnung an Eisenberg (1989: 59) einen weiten Gegenstandsbereich der Graphematik. Im Gegensatz dazu betrachtet Neef (2005) Graphematik als Gegenstück zur segmentalen Phonologie und nimmt ausschließlich Phonem-Graphem-Korrespondenzen in den Blick.

Die Graphematik ist eine relativ junge sprachwissenschaftliche Teildisziplin, die sich etwa seit Anfang der 1980er-Jahre entwickelt hat. Der Grund für diese vergleichsweise späte Entwicklung hängt mit der in der Sprachwissenschaft lange Zeit vorherrschenden **Dependenzhypothese** zusammen, wonach Schrift als sekundäres Zeichensystem angesehen wurde, das von der gesprochenen Sprache abhänge und diese lediglich visualisiere (vgl. Dürscheid 2016: 36 f.). Als Konsequenz dieser Vorrangstellung gesprochener gegenüber geschriebener Sprache war das Schriftsystem lange Zeit kein Gegenstand sprachwissenschaftlicher Forschung, mit der Folge, dass im Orthographieunterricht Schreibungen, die nicht dem Ideal der Lauttreue entsprachen, als unsystematisch galten (vgl. Bredel 2009: 135). Erst als das Schriftsystem als eigenständiger Forschungsgegenstand mit eigenen Gesetzmäßigkeiten und Beschreibungskategorien betrachtet wurde, etablierte sich die Graphematik als linguistische Teildisziplin. Die theoretische Position, die von der Eigenständigkeit des Schriftsystems ausgeht, wird im Gegensatz zur Dependenzhypothese als **Autonomiehypothese** bezeichnet bzw. als **Interdependenzhypothese**, um die relative Eigenständigkeit zum Ausdruck zu bringen (vgl. Glück & Rödel 2016: 301 f.).

Die graphematische Beschreibung des Schriftsystems erfolgt mit Bezug auf mehrere sprachliche Ebenen bzw. Einheiten. Eisenberg (2013a) beschreibt die Schriftstruktur mithilfe der Einheiten *Phonem/Graphem*, *Silbe*, *Morphem* sowie *Wort* und *Satz*. Dementsprechend unterscheidet er ein *phonographisches*, ein *silbisches* und ein *morphologisches Prinzip* sowie „[w]eitere Mittel der Wortschreibung" (Eisenberg 2016: 85), worunter zum Beispiel die Großschreibung sowie die Getrennt- und Zusammenschreibung fallen. Letztgenannte werden im vorliegenden Buch unter dem *syntaktischen Prinzip* erfasst. Wenn in diesem Kontext von **Prinzipien** gesprochen wird, so meint man damit „die allgemeinen Grundsätze und wesentlichen Zusammenhänge des Schriftsystems" (Müller 2017a: 38), wohingegen Regeln auf die kodifizierte Norm verweisen, also eher den normativen Charakter hervorheben. Neben der Position Eisenbergs (2013a, 2016) liegen auch andere linguistische Beschreibungen des Schriftsystems vor, unter anderem von Maas (1992) oder Nerius (2007). Sie unterscheiden sich bspw. im zugrunde gelegten Silbenbegriff und darin, welchen Stellenwert die Silbe jeweils einnimmt (vgl. Berkemeier 2007: 83 ff.), in der Anzahl der angenommenen Prinzipien oder in der Frage, ob überhaupt von Prinzipien[3] ausgegangen wird.

Wir folgen in diesem Buch der Darstellung Eisenbergs (2013a, 2016), erläutern in Kapitel 2 die genannten Prinzipien und schriftstrukturellen Grundlagen ausführlich und verknüpfen diese mit rechtschreibdidaktischen Überlegungen. An dieser Stelle genügt es, an einem Beispiel das Zusammenwirken graphematischer Prinzipien aufzuzeigen, um die Systematik der Wortschreibung zu verdeutlichen. Wir greifen hierfür erneut auf die Wortform <Blätter> zurück.

---

3   Für eine Diskussion über den Stellenwert orthographischer Prinzipien vgl. Naumann (1990: 145 ff.).

Angenommen, man schreibt die Wortform *Blätter* zunächst **phonographisch**, indem man Lautketten in Buchstabenketten zu überführen versucht, so gelangt man wahrscheinlich zu folgendem Ergebnis: *<bleta>.[4] **Silbische** Regularitäten geben zu erkennen, dass die betonte Silbe geschlossen ist, weil es sich um einen ungespannten (kurzen) Vokal handelt – das <t> wird also verdoppelt (*<bletta>). Zusätzlich ist der Kern einer Reduktionssilbe stets mit einem <e> besetzt, sodass man nach dem silbischen Prinzip die vorläufige Schreibung *<bletter> erhält. Berücksichtigt man zusätzlich **morphologische** Informationen, in diesem Fall die morphologische Verwandtschaft zu <Blatt>, erschließt sich die <ä>-Schreibung und man kommt zur Schreibung *<blätter>. Da die Wortform *<blätter> in jedem beliebigen Satz attribuierbar ist (z. B. *große, grüne Blätter*), wird sie nach dem **syntaktischen** Prinzip großgeschrieben. So gelangt man zur Schreibung <Blätter>, welche der normierten Schreibung entspricht. Das Zusammenwirken unterschiedlicher Prinzipien der Wortschreibung lässt sich tabellarisch wie folgt zusammenfassen:

Phonographisches Prinzip	Silbisches Prinzip	Morphologisches Prinzip	Syntaktisches Prinzip
*bleta	*bletta *bletter	*blätter	Blätter

Tab. 1: Zusammenwirken graphematischer Prinzipien

Dieses einfache Beispiel verdeutlicht zweierlei. Erstens: Der normierten Schreibung liegen im Allgemeinen keine willkürlichen Normen zugrunde. Zweitens: Schreibungen lassen sich logisch erschließen, sodass erklärbar wird, warum etwas in einer bestimmten Weise geschrieben wird. Eine nach diesem Verständnis graphematisch fundierte Orthographie erscheint dann „nicht länger als bloße Ansammlung von Regeln und Einzelfestlegungen, sondern als ein in sich logisches, strukturiertes System" (Riegler 2012: 117). Wer dieses System erfasst hat, ist in der Lage, auch solche Wörter korrekt zu schreiben, die er bislang noch nicht verschriftet hat, denn einmal erkannte Muster und Zusammenhänge können auch auf unbekannte Wörter übertragen werden. Damit ist der graphematische Ansatz ausgesprochen lernerfreundlich (s. Kap. 1.2), weil er es ermöglicht, „die Struktur des Schriftsystems analysier- und lernbar zu machen" (Müller 2017a: 21). Schreibenlernen bedeutet demnach, die in der Schrift enthaltenen phonographisch-silbischen, morphologischen und syntaktischen Informationen produzieren zu lernen; Lesenlernen bedeutet, sie dekodieren zu lernen (vgl. Bredel & Röber 2015: 5). So liefert z. B. die <ä>-Schreibung

---

[4] Wir nehmen im Gegensatz zu Eisenberg (2013a) an dieser Stelle keine Explizitlautung an und gehen deshalb von der Schreibung *<bleta> (vs. *<bleter>) aus.

im Wort *Blätter* morphologische Informationen über die Wortverwandtschaft und ermöglicht Leser/innen eine schnelle Bedeutungszuweisung. Die Konsonantenverdopplung (Gelenkschreibung) macht hingegen deutlich, dass der vorangehende Vokal der betonten Silbe kurz bzw. ungespannt zu artikulieren ist. Solche und weitere Merkmale der Schrift sind als Service für Leser/innen zu verstehen. Sie werden in Kapitel 2 unter den jeweiligen Prinzipien aufgegriffen und erläutert.

Nach Eisenberg & Fuhrhop (2007) lassen sich etwa 90 bis 95% der Schreibungen im Deutschen auf diese Weise systematisch erschließen (vgl. ebd.: 24 f.). Sie zählen deshalb zum **Kernbereich** der Orthographie. Im Gegensatz dazu zählt man Schreibungen, die nicht systematisch herzuleiten sind (z. B. Dehnungs-<h>, Doppelvokale), zur **Peripherie** (vgl. Müller 2017b: 258). Die Unterscheidung eines Kern- und Peripheriebereichs ist sowohl rechtschreibdidaktisch als auch rechtschreibdiagnostisch von Bedeutung, wie in den Kapiteln 2 und 3 noch zu zeigen sein wird.[5] Außerdem resultiert daraus eine Unterscheidung von **Norm- und Systemfehlern**. Systemfehler „sind als Abweichungen von systematischen Gegebenheiten anzusehen", Normfehler betreffen alle übrigen Fehler (vgl. Eisenberg & Fuhrhop 2007: 26). So wäre die Kleinschreibung von *im *allgemeinen* als Normfehler, jedoch nicht als Systemfehler zu betrachten (s. Kap. 2.4.2).

Was folgt nun zusammenfassend aus der Gegenüberstellung von Orthographie und Graphematik? Grundlegend sollte deutlich geworden sein, dass orthographische und somit normkonforme Schreibungen größtenteils durch Einsichten in die regelhafte Struktur der Schrift hergeleitet werden können. Wenn im Titel dieses Buches und in den nachfolgenden Kapiteln die Begriffe ‚Orthographie' oder ‚Rechtschreibung' verwendet werden, geht es zwar letztlich um das Ziel orthographischer Schreibungen, allerdings unter Berücksichtigung graphematischer Grundlagen. Kurz: Es geht um die **graphematischen Grundlagen der deutschen Orthographie**, um schriftstrukturelle Einsichten also, die uns jenseits der Norm zur ‚Recht-Schreibung' befähigen.

Eine an der Graphematik orientierte Beschreibung weicht an verschiedenen Stellen von dem ab, was im amtlichen Regelwerk (ARW) nachzulesen ist, z. B. wenn bei der satzinternen Großschreibung entgegen § 55 (ARW 2017: 57) auf ein wortartbezogenes Kriterium verzichtet wird. Das Ziel einer normgerechten Schreibung bleibt davon unberührt, lediglich der eingeschlagene Weg, der zu diesem Ziel führen soll, unterscheidet sich. Mit dieser graphematischen Ausrichtung ist zugleich eine bestimmte Sicht auf das Rechtschreiblernen verbunden, das sich nicht durch Einprägen und Regellernen auszeichnet, sondern durch einen verstehenden Zugang zur Systematik der Schrift.

---

5 Eine Übersicht zu Schreibungen des Kern- und Peripheriebereichs finden Sie unter www.utb-shop.de/9783825 253295.

1.2 Rechtschreibung erwerben und lernen

Im vorangegangenen Kapitel wurde beinahe selbstverständlich von ‚Rechtschreiblernen' gesprochen. Grundsätzlich kann jedoch die Frage gestellt werden, ob die Rechtschreibung gelernt oder erworben wird und worin eigentlich der Unterschied besteht.

Spricht man von ‚**Lernen**', meint man in der Regel einen gesteuerten Prozess, bei dem Lernmaterial ausgewählt, bestimmte Methoden angewandt und bestimmte Lernziele angestrebt werden. Überdies ist den Lernenden normalerweise bewusst, womit sie sich gerade befassen und was von ihnen erwartet wird (vgl. Bredel et al. 2017: 71). Im Gegensatz dazu bezeichnet ‚**Erwerben**' einen ungesteuerten Prozess, der sich gewissermaßen beiläufig, außerhalb geplanter Lerneinheiten und abseits konkret anvisierter Lernziele ergibt, wenn Schüler/innen beim Lesen und Schreiben ihre Aufmerksamkeit auf die Formseite der Sprache richten und Regularitäten entdecken. Beispielsweise kann ein Schüler auf Wörter wie *verfahren, verlaufen, verraten* usw. aufmerksam werden und die subjektive Hypothese aufstellen, dass Wörter, die mit [fɜʁ] beginnen, mit <v> und nicht mit <f> geschrieben werden. Solche subjektiven Hypothesen führen dann womöglich zur weitgehend korrekten <v>-Schreibung, obwohl das Thema noch nicht behandelt wurde. Der Schüler hätte die <v>-Schreibung im oben genannten Sinne dann nicht gelernt, sondern erworben, da kein gesteuerter Lernprozess damit verbunden war.

Solche individuellen Konstruktionsleistungen von Lernenden, die durch den Umgang mit geschriebener Sprache angestoßen werden und zur Bildung vorläufiger oder bereits zieladäquater individueller Regeln der Verschriftung führen, bezeichnet Eichler (1991: 34) als „innere Regelbildung". Hinweise auf innere Regelbildungsprozesse geben bspw. korrekt gesetzte Kommas in Texten von Viertklässler/innen, obwohl normalerweise noch keine Thematisierung im Unterricht erfolgte (vgl. Betzel & Steinig 2020: 115 ff.). Ähnliches gilt für die Getrennt- und Zusammenschreibung (vgl. Bredel 2006a: 145 ff.) sowie für die satzinterne Großschreibung. So konnten Günther & Nünke (2005) anhand einer Studie mit einem Pseudowortest nachweisen, dass Studierenden die Großschreibung entsprechender (Pseudo-)Wortformen nahezu fehlerlos gelingt, obwohl die Regel, Substantive schreibt man groß, bei Pseudowörtern nicht greift (vgl. ebd.: 8). Auch dieses Ergebnis legt nahe, dass die Studienteilnehmer/innen Strukturwissen erworben haben, das sich von den im Unterricht behandelten Lerninhalten unterscheidet. Innere Regelbildungsprozesse zeigen sich ebenso an „geregelten Abweichungen von der Normschreibung" (Eichler 1991: 34). So könnte bspw. die fehlerhafte Schreibung **vertig* oder **Verkel* als Indiz für angestoßene Erwerbs- bzw. Lernprozesse zur <v>-Schreibung interpretiert werden, weil ein erkanntes Muster – [fɜʁ] entspricht <ver> – auch auf Fälle übertragen wird, auf die es nicht zutrifft (s. Übergeneralisierung Kap. 3.2.2).

Solche Beobachtungen zum eigenaktiven Erwerb der Rechtschreibung sind geradezu ein Beleg für die Logik des Schriftsystems, denn ein Transfer von entdeckten Mustern und Zusammenhängen auf andere Wortformen wäre sonst nicht möglich. Diese Befunde dürfen jedoch nicht zu der Schlussfolgerung führen, Rechtschreiberwerb sei ein Automatismus, vollziehe sich gewissermaßen von selbst und (Rechtschreib-)Unterricht habe keine oder nur eine sehr geringe Bedeutung. Unstrittig ist, dass sowohl Erwerbs- als auch Lernanteile bei der Schriftaneignung eine Rolle spielen. Zu welchen Anteilen jedoch die Schrift gelernt oder erworben wird, ist nicht einschätzbar und dürfte zudem individuell variieren (vgl. Naumann 2006: 45). Dem Rechtschreibunterricht kommt somit die Aufgabe zu, durch geeignete Lernsituationen die Aufmerksamkeit der Kinder auf bestimmte Rechtschreibphänomene zu richten „und die individuellen Problemlöseprozesse durch Modelle, durch Angebote zur Strukturierung, durch Anreize zur Bewusstwerdung und durch geeignete Rückmeldungen zu unterstützen" (Huneke 2010: 317), sodass innere Regeln eigenaktiv konstruiert, differenziert und modifiziert werden können. Dementsprechend sehen Augst & Dehn die Hauptaufgabe des Rechtschreibunterrichts darin,

> Anforderungen/Aufgabenstellungen/Lernangebote zu formulieren und zu inszenieren, die die Bildung solcher Eigenregeln befördern, die zu richtigen Schreibungen führen und im Schreibresultat den amtlichen möglichst entsprechen. (Augst & Dehn 2013: 186)

Entscheidend ist allerdings, auf welchen schrifttheoretischen Grundlagen der Unterricht aufbaut und wie der Lerngegenstand modelliert wird. Basiert ein Unterricht auf der Annahme, lautgetreue Schreibungen wären der Regelfall, sodass davon abweichende Schreibungen als unsystematische und gleichsam undurchschaubare Ausnahmen erscheinen, hat dies weitreichende didaktische Konsequenzen: Einprägen und einschleifendes Üben der nicht lautgetreuen Ausnahmeschreibungen wären dann die wesentlichen Bausteine dieses Unterrichts. Für das Rechtschreiblernen und die anzustrebende Rechtschreibsicherheit wäre also die Merkfähigkeit die entscheidende Größe (vgl. Schönenberg & Betzel 2016: 33). Ein so konzipierter Unterricht wird seiner unterstützenden Funktion im Erwerbsprozess nicht gerecht, vielmehr versperrt er den Blick auf die regelhafte Struktur der Schrift.

Ein anderes Verständnis von Rechtschreiblernen liegt einem graphematisch fundierten Unterricht zugrunde. Dieser setzt „auf systematische Einsichten in Strukturen und Regularitäten unserer Schriftsprache" (Riegler 2012: 117) und ermöglicht Lernenden „einen verstehenden Zugang zum normgerechten Schreiben" (ebd.). Rechtschreiblernen bedeutet aus dieser Perspektive, die Rechtschreibung verstehen zu lernen. Die grundlegende kognitive Leistung besteht demnach nicht im Behalten eingeübter Schreibungen, sondern in der kognitiven Durchdringung der Schriftstruktur, sodass ein Transfer von erkannten

Mustern auf andere Wortformen möglich wird. Damit Lernende Regularitäten auf diese Weise entdecken können, ist es erforderlich, Rechtschreibphänomene fokussiert zu betrachten, den Lerngegenstand adressatengerecht aufzubereiten und Wort- bzw. Satzmaterial so auszuwählen, dass einsichtsvolles Lernen gelingen kann. Ein Beispiel:

Beispiel

Wird die <i>/<ie>-Schreibung im Unterricht thematisiert, lassen sich silbische Regularitäten an Wörtern des Kernbereichs entdecken. Demnach steht <ie> für den gespannten Vokal [iː] in offener Silbe (z. B. *Flie-ge, sie-ben*), <i> steht hingegen in geschlossener Silbe für den ungespannten Vokal [ɪ], wie z. B. bei *bin-den, Hil-fe* (s. Kap. 2.2.6). Sind Lernende bereits mit grundlegenden silbischen Strukturen vertraut und ggf. mithilfe eines didaktischen Silbenmodells in der Lage, geschlossene und offene Silben an unmarkierten Schreibungen zu unterscheiden (*hel-fen* vs. *he-ben*), können sie die Regularitäten der <i>/<ie>-Schreibung eigenständig entdecken (*bil-den* vs. *bie-gen*). Indem sie Vergleiche anstellen, Zusammenhänge herstellen, Muster erkennen und vorläufige oder bereits zieladäquate Hypothesen formulieren, die anschließend überprüft, bestätigt, differenziert oder modifiziert werden, erforschen sie die grundlegende Struktur. Ein so angelegter Rechtschreibunterricht hat nichts mit dem Auswendiglernen und Einüben vorgegebener Regeln gemeinsam, sondern setzt auf ein entdeckendes, erforschendes Lernen, wie es u. a. Eisenberg & Feilke (2001) vorschlagen. Neben der Auswahl prototypischer Schreibungen, an denen solche Regularitäten überhaupt erst entdeckt werden können, kommt in einem graphematisch angelegten Rechtschreibunterricht der Konzeption von Erarbeitungsaufgaben[6] eine besondere Rolle zu. Sie müssen so beschaffen sein, dass Lernende dazu angeregt werden, regelhafte Strukturen des Schriftsystems eigenständig zu entdecken, ohne das zu Entdeckende bereits vorzugeben. Die Intensität der hierzu bereitgestellten Hilfen bestimmt dann den Schwierigkeitsgrad von Erarbeitungsaufgaben und kann individuell variiert werden. Erst nachdem die Regularitäten zur <i>/<ie>-Schreibung am systematischen Kernbereich erarbeitet wurden, werden Schreibungen des Peripheriebereichs thematisiert. Der Kernbereich hat somit stets Vorrang. Lässt man Fremdwortschreibungen außer Acht, zählen hierzu neben den Funktionswörtern mit <ih> (*ihm, ihre* usw.) und <i> (*wir, dir* usw.) Ausnahmeschreibungen wie *Bibel, Biber, Fibel* oder *Tiger*. Weshalb es sich um Ausnahmeschreibungen handelt, die gewissermaßen aus dem System fallen, können Lernende auf der Grundlage der zuvor erarbeiteten Regularitäten selbst beschreiben: Unsystematisches kann erst dann erfasst werden, wenn zuvor die Systematik verstanden wurde. Zwar bleiben solche Ausnah-

---

[6] Lernaufgaben lassen sich in Erarbeitungs- und Übungsaufgaben unterteilen und haben die Funktion, „zur Suche nach Lösungen für ein gegebenes Problem anzuregen und [...] die Erarbeitung und Automatisierung zielführender Lösungsstrategien zu ermöglichen" (Illebec 2015, 425).

meschreibungen letztlich Merkwörter, der Umgang mit ihnen unterscheidet sich im hier ausgeführten Sinne trotzdem von reinen Abschreibübungen, die ausschließlich auf das Behalten zielen.

Aus dem Beispiel zur <i>/<ie>-Schreibung lassen sich grundlegende Merkmale zum Rechtschreiblernen und zur Gestaltung eines graphematisch ausgerichteten Rechtschreibunterrichts ableiten. Erstens: Rechtschreiblernen bedeutet, die Struktur des Schriftsystems zu entdecken und zu verstehen. Diese Art des Lernens unterscheidet sich von einem normativ ausgerichteten Lernen, bei dem vorgegebene Regeln und vermeintliche Ausnahmeschreibungen im Mittelpunkt stehen. Zweitens: Rechtschreibunterricht lenkt die Aufmerksamkeit auf bestimmte Rechtschreibphänomene; anhand geeigneter Lernaufgaben ermöglicht er Schülerinnen und Schülern, zielführende Hypothesen in Bezug auf Schreibungen des Kernbereichs zu entwickeln, bevor – drittens – Schreibungen des Peripheriebereichs behandelt werden.

Damit sind bereits wesentliche Merkmale benannt. Eine ergänzende Bemerkung gilt dem Thema ‚Üben'. Zuvor wurde ein Rechtschreibunterricht kritisiert, der aufgrund seiner mangelnden graphematischen Fundierung vorwiegend auf Auswendiglernen durch Üben zielt. Das bedeutet allerdings nicht, dass Üben generell nicht sinnvoll oder gar mit einem modernen Rechtschreibunterricht unvereinbar sei. Das Gegenteil ist der Fall. Sinnvolles Üben setzt allerdings ein Verstehen der zu übenden Struktur voraus:

> Üben ist zweifelsohne eine wichtige Tätigkeit im Lernprozess, die zur Automatisierung führen kann, die ihrerseits das Gedächtnis entlastet. Wenn dieser Automatisierungsprozess jedoch ohne kognitive Einsichten erfolgt, ohne das Bewusstmachen von Strukturen und den Einsatz von Wissen, bleibt das Üben ein Einschleifen ohne kognitive und sprachanalytische Orientierung. (Müller 2017a: 18)

Auf der Grundlage zuvor erkannter Schriftstrukturen kann Üben – zeitlich begrenzt – auch isoliert erfolgen. Vorwiegend üben Lernende jedoch in der Schreibpraxis, wenn sie innerhalb und außerhalb des Deutschunterrichts eigene Texte verfassen, dabei Routinen ausbilden oder aber auf Rechtschreibprobleme stoßen, die dann zum Gegenstand des gemeinsamen Nachdenkens werden. Neu erworbene Strukturen können wiederum im Rahmen von Textüberarbeitungen geübt werden, um sie zu festigen, aber auch um individuelle Lernfortschritte an eigenen Texten sichtbar werden zu lassen. Zudem bieten Texte von Lernenden die Möglichkeit, Einblicke in ihr individuelles Können zu erhalten, um Erwerbsprozesse adäquat unterstützen zu können (s. Kap. 3).

Daraus folgt: Rechtschreiblernen ist mit dem Textschreiben verbunden. Die Rechtschreibung erfüllt dabei keinen Selbstzweck, sondern steht „im Dienste des Lesers" (Ossner 2008: 153), in dessen Dienst sie sich auch aus historischer

Perspektive entwickelt hat (s. Kap. 1.1). Die aus Schreibersicht oftmals als komplex und herausfordernd empfundene Orthographie wird somit in ihrer leseerleichternden Funktion nachvollziehbar. In einem graphematisch ausgerichteten Unterricht werden deshalb orthographische Strukturen auch aus Leserperspektive beleuchtet, um die Funktion der Schrift stärker in den Vordergrund zu rücken und um diese Funktion an eigenen und fremden Texten erfahrbar zu machen (s. Kap. 2).

Abbildung 1 bündelt zentrale Aussagen des vorliegenden Kapitels: Einerseits wird deutlich, dass der eigene Schriftsprachgebrauch Ausgangspunkt für eigenaktive Regelbildungen ist, die im Unterricht durch unterstützende Lernangebote angeregt und aufgegriffen werden. Andererseits stellt der Schriftsprachgebrauch das Ziel des Rechtschreiberwerbs dar, in dem die Rechtschreibung keinen Selbstzweck erfüllt, sondern in ihrer leseerleichternden Funktion erfahrbar wird.

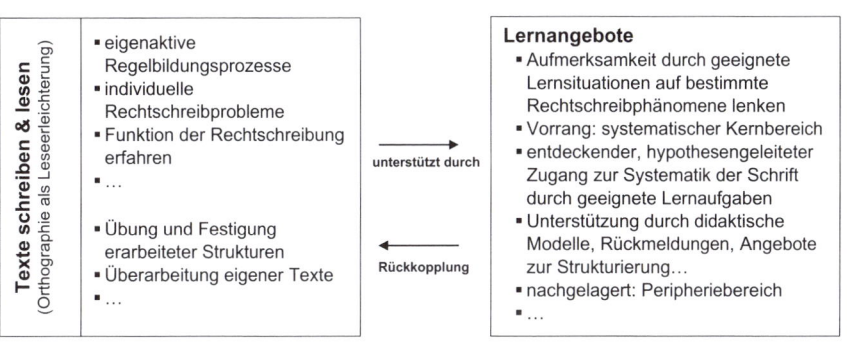

Abb. 1: Rechtschreibung und Schriftsprachgebrauch

1.3 Rechtschreibkompetenz

Überlegungen zum Erwerb der Rechtschreibfähigkeit und zur Konzeption von Rechtschreibunterricht (s. Kap. 1.2) drehen sich letztlich um die Frage, wie Lernende angemessen unterstützt werden können, sodass sie zu ‚kompetenten' Schreiberinnen und Schreibern werden. Die daran unmittelbar anschließende Frage, was unter Rechtschreibkompetenz zu verstehen ist, scheint auf den ersten Blick leichter zu beantworten zu sein als für andere Arbeitsbereiche des Deutschunterrichts: Über Rechtschreibkompetenz verfügt offensichtlich, wer im schriftlichen Sprachgebrauch sehr wenige oder keine orthographischen Fehler macht und somit in der Lage ist, Wörter weitgehend normgerecht zu schreiben. Diese ergebnisorientierte Definition von Rechtschreibkompetenz ist sicherlich zutreffend, dennoch greift sie aus didaktischer Perspektive zu kurz. Neben einer weitgehend automatisierten Richtigschreibung vieler Wörter zeichnen sich kompetente Rechtschreiber/innen u. a. dadurch aus, dass sie…

- …über Problembewusstsein verfügen, sich also ihrer eigenen Stärken und Schwächen bewusst sind. Dies befähigt sie, z. B. bei Textüberarbeitungen die Aufmerksamkeit gezielt auf individuelle Rechtschreibfehlerschwerpunkte zu richten.
- Darüber hinaus verfügen kompetente Rechtschreiber/innen über geeignete Problemlösestrategien, um sich im Zweifelsfall die Wortschreibung herzuleiten oder um mit geeigneten Strategien Fehlerschwerpunkte kontrollieren zu können.
- Kompetente Schreiber/innen kennen allerdings auch Ausnahmeregeln der Orthographie, um Schreibungen des Peripheriebereichs korrekt zu verschriften.
- …

Die Ausführungen machen deutlich, dass neben der Fähigkeit, Wörter normgemäß zu schreiben, weitere Aspekte zur Rechtschreibkompetenz zu rechnen sind. Das Konstrukt ‚Rechtschreibkompetenz' ist also komplexer, als es auf den ersten Blick erscheint.

Bereits seit Längerem liegen verschiedene Kompetenzmodelle zur Rechtschreibung vor, die teilweise im Rahmen größerer Untersuchungen erprobt wurden. Eine einheitliche Beantwortung der Frage, wie Rechtschreibkompetenz zu modellieren ist, kann aber schon deshalb nicht erfolgen, weil Kompetenzmodelle stets Ausdruck einer bestimmten theoretischen Sicht auf den Gegenstand Orthographie sind und sich in ihrer schrifttheoretischen Ausrichtung zum Teil erheblich voneinander unterscheiden (vgl. Riegler 2012: 122).

Eine Annäherung an den Begriff ‚Rechtschreibkompetenz' soll zunächst anhand eines allgemeinen Kompetenzmodells für den Deutschunterricht erfolgen (vgl. Ossner 2006), welches nicht auf einen speziellen Inhaltsbereich ausgerichtet und somit orthographietheoretisch neutral ist. In diesem Modell unterscheidet Ossner (2006) grundlegend zwischen Kompetenzinhalten des Faches Deutsch (Sprechen/Zuhören, Schreiben usw.) und sogenannten Kompetenzdimensionen, die mithilfe von Wissensarten (vgl. Mandl et al. 1986) differenziert werden.[7] Bezogen auf den Arbeitsbereich Rechtschreibung lassen sich die Kompetenzdimensionen mit Fay (2013: 177) folgendermaßen beschreiben:

---

7 Ossner (2006) erweitert das Modell durch Niveaustufen zu einem dreidimensionalen Modell (vgl. ebd.: 13 ff.). Für unsere Zwecke genügt die zweidimensionale Betrachtung: Kompetenzinhalt (Rechtschreibung) und Kompetenzdimensionen (Wissensarten).

Wissensart …	… bezogen auf die Rechtschreibkompetenz
deklaratives Wissen	stoffliches Wissen wie z. B. Definitionen und Rechtschreibregeln kennen
	Merksatz: Deklaratives Wissen entsteht durch Faktenlernen.
Problemlösungswissen	Strategien zur Herleitung der richtigen Schreibung kennen, z. B. morphematische Ableitung
	Merksatz: Problemlösungswissen zeigt sich in der intelligenten Anwendung von Methoden der Erkenntnisgewinnung.
prozedurales Wissen	die Beherrschung der Orthografie, wenn sie keine besondere Aufmerksamkeit mehr braucht
	Merksatz: Prozedurales Wissen entsteht durch Üben und zeigt sich vor allem im automatisierten Können. […] Es ist ein implizites Wissen.
metakognitives Wissen	Kenntnisse seiner eigenen Fähigkeiten und Grenzen in der Orthografie, beispielsweise bezogen auf Fehlerschwerpunkte oder nützliche Lernstrategien
	Merksatz: Metakognitives Wissen ist eng an Reflexion geknüpft.

Tab. 2: Wissensarten in Anlehnung an Ossners Strukturmodell (2006) (Fay 2013: 177)

Das Modell verdeutlicht die Komplexität des Kompetenzbegriffs, indem es eine Unterscheidung von Wissen, Können und Bewusstheit ermöglicht (vgl. Ossner 2008: 44). Ein Beispiel:

Beispiel

Schreibt eine Schülerin nahezu alle großzuschreibenden Ausdrücke in ihren Texten korrekt, handelt es sich zweifelsohne in Bezug auf die Großschreibung um ein **Können**. Weil ihr die Großschreibung zumeist keine besondere Aufmerksamkeit mehr abverlangt, wird dieses Können als **prozedurales Wissen** bezeichnet.[8] Bei Schreibzweifeln überprüft sie jedoch, ob der fragliche Ausdruck attribuierbar ist

---

8 Es erscheint widersprüchlich, wenn Können als prozedurales Wissen bezeichnet wird. Dies hängt damit zusammen, dass die Fachbegriffe aus dem Englischen übernommen wurden, dort jedoch „die Konzepte *wissen, können* und *kennen* dichter beieinander" stehen als im Deutschen (Bredel 2013: 95, Hervorhebung im Original).

(s. Kap. 2.4.2), womit sie sich in den meisten Fällen die korrekte Schreibung herleiten kann. Diese Form des Könnens, die Anwendung geeigneter Problemlösestrategien, bezeichnet man als **Problemlösungswissen**. Die Schülerin hat allerdings auch gelernt, dass bspw. ‚*des Weiteren*' großgeschrieben wird, obwohl die Erweiterungsprobe hier nicht greift. Das **Wissen** um solche Ausnahmeregeln kann zunächst als **deklaratives Wissen** verfügbar sein. Zudem weiß die Schülerin, dass sie Schwierigkeiten mit der Kommasetzung hat und dass ihr infolge sinkender Aufmerksamkeit oftmals Fehler unterlaufen. Sie überprüft deshalb ihre Texte nach kurzer Pause mit Blick auf die ihr bekannten Schwachstellen. Die **Bewusstheit** über eigene Stärken und Schwächen sowie über entsprechende Lernstrategien kann als **metakognitives Wissen** bezeichnet werden (vgl. Ossner 2008: 33).

Dieses zugegebenermaßen idealtypische Beispiel verdeutlicht, dass Rechtschreibkompetenz auf verschiedenen Ebenen gedacht werden muss und offenbar vielschichtiger ist, als es die im Alltagsverständnis übliche Gleichsetzung von Rechtschreibkompetenz mit normgerechtem Schreiben nahelegt. Wenn Ossner (2008: 168) schreibt, das „Ziel einer Didaktik der Orthographie muss Rechtschreibsicherheit sein – im Großen und Ganzen also prozedurales Wissen, in Zweifelsfällen als Problemlösungswissen verfügbar", dann bringt er damit zum Ausdruck, dass Wissen, Können und Bewusstheit mit Blick auf den jeweiligen Lerngegenstand unterschiedlich stark zu gewichten sind. Das hat einerseits Auswirkungen auf die Planung von Rechtschreibunterricht und die Konzeption von Lernaufgaben, andererseits hat es Auswirkungen auf die Rechtschreibdiagnostik, die nach diesem Verständnis nicht nur das Schreibprodukt in den Blick nehmen darf, sondern auch andere Kompetenzfacetten berücksichtigen muss (vgl. Fay & Berkling 2013: 84 ff.). In Kapitel 3 gehen wir darauf ausführlich ein und greifen auf die in Tabelle 2 dargestellten Wissensarten zurück.

Die im Kompetenzmodell vorgenommene Unterscheidung von Wissen, Können und Bewusstheit ermöglicht – ganz allgemein – einen differenzierten Blick auf Kompetenzen. Als Rahmenmodell, das inhaltlich auf keinen speziellen Arbeitsbereich ausgerichtet ist, setzt das Modell jedoch eine vorherige inhaltliche Auseinandersetzung mit einem entsprechenden Arbeitsbereich voraus (vgl. Ossner 2006: 18). Anders ausgedrückt: Man muss den Lerngegenstand Rechtschreibung zunächst inhaltlich strukturiert erfassen und das komplexe Konstrukt Rechtschreibkompetenz in theoretisch angenommene **Teilfähigkeiten** untergliedern, bevor darüber nachgedacht werden kann, welche Rolle Wissen, Können und Bewusstheit dabei spielen. Eine solche **inhaltsbezogene Strukturierung**, also eine Modellierung von Rechtschreibkompetenz auf graphematischer Basis, stellt das in Tabelle 3 angeführte Modell dar (Voss et al. 2007; vgl. Blatt 2010; vgl. Blatt et al. 2015a).

Phonographisches und silbisches Prinzip im Kernbereich	Morphologisches Prinzip im Kernbereich	Peripheriebereich	Prinzipien der Wortbildung	Wortübergreifendes Prinzip
Bezug herstellen zwischen Schrift- und Lautstruktur unter Berücksichtigung der silbenstrukturellen Informationen (Silbenanfangs- u. -endrand u. Silbenschnitt)	Vererbte silbenschriftliche Informationen in flektierten + abgeleiteten Formen herleiten; Flexionsmorpheme kennen und anwenden	Markierungen in offenen Silben setzen und vererbte Schreibweisen herleiten; Transfer bei Sonderfällen und Lernwörtern; Fremdwortschreibung	Wortarten u. Wortbildungsmorpheme kennen und in Ableitungen und Komposita produktiv anwenden	Wortarten u. Syntaxstrukturen kennen u. für Groß-/Klein-, dass-Schreibung u. Kommasetzung anwenden

Tab. 3: Modellierung der Rechtschreibkompetenz nach einem sprachsystematischen Kompetenzmodell (vgl. Voss et al. 2007: 17)

Das Kompetenzmodell orientiert sich an den graphematischen Arbeiten Eisenbergs (2013a) und expliziert „Teilfähigkeiten einer voll ausgebildeten Rechtschreibkompetenz" (Voss et al. 2007: 18). Diese Teilfähigkeiten oder Anforderungsbereiche entsprechen den in Kapitel 1.1 skizzierten graphematischen Prinzipien (s. insbesondere Kap. 2). Lediglich der Bereich Wortbildung, der auch unter dem morphologischen Prinzip erfasst werden kann, wurde als eigenständiger Anforderungsbereich in das Modell aufgenommen. Zentral ist die Unterscheidung von Schreibungen im Kernbereich, die „auf Verstehens- und Wissensbasis gelernt werden können", und Schreibungen im Peripheriebereich, die „überwiegend durch Üben eingeprägt werden" (ebd.: 18).

Ein solches Kompetenzmodell ist zunächst nur eine theoretische Annahme. Empirisch hat sich für die theoretisch angenommenen Teilfähigkeiten gezeigt, dass phonographisch-silbische und morphologische Teilfähigkeiten im Kernbereich als eine zusammenhängende Teilkompetenz aufgefasst werden können, die sich deutlich vom Peripheriebereich abhebt (vgl. Blatt et al. 2015a: 246). Dass es sich hierbei um zwei unterschiedliche Teilkompetenzen handelt, entspricht der graphematischen Theorie, wonach Schreibungen im Kernbereich im Gegensatz zum Peripheriebereich auf schriftstrukturellen Einsichten beruhen. Die weiteren theoretisch angenommenen Teilfähigkeiten – Wortbildung und wortübergreifendes Prinzip – konnten nicht in allen Untersuchungen bestätigt werden, sodass die „empirische Modellierung der Rechtschreibkompetenz ein Forschungsdesiderat bleibt" (ebd.: 251).

Dennoch kann auf der Grundlage dieses Modells eine Verknüpfung mit dem von Ossner (2006) vorgeschlagenen Rahmenmodell erfolgen. So wäre mit Blick auf die ausgewiesene phonographisch-silbische und morphologische Teilkompetenz nun zu überlegen, welche Bedeutung dem Können, dem Wissen und der Bewusstheit dabei zukommt.

Eine andere Frage ist, ob die im Kompetenzmodell ausgewiesenen Anforderungsbereiche als Stufenfolge zu interpretieren sind oder ob das Modell als ein hierarchisch-integratives anzusehen ist. Ein hierarchisch-integratives Modell folgt der Annahme, „dass Lernende bei einer erfolgreichen Kompetenzentwicklung den Lerngegenstand bereits zu Beginn des Lernens in einer dem Gegenstand entsprechenden komplexen Weise mental repräsentieren" (Voss et al. 2007: 18) und im weiteren Lernverlauf Teilfähigkeiten erweitern und differenzieren. Wir gehen in diesem Buch von einem **hierarchisch-integrativen Modell** aus und vertreten die Auffassung, dass Lernende bereits im Anfangsunterricht die Gelegenheit erhalten sollten, „ein adäquates mentales Modell des Lerngegenstandes Rechtschreibung aufzubauen" (ebd.), das sich von einem Konzept abhebt, wonach zuerst ausschließlich Laut-Buchstaben-Beziehungen im Zentrum des Unterrichts stehen, bevor ‚orthographische Regeln' ins Blickfeld rücken.

Wenn im nachfolgenden Kapitel 2 graphematische Prinzipien separat behandelt werden, so dient dies ausschließlich heuristischen Zwecken. Ein an Stufenfolgen orientierter Unterricht und eine bestimmte Reihenfolge ist mit dieser Form der Darstellung ausdrücklich nicht beabsichtigt.

Weiterführende Literatur

Dürscheid, C. (2016) *gibt einen Überblick zur Schriftgeschichte sowie zur Graphematik und zur Orthographie.*

Hinney, G. (2010) *diskutiert das Konstrukt ‚Rechtschreibkompetenz' vor dem Hintergrund unterschiedlicher Schriftauffassungen.*

Hlebec, H. (2015) *beleuchtet Aufgaben im Rechtschreibunterricht in ihrer Bedeutung für den Lernprozess.*

2. Schriftstruktur

In Kapitel 1 haben wir darauf hingewiesen, dass sich die amtliche Regelung der deutschen Rechtschreibung kaum eignet, um die Systematik unserer Orthographie nachvollziehbar offenzulegen. Dahingegen eröffnet eine graphematisch basierte Beschreibung unseres Schriftsystems die Möglichkeit, orthographische Merkmale als Ausdruck schriftsystematischer Regularitäten zu begreifen. In diesem Sinne dient Kapitel 2 zur Erarbeitung der graphematischen Grundlagen unserer Orthographie.

Den Apparat zur Beschreibung des Schriftsystems haben wir bereits als **graphematische Prinzipien** eingeführt. Diese werden im Folgenden aus heuristischen Gründen in einzelnen Unterkapiteln getrennt beschrieben und in ihren wechselseitigen Bezügen erläutert (s. Kap. 1.1). Wir beginnen bei den lautbezogenen Anteilen der Wortschreibung, die sich mit dem **phonographischen** (s. Kap. 2.1) und dem **silbischen Prinzip** (s. Kap. 2.2) erfassen lassen. Anschließend geht es darum, wie Schreibungen konstant gehalten werden. Die hierfür wirksamen Regularitäten sind dem **morphologischen Prinzip** zugeordnet (s. Kap. 2.3). Es folgen Regularitäten, die über die Grenze des einzelnen Wortes hinaus wirksam sind. Sie werden im **syntaktischen Prinzip** zusammengefasst. Darunter fallen Groß- und Kleinschreibung, Getrennt- und Zusammenschreibung sowie die *das/dass*-Schreibung (s. Kapitel 2.4). Die **Interpunktion** wird anschließend in Teilkapitel 2.5 mit einem Fokus auf Kommasetzung behandelt.

Die Teilkapitel führen anhand ausgewählter Schreibungen exemplarisch in ihren Themenbereich ein. Daran schließen sich differenzierte Erläuterungen der graphematischen Grundlagen an. Hieraus ergeben sich orthographiedidaktische Implikationen, die als Hinweise für den Unterricht die jeweiligen Teilkapitel beschließen.

2.1 Phonographisches Prinzip

2.1.1 Einleitung

Der Schreibung des Deutschen liegt eine Alphabetschrift zugrunde. Diesen Schrifttyp kennzeichnen wechselseitige Bezüge zwischen Phonemen und Graphemen. **Phoneme** sind die kleinsten bedeutungsunterscheidenden Einheiten des Lautsystems, entsprechend stellen **Grapheme** die kleinsten bedeutungsunterscheidenden Einheiten des Schriftsystems dar. Auf der Grundlage des **phonographischen Prinzips** lassen sich die wechselseitigen Beziehungen von Phonemen und Graphemen aufklären. Mit diesen Aussagen bewegen wir uns auf einer sprachsystematischen, abstrakten Ebene. Wir folgen aber zunächst einmal unserem Alltagsverständnis und gehen von konkreten Buchstaben und Lauten aus. Die Beschäftigung mit verschiedenen Wortformen wird zeigen, dass die Begrifflichkeiten der konkreten und der abstrakten Ebene nicht synonym zu verstehen sind. Dabei wird auch deutlich, dass sich unser Erkenntnisinteresse, orthographische Strukturen aufzudecken, auf sprachsystematischer Ebene bewegt.

Wir bleiben also zunächst auf der Ebene konkreter Wörter, die wir hinsichtlich der Bezüge von Schreibung und Lautung anhand folgender Wortformen einleitend betrachten:

<bunt>   <Licht>   <Oma>   <Stab>   *<hama> (für: Hammer)

Von den fünf Wörtern erscheinen die ersten vier in einer orthographisch korrekten Form, wobei die Großschreibung im nun Folgenden nicht berücksichtigt wird. Bei den ersten drei Wörtern <bunt>, <Licht>, <Oma> konserviert die Schrift lautliche Bezüge in eindeutiger Weise. Die Schreibung dieser Wörter lässt sich deshalb allein auf Grundlage des phonographischen Prinzips erklären. Allerdings weisen Buchstaben und Laute nur bei <bunt> ein 1:1-Verhältnis auf, indem die vier vorhandenen Buchstaben vier einzelnen Lauten entsprechen:

[bʊnt][9] → <bunt>

Das Wort <Licht> enthält die Buchstabenkombination <ch>, die aus zwei Buchstaben besteht, womit auf der Seite der gesprochenen Sprache ein einzelnes Phonem /ç/ korrespondiert. Es ist also die Buchstabenkombination und nicht der einzelne Buchstabe, dem das zugeordnete Phonem entspricht. An diesem Beispiel erweist sich der Begriff Buchstabe als ungenau. Im Folgenden sprechen wir deshalb vom Graphem, mit dem auf der Ebene des Schriftsystems sowohl Einheiten aus einem als auch aus mehreren Buchstaben bezeichnet werden. Das geschriebene Wort <Licht> besteht also aus fünf Buchstaben, die vier Grapheme bilden. Ihnen wiederum entsprechen vier Phoneme:

[ç] → <ch>   entsprechend: [lɪçt] → <Licht>

---

9   Eckige Klammern ([ ]) stehen für konkrete lautliche (=phonetische) Ausdrücke. Wir verwenden sie als neutrale Schreibung für phonetische und phonologische Phänomene. Virgeln (/ /) kommen zur Anwendung, wenn ein Sachverhalt explizit als phonologisch zu kennzeichnen ist.

Bei <Oma> entspricht jedem Graphem ein Phonem. Allerdings werden bei diesem Wort nicht alle Phoneme verschriftet. Drei Graphemen stehen hier vier[10] Phoneme gegenüber:

[ʔoːma] → <oma>

Vor einem vokalischen Anlaut, wie im Wort [ʔoːma], entsteht an den Stimmlippen im Kehlkopf ein Knacklaut, der Glottisverschlusslaut. Für ihn gibt es im Deutschen kein Schriftzeichen (Eisenberg 2013a: 86).

Die Schreibung der Wortformen <Stab> und *<hama> hingegen lassen sich nicht ausschließlich auf der Basis des phonographischen Prinzips erklären. Bei <Stab> zeigt der Vergleich von geschriebener und gesprochener Form Unterschiede im Silbenanfangsrand und im Silbenendrand:

[ʃtaːp] → <Stab>

Im Silbenanfangsrand wird zwar in den meisten Fällen dem phonographischen Prinzip entsprechend geschrieben, nicht aber wenn auf den Konsonanten [ʃ] einer der Plosive [p] oder [t] folgt. In diesen Fällen schreiben wir <s>, obwohl wir [ʃ] sprechen. Die Schreibung des Konsonanten [p] im Silbenendrand als <b> lässt sich ebenfalls nicht phonographisch erklären. Dahingegen erweist sich die Schreibung *<hama> für das Wort <Hammer> als phonographisch basiert: Bei einer nicht überartikulierten Aussprache sprechen (und hören) wir nur ein [m]. In der zweiten Silbe des Wortes befindet sich ein unbetonter Vokal, der gewisse Ähnlichkeit mit einem *a*-Laut hat und deshalb mit dem Graphem <a> wiedergegeben wird:

[hamɐ] → *<hama>; orthographisch korrekt: <Hammer>

Es zeigt sich also, dass die orthographisch korrekte Schreibung mancher Wörter alleine aus dem phonographischen Prinzip abgeleitet werden kann. Die normkonforme Verschriftung anderer Wörter wird hingegen nur unter Bezugnahme auf weitere graphematische Prinzipien transparent, die in den folgenden Kapiteln thematisiert werden. Außerdem erweisen sich die Begriffe *Buchstabe* und *Laut* als ungenau und damit nicht hinreichend, um das Verhältnis von geschriebener und gesprochener Sprache auf einer systematischen Ebene zu beschreiben. Hierfür eignen sich die mit den Begriffen *Graphem* und *Phonem* verbundenen Konzepte, auf die wir uns im Folgenden beziehen. Damit sind zunächst die bereits eingeführten Begriffe *Graphem* und *Phonem* zu klären, deren Bestand für das Deutsche zu bestimmen sowie anschließend die regelhaften Bezüge zwischen Graphemen und Phonemen zu erläutern.

---

10 Die Anzahl von vier statt drei Phonemen setzt voraus, dass dem Glottisverschlusslaut Phonemstatus zugesprochen wird.

2.1.2 Grapheme, Phoneme und Graphem-Phonem-Korrespondenzen

Grapheme und Phoneme
Grapheme sind die kleinsten bedeutungsunterscheidenden Einheiten eines alphabetischen Schriftsystems. Das Grapheminventar einer Schriftsprache lässt sich mit dem Verfahren der **Minimalpaaranalyse** gewinnen. Dies geschieht in Analogie zur Bestimmung von Phonemen in der segmentalen Phonologie: Zwei bedeutungstragende Einheiten – z. B. zwei Wortformen unterschiedlicher Bedeutung wie <Tuch> und <Buch> – werden einander gegenübergestellt. Sie unterscheiden sich nur in einem Segment, <t> vs. <b>, womit sich diese als distinktiv, also bedeutungsunterscheidend erweisen. Damit sind sie als Grapheme des Deutschen identifiziert. Bildet man weitere Minimalpaare wie <Buch> vs. <Bach> oder <Bach> vs. <Bad>, erhält man zusätzlich die Grapheme <u>, <a>, <ch> und <d>. Daran wird deutlich, dass Grapheme wortinitial, -medial und -final ermittelt werden können. Für den Kernwortschatz der deutschen Sprache lassen sich mit Eisenberg (2013a: 290) die folgenden Grapheme anführen:

Konsonantgrapheme
<b>, <d>, <f>, <g>, <h>, <j>, <k>, <l>, <m>, <n>,
<p>, <r>, <s>, <t>, <v>, <w>, <x>, <z>, <ß>, <qu>, <ch>

Vokalgrapheme
<a>, <e>, <i>, <o>, <u>, <ä>, <ö>, <ü>

Ein Vergleich mit den Buchstaben des lateinischen Alphabets ergibt deutliche Unterschiede. Bei den Konsonanten treten die Buchstabenkombinationen <qu> und <ch> hinzu. Sowohl <q> als auch <c> kommen im deutschen Kernwortschatz nicht alleine, sondern nur in der aufgeführten Kombination vor; d. h., nur in dieser Form erlangen sie Graphemstatus. Bei <sch> als weiterer komplexer Einheit handelt es sich hingegen um eine Graphemfolge. Ein weiteres zusätzliches Graphem verweist mit dem Eszett (<ß>) auf Besonderheiten der <s>-Schreibung im nativen Wortschatz (s. Kap. 2.2.9). <y> ist hingegen nicht aufgeführt, weil es nur in Fremdwörtern (*Pony*) und Eigennamen (*Bayern*) vorkommt. Letztere werden von den Schreibungen des Kernwortschatzes aufgrund ihrer historischen Bedingtheit ausgenommen. Bei den Vokalen fällt die Erweiterung durch die Umlautgrapheme <ä>, <ö>, <ü> auf. Außerdem erscheint <ie> in dieser Liste von 8 Vokalgraphemen nicht, weil es als Graphemfolge aufgefasst wird (vgl. Eisenberg 2013a: 292).

Wie Grapheme lassen sich auch **Phoneme** mittels Minimalpaaranalyse bestimmen. Analog zu den Graphemen stellen sie die kleinsten bedeutungsunterscheidenden Einheiten des Lautsystems dar. Zu den Phonemen des Deutschen rechnet man die folgenden (Eisenberg 2013a: 84-94):

Konsonanten
- Plosive: /p/, /b/, /t/, /d/, /k/, /g/, /ʔ/
- Frikative: /f/, /v/, /ʃ/, /s/, /z/, /ç/, /j/, /h/
- Nasale: /m/, /n/, /ŋ/
- Liquide: /l/, /ʀ/

Vokale
- /i/, /ɪ/, /y/, /Y/, /e/, /ɛ/, /ø/, /œ/, /ɑ/, /a/, /o/, /ɔ/, /u/, /ʊ/
- /æ/, /ə/

Die Darstellung der Konsonanten erfolgt geordnet nach Artikulationsart. Bei den Vokalen stehen in der ersten Reihe jeweils Paare aus gespanntem und ungespanntem Vokal. In der Regel werden gespannte Vokale in der betonten Silbe einer zweisilbigen Wortform lang gesprochen, wie das [uː] in [bluːzə], und ungespannte Vokale kurz, wie in [hʊndə]. Eine Ausnahme bildet der gespannte Vokal [æ], wie in [fæːdən]. Der zugehörige kurze Vokal fällt lautlich mit dem ungespannten [ɛ] zusammen, wie in den Wörtern <Fälle> und <Felle>/ [fɛlə] (Fuhrhop 2015a: 8). Hinzu kommt der Schwa-Laut ([ə]), der wegen seines Vorkommens in nichtbetonbaren Silben auch als Reduktionsvokal bezeichnet wird (Eisenberg 2013a: 93). Der Laut [ɐ] („a-Schwa") ist hier nicht aufgeführt, da ihm kein Phonemstatus beigemessen wird (vgl. Furhop/Peters 2013: 58).

Graphem-Phonem-Korrespondenzen
Grapheme und Phoneme lassen sich mithilfe der Minimalpaaranalyse ermitteln. So haben wir im vorigen Abschnitt den Bestand kleinster bedeutungsunterscheidender Segmente auf phonologischer und graphematischer Ebene bestimmt. Werden nun den Phonemen die ihnen entsprechenden Grapheme zugeordnet, erhalten wir **Graphem-Phonem-Korrespondenzen (GPK-Regeln)**. „Eine GPK-Regel stellt fest, welches Segment des Geschriebenen einem bestimmten Phonem im Normalfall entspricht" (Eisenberg 2016: 68)[11]. So entsteht eine Systematik, mit der sich zeigen lässt, wie auf der segmentalen Ebene der Schriftzeichen lautliche Informationen kodiert werden. Abbildung 2 gibt einen Überblick.

---

11 Ausgangspunkt ist also das jeweilige Phonem, dem ein entsprechendes Graphem zugeordnet wird. Die einschlägige Literatur verfährt bei der Zuordnung von Graphemen und Phonemen begrifflich uneinheitlich. So wird z. B. in Fuhrhop (2015) die Richtung der Zuordnung wie oben beibehalten, die Rede ist aber von „Phonem-Graphem-Beziehungen" (Fuhrhop 2015: 8).

Konsonantische Graphem-Phonem-Korrespondenzregeln

/p/	→	<p>	/pɔst/ - <Post>	/ç/	→	<ch>	/mɪlç/ - <Milch>
/t/	→	<t>	/ton/ - <Ton>	/v/	→	<w>	/vɛrk/ - <Werk>
/k/	→	<k>	/kalt/ - <kalt>	/j̯/	→	<j>	/jʊŋ/ - <jung>
/b/	→	<b>	/bʊnt/ - <bunt>	/h/	→	<h>	/haʀt/ - <hart>
/d/	→	<d>	/dʊʀst/ - <Durst>	/m/	→	<m>	/mɪlç/ - <Milch>
/g/	→	<g>	/gʊnst/ - <Gunst>	/n/	→	<n>	/napf/ - <Napf>
/f/	→	<f>	/frɔʃ/ - <Frosch>	/ŋ/	→	<ng>	/jʊŋ/ - <jung>
/z/	→	<s>	/zamt/ - <Samt>	/l/	→	<l>	/lɪçt/ - <Licht>
/s/*	→	<ß>	/ʀus/ - <Ruß>	/ʀ/	→	<r>	/ʀɛçt/ - <Recht>
/ʃ/	→	<sch>	/ʃʀot/ - <Schrot>				
/kv/	→	<qu>	/kval/ - <Qual>	/ts̯/	→	<z>	/tsʊm/ - <zum>
/ks/	→	<x>	/tɛkst/ - <Text>				

*Die GPK-Regel /s/ → <ß> gilt nur kontextuell gebunden, wenn [s] intervokalisch auftritt (s. Kap. 2.2.9).

Graphem-Phonem-Korrespondenzregeln für Vokale und Diphthonge

gespannte Vokale   **ungespannte Vokale**

/i/	→	<ie>	/kil/ - <Kiel>	/ɪ/	→	<i>	/mɪlç/ - <Milch>
/y/	→	<ü>	/vyst/ - <wüst>	/ʏ/	→	<ü>	/hʏpʃ/ - <hübsch>
/e/	→	<e>	/vem/ - <wem>	/ɛ/	→	<e>	/vɛlt/ - <Welt>
/ø/	→	<ö>	/ʃøn/ - <schön>	/œ/	→	<ö>	/kœln/ - <Köln>
/æ/	→	<ä>	/bær/ - <Bär>				
/ɑ/	→	<a>	/tʀɑn/ - <Tran>	/a/	→	<a>	/kalt/ - <kalt>
/o/	→	<o>	/ton/ - <Ton>	/ɔ/	→	<o>	/fʀɔst/ - <Frost>
/u/	→	<u>	/mut/ - <Mut>	/ʊ/	→	<u>	/gʊʀt/ - <Gurt>

Reduktionsvokal

/ə/	→	<e>	/kɪʀçə/ - <Kirche>

Diphthonge

/ai̯/	→	<ei>	/bain/	- <Bein>
/au̯/	→	<au>	/tsaun/	- <Zaun>
/ɔi̯/	→	<eu>	/hɔi/	- <Heu>

Abb. 2: Graphem-Phonem-Korrespondenzregeln (nach Eisenberg 2013a: 291f.)

In der Regel lassen sich einfache Grapheme und Phoneme aufeinander beziehen. Es ergeben sich aber auch Zuordnungen einer Phonemfolge zu einem Mehrgraphen, wie bei /kv/ → <qu>, oder zu einem einzelnen Graphem: /ks/ → <x>. Der Affrikate /t̯s/ entspricht das Graphem <z>. Umgekehrt ist den Phonemen /ʃ/ und /ŋ/ mit <sch> und <ng> jeweils eine Graphemfolge zugeordnet.

Im Vergleich mit den konsonantischen GPK-Regeln fällt bei den Vokalen die Uneindeutigkeit ihrer Zuordnungen auf, denn gespannten und ungespannten

Vokalphonemen entsprechen jeweils dieselben Grapheme, so z. B. das <ü> in [hy:tə] – (<Hüte>) vs. [hYtə] – (<Hütte>). Eine Ausnahme bildet die Schreibung des gespannten /i:/, das mit <ie> wiedergegeben wird. 16 vokalischen Phonemen stehen also nur 8 Grapheme (+ die Graphemfolge <ie>) gegenüber. Dies hat zur Folge, dass Leser/innen die Vokalqualität nicht am Vokalgraphem selbst erkennen können, sondern auf Informationen in der silbischen Umgebung angewiesen sind. Besonders deutlich lässt sich dieser Sachverhalt am Graphem <e> erkennen (s. Abb. 3).

Die phonologische Wortform [ve:gən] (<wegen>) enthält in der ersten Silbe ein gespanntes [e:], wohingegen [vɛndən] (<wenden>) in derselben Position ein ungespanntes [ɛ] enthält. Beide werden mit dem Graphem <e> geschrieben, das in den unbetonten zweiten Silben beider Wörter ebenfalls steht, aber dort repräsentiert es das Phonem /ə/, den Schwa-Laut. Darüber hinaus wird das Graphem <e> auch bei der Verschriftung des a-Schwa [ɐ], wie in [fa:tɐ] (<Vater>), verwendet. Die silbische Umgebung (s. Kap. 2.2) liefert die Information, welcher Lautwert mit dem Graphem <e> jeweils verbunden ist, nicht das Schriftzeichen <e> an sich.

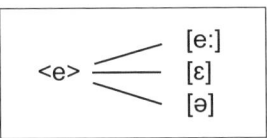

Abb. 3: Uneindeutige lautliche Repräsentation am Beispiel des Vokalgraphems <e>

Dass Abbildung 2 GPK-Regeln für Diphthonge enthält, erscheint erklärungsbedürftig, weil sie in der Regel nicht als eigenständige Phoneme bzw. Grapheme, sondern als Segmentfolgen aufgefasst werden. Die Schreibungen <ei> und <eu> entsprechen lautlich nicht /ai/ und /ɔi/. Deshalb nehmen wir in Abbildung 2 drei GPK-Regeln im Bereich der Diphthonge an (vgl. Eisenberg 2013a: 292). Wie bei den Vokalen liegt auch bei den Sprech- und Schreibdiphthongen ein quantitatives Ungleichgewicht vor, allerdings in umgekehrtem Verhältnis. Der Diphthong /au/ wird ausschließlich mit <au> verschriftet, wohingegen der Diphthong /ai/ in der Regel mit <ei>, selten mit <ai> geschrieben wird. Dies ist etymologisch bedingt. Dem Diphthong /ɔi/ schließlich ist als grundlegende Verschriftung <eu> zugeordnet, sofern nicht morphologisch bedingte Gründe zur Schreibung mit <äu> führen (vgl. Kapitel 2.3.2).

Abschließend stellt sich die Frage, wie der Stellenwert des phonographischen Prinzips an der Wortschreibung einzuschätzen ist. Gesprochene und geschriebene Wortformen lassen sich jeweils **segmental** betrachten. Dies ermöglicht es, das Grapheminventar sowie GPK-Regeln für den Kernwortschatz des Deutschen zu erstellen. Phoneme und Grapheme werden dabei einzeln und ohne Bezug zum silbischen bzw. morphologischen Kontext, in dem sie auftreten, bestimmt. Zur Veranschaulichung beziehen wir uns noch einmal auf das obige Beispiel zur Uneindeutigkeit der <e>-Schreibung: Die GPK-Regeln enthalten keine Angabe dazu, unter welchen Bedingungen sich das Graphem <e> auf einen der spezifischen Lautwerte bezieht. Dies lässt sich nur segmentübergreifend (**suprasegmental**) aus dem Aufbau der Silbe (s. Kap. 2.2) ermitteln.

GPK-Regeln stellen also eine Abstraktion von der konkreten Sprachebene dar. Sie ermöglichen auf der abstrakten Ebene des Sprachsystems, den segmentalen Lautbezug einzelner Grapheme zu klären, aber sie geben nicht in eindeutiger Weise die lautlichen Verhältnisse konkreter gesprochener Sprache für alle möglichen Kontexte an. Wie gezeigt, stehen Phoneme und Grapheme nicht in einem 1:1-Abbildungsverhältnis zueinander. Vielmehr ist der Lautwert einzelner Phoneme an den silbischen Kontext gebunden, in dem sie auftreten. In Kapitel 2.2 zeigen wir, dass unsere Schrift verschiedene phonologische Informationen enthält. Über die in diesem Kapitel thematisierten Bezüge einzelner Laute hinaus macht die Schrift auch Regularitäten im Silbenbau sichtbar. Phonographisch und silbisch motivierte Anteile an unserer Schrift lassen sich sinnvollerweise als „**phonologische Schreibungen**" zusammenfassen (Eisenberg 2013a: 305).

Exkurs: Konservierung lautlicher Bezüge in der Schrift

Zu Beginn dieses Kapitels hatten wir die dem Deutschen zugrunde liegende Schrift als Alphabetschrift bezeichnet, ohne dies weiter auszuführen. Diesen Schrifttyp kennzeichnet, dass die Grapheme lautliche Bezüge aufweisen. Wäre unsere Schrift ausschließlich lautlich-segmental strukturiert, erschiene es konsequent, es gäbe für jedes Phonem genau ein Graphem. Dass dies so im Deutschen nicht zutrifft, zeigt schon ein einfacher quantitativer Vergleich: Etwa 40 Phonemen stehen rund 30 Grapheme und Graphemkombinationen gegenüber. Ein Blick auf die Geschichte unserer Schrift erklärt dieses ungleiche Verhältnis. Wie in etwa 60 weiteren Ländern wird für das Deutsche das lateinische Alphabet verwendet (vgl. Dürscheid 2016: 122). Hierzu war eine Reihe sprachspezifischer Anpassungen erforderlich. So wurden Buchstaben wie Eszett (ß) eingeführt, andere einzelne Buchstaben zu festen Verbindungen kombiniert (ch, sch, qu) und diakritische Zeichen ergänzt, wie die doppelten Punkte zur Wiedergabe der Umlaute ä, ö, ü (vgl. Eisenberg 2016: 66). Um den Stellenwert lautlicher Bezüge in der Schrift einzuordnen, vergewissern wir uns an dieser Stelle der grundlegenden Funktion von Schrift: Eine Alphabetschrift kodiert in erster Linie Bedeutung und nicht Lautung. Sie dient primär der Konservierung von Wissen und ist in dieser Funktion auf die Informationsentnahme durch Lesende orientiert. Entsprechend ist auch für das Deutsche festzuhalten, dass sich die Schrift im Dienst einer leichteren Worterkennung für den Leser entwickelt. Dies führt zu einer Verringerung des Anteils lautlicher Bezüge in der Schrift. Beim Vergleich von Schriftsystemen lassen sich flache von tiefen Systemen (vgl. Meisenburg 1998) unterscheiden: Flach bedeutet, dass ein vergleichsweise unmittelbarer Bezug von Schreibung und Lautung besteht. Dies lässt sich z. B. gut im Türkischen beobachten, das erst seit rund hundert Jahren mit dem lateinischen Alphabet geschrieben wird. Tiefe Systeme hingegen haben sich im Laufe längerer Zeiträume weiter von der Lautung entfernt. Beim Englischen ist dies festzustellen. Das Deutsche nimmt eine Mittelposition ein: Lautbezüge sind ausgeprägt; sie beschränken sich nicht auf die segmentale Ebene, sondern enthalten deutliche silbische Bezüge (s. Kap. 2.2). Hinzu kommt die ausgeprägte Tendenz, lautlich variierende Wortformen für den Leser konstant zu halten, was die Wiedererkennung erleichtert. Die phonologischen Informationen unserer Schrift werden also zusätzlich morphologisch überformt (s. Kap. 2.3).

Abschließend bedarf es noch einer Klärung der phonologischen Basis zur Ermittlung von GPK-Regeln. Um auf diese Weise segmental einzelne Elemente der gesprochenen und geschriebenen Sprache aufeinander beziehen zu können, bedienen wir uns des Konzeptes der **Explizitlautung**. „Man erhält sie, wenn die Wortformen einzeln, mit Normalbetonung, unter Berücksichtigung aller vorhandenen Laute und mit vokalischem Kern für jede Silbe ausgesprochen werden" (Eisenberg 2015: 85). Damit stellt die Explizitlautung eine Abstraktion der konkreten Lautform, wie z. B. in der Standardlautung, dar. Nicht zu verwechseln ist die Explizitlautung mit didaktisch-methodisch motivierten Versuchen, mittels einer unnatürlichen Artikulation Grapheme ohne bzw. mit uneindeutigem Lautbezug hörbar zu machen.

Grapheme und Phoneme können also in ein Bezugssystem eingeordnet werden, aber Grapheme sind keine Visualisierungen von Phonemen, wie dies die Dependenzhypothese nahelegt. Die Ermittlung von Graphem-Phonem-Korrespondenzen erhellt den alphabetischen Anteil unseres Schriftsystems, in dem weitere grammatische Informationen kodiert sind. So lässt sich die normgerechte Schreibung bestimmter Wörter zwar auf der Grundlage des phonographischen Prinzips klären, aber wie bei der oben dargestellten Varianz der <e>-Schreibung gezeigt, reichen die GPK-Regeln nicht aus. Weitere graphematische Prinzipien sind unverzichtbar:

> Um das Vorkommen und die Anordnung der Buchstaben zu verstehen, muss man sich deshalb nicht nur auf die Laute, sondern auch auf die phonologische und morphologische Struktur eines Wortes (…) beziehen können. (Eisenberg 2013a: 289)

Die Gültigkeit von GPK-Regeln erweist sich damit als bedingt durch die Wirksamkeit weiterer Prinzipien der Wortschreibung und deren Interdependenzen. Verschriftungen ausschließlich nach den GPK-Regeln stellen keinen Regelfall dar und umgekehrt sind orthographische Phänomene, die auf die Wirksamkeit weiterer graphematischer Prinzipien zurückzuführen sind, nicht als Ausnahmen misszuverstehen.

Hinweise für den Unterricht
Sowohl zu Beginn dieses Kapitels als auch bei der Darstellung des Kompetenzmodells in Kapitel 1.3 haben wir deutlich gemacht, dass die separierte Behandlung von Prinzipien (Kapitel 2.1 bis 2.4) der Beschreibung des Schriftsystems

dient. **Ein Modell des Schriftsystems ist jedoch nicht gleichzusetzen mit einem Modell des Schriftspracherwerbs.** Das bedeutet, die Reihenfolge der dargestellten Prinzipien stellt keine angenommene Erwerbsreihenfolge dar, nach der zunächst ausschließlich phonographische Schreibungen zu sichern sind, bevor weitere Strukturmerkmale der Schrift – silbische, morphologische und syntaktische – unterrichtlich behandelt werden. Vielmehr gehen wir von einem Modell des Schriftspracherwerbs aus, demzufolge die Prinzipien der Schreibung integrativ erworben werden.

Im öffentlichen Diskurs erscheint die Frage, ob der Schriftspracherwerb lautorientiert oder schriftstrukturell basiert erfolgen sollte, als Methodenstreit: Hier der segmental auf den einzelnen Laut orientierte Zugriff im Sinne eines „Schreibe, wie du sprichst!" – dort das lehrgangsmäßig angeleitete Erarbeiten schriftstruktureller Merkmale. Richtet sich das Interesse nur auf die Methodenwahl, greift dies zu kurz, denn die jeweils angewandten Unterrichtsverfahren gründen auf unterschiedlichen Theorien des Verhältnisses von gesprochener und geschriebener Sprache. Um die Methodenwahl zu begründen, muss sich der Blick deshalb auf die zugrunde liegenden Konzepte richten. In Anlehnung an Bredel & Röber (2015) stellen wir – vereinfachend – zwei Konzepte gegenüber: einerseits Schriftspracherwerb als zweischrittiger Prozess und andererseits Schriftspracherwerb als einphasiger, integrativer Prozess.

Wenn im Schriftspracherwerb zunächst ausschließlich isolierte Graphem-Phonem-Korrespondenzen gelehrt und gelernt werden, offenbart sich darin eine **dependenzhypothetische** Vorstellung unseres Schriftsystems: Der Regelfall sei die lautgetreue Schreibung, nicht lautgetreue Schreibungen werden als Abweichungen aufgefasst und damit als Irregularitäten behandelt. Hierin spiegelt sich die traditionelle Auffassung des Schriftspracherwerbs als **zweischrittiger Prozess** (Bredel & Röber 2015: 4f.), bei dem die Schreibanfänger in einer ersten Phase die Laut-Buchstaben-Beziehungen erwerben und lautorientiert verschriften. Dass die so zustande kommenden Schreibungen, z. B. *<muta> für <Mutter>, nicht der orthographischen Norm entsprechen, wird dabei ebenso akzeptiert wie Wortvorformen beim Lesen: z. B. *[muːtɐ] statt [mʊtɐ]. Im Laufe des zweiten und besonders ab dem dritten Schuljahr sollen die Kinder dann normgerechte Schreibungen erlernen. In dieser zweiten Phase des weiterführenden Schriftspracherwerbs müssen die Lernenden nun die Revisionsbedürftigkeit ihrer bisher leitenden Grundauffassung von Schrift erfahren und sind gezwungen, umzulernen. Dabei wirkt sich die Auffassung von Schrift als Abbild der gesprochenen Sprache ein weiteres Mal hinderlich aus, weil die Orthographie wenig regelhaft und von Ausnahmen geprägt erscheint. Folglich erhalten sie kaum Hilfen, um schriftstrukturelle Merkmale zu erkennen und tragfähige Einsichten in die Systematik der Schrift zu entwickeln.

Neben der Schwierigkeit, dass Lernende bei diesem zweischrittigen Vorgehen einen Strategiewechsel von der ersten zur zweiten Phase vollziehen müssen, setzt der erste Schritt, die vermeintlich einfache Laut-Buchstaben-Zuordnung, eine enorme Abstraktionsleistung der Lernenden voraus. Am Beispiel des Graphems <e> in Abbildung 3 haben wir gesehen, dass die Auffassung, einem Buchstaben entspreche ein bestimmter Laut, nicht haltbar ist. Außerdem ist die gesprochene Sprache keine „wohlgeordnete Folge abgrenzbarer Einzellaute" (Pompino-Marschall 1995: 2) und „die Isolierung einzelner Laute innerhalb der Komplexität der ‚Koartikulation' [...] nicht möglich" (Röber-Siekmeyer 1995: 70 f., Hervorhebung im Original). Ein Unterricht, der auf isolierte Laut-Buchstaben-Beziehungen setzt, führt möglicherweise deshalb „vor allem in der ersten Phase zum Einsatz der sogenannten Pilotsprache, also zu Überlautungen und Überdehnungen, die nicht nur von Schüler/innen verlangt, sondern auch von Lehrer/innen praktiziert werden" (Bredel 2015c: 257). Diese Kunstsprache findet weder in der Alltagssprache, die den Kindern zugänglich ist, noch in der Standardvarietät eine Entsprechung. Damit ist zu bezweifeln, dass die Lernvoraussetzungen der unterrichteten Kinder, besonders derjenigen aus weniger bildungsaffinen Elternhäusern, hinreichend berücksichtigt werden.

Der isolierte Erwerb von Graphem-Phonem-Korrespondenzen (segmentale Orientierung) bietet also keine verlässliche Hilfe, um den phonologischen Anteil der Wortschreibung unterrichtlich zu sichern (vgl. Primus 2010: 12), vielmehr geht es um die Position und Umgebung eines Buchstabens in größeren Kontexten (suprasegmentale Orientierung).

> Zur Erschließung des Buchstabenraums gilt es deshalb, einen geeigneten Kontext zu finden, der den Kindern etwas über die Aussprache eines Wortes verrät: Der wichtigste Kontext ist die Silbe, die den Kindern – im Gegensatz zu Einzellauten – auch als natürliche Wahrnehmungseinheit verfügbar ist. (Bredel 2015d: 36)

Hier setzen Konzepte an, die den Schriftspracherwerb als **einphasigen, integrativen Prozess** modellieren. Sie vermitteln von Beginn an Strukturen der Wortschreibung, sodass der Lernprozess von einer zunehmenden Differenzierung geprägt ist, die keinen Strategiewechsel erfordert.

Modelle, die die Silbe als Bezugseinheit für den Schriftspracherwerb wählen, unterscheiden sich mitunter hinsichtlich der zugrundeliegenden Silbentheorie (vgl. Berkemeier 2007). Einen Überblick über unterschiedliche silbenbasierte Modelle von Röber (2009), Penner (2007) und Bredel (2009) findet sich bei Bredel (2015c: 267-276). Wir greifen hier und in den nachfolgenden Kapiteln auf das Modell von Bredel (2009, 2010a) zurück, in dem fünf grundlegende Wortstrukturtypen trochäischer Zweisilber unterschieden werden. **Ausgangspunkt der Sprachanalyse im Unterricht ist die Schriftstruktur**, nicht die Lautung und auch nicht die Wortsemantik. Wir können auf das Modell an dieser Stelle nicht detailliert eingehen, da es – dem einphasigen Vorgehen entsprechend – die strukturellen Grundlagen voraussetzt, die erst in den nachfolgenden Kapiteln gelegt werden. Um jedoch grundsätzliche Unterschiede zu einer segmentalen Verfahrensweise aufzuzeigen, skizzieren wir an dieser Stelle vorausgreifend, wie mittels eines „Häusermodells" (s. Abb. 4) die prototypische Struktur zweisilbiger Wörter genutzt wird, um z. B. die Vokalgrapheme <o> und <e> einzuführen.

Die Wortformen <loben> und <leben> bilden „prototypische trochäische Minimalpaare" (Mesch 2016: 13). D. h., beide Wortformen weisen die für den deutschen Kernwortschatz typische Abfolge von betonter und unbetonter Silbe auf, wobei sie sich nur in einem Segment, nämlich <o> vs. <e>, unterscheiden. So erwerben die Schüler/innen neben der Graphemkenntnis zugleich Wissen über silbische Strukturen, in denen die Vokale an einer bestimmten Position innerhalb der einzelnen Silbe auftreten. Ein weiterer Lernschritt führt zur Erkenntnis, dass das Graphem <e> in diesen Wörtern auf unterschiedliche Lautwerte hinweist. Im Abgleich mit weiteren Zweisilbern entdecken die Lernenden, dass das <e> in den zweiten Silben immer für den Schwa-Laut [ə] steht. Dieses Wissen nutzen sie auch für das Lesenlernen: Von Beginn an erkennen die Kinder anhand der Schriftstruktur, welcher Lautwert dem Graphem <e> in Abhängigkeit von seiner Position im Wort zukommt. Sie lernen diese Wörter in natürlicher Betonung zu lesen, was die Worterkennung erleichtert. Auch und gerade Kindern mit geringerer phonologischer Bewusstheit bietet diese Orientierung an der Schrift eine verlässlichere Hilfe als eine Orientierung an der Lautung (vgl. Mesch 2016).[12]

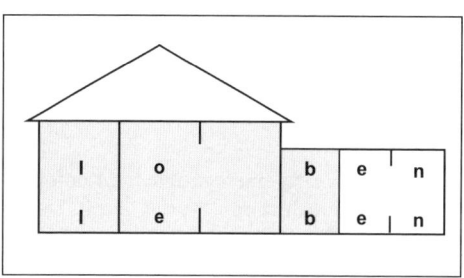

Abb. 4: Häusermodell (vgl. Bredel 2010a)

Dem obigen Modell strukturell vergleichbar, jedoch mit einer anderen Visualisierung, machen Blatt et al. (2015b) ebenfalls einen Vorschlag, im Schriftspracherwerb von einer Analyse der Schrift- statt der Lautstruktur auszugehen. Berkemeier (2019) zeigt an exemplarischen Beispielen den zusätzlichen Lernbedarf mehrsprachiger Kinder, die Phonemsystem und Schriftsprache zugleich im Deutschen erwerben.[13] Zusätzlich werden Praxishilfen gegeben.

Gemeinsam haben diese Ansätze, dass sie von der Schreibung statt der Lautung ausgehen. Damit verbunden, lassen sie ein dogmatisches Denken, ob Schrifterwerb vom einzelnen Laut oder der Silbe als Basiseinheit auszugehen habe, hinter sich. Stattdessen erhalten die Lernenden die Möglichkeit, den Lautwert eines einzelnen Graphems aufgrund seiner Position in der Silbe zu bestimmen. Dadurch wird die Systematik der Schrift erfahrbar. Ein Umlernen

---

12 Dass mit dieser Modellierung zu einem späteren Zeitpunkt auch morphologische Einsichten in die Wortstruktur erarbeitet werden können, thematisieren wir in Kapitel 2.3.
13 Zu Fragen des Phonem- und Schrifterwerbs in einer Zweit- oder Fremdsprache vgl. Dahmen & Weth (2018).

erübrigt sich, weil von Beginn des Schriftspracherwerbs in einem induktiv angelegten Lernprozess zutreffende Hypothesen über die Struktur der Schrift gebildet werden können. Mit Bredel et al. (2017) halten wir abschließend fest:

> Die Schrift ist keine Abbildung der Lautung; sie ist vielmehr eine Abbildung von Grammatik. Wer die Kinder auffordert, zu schreiben, wie sie sprechen, erschwert oder versperrt ihnen den Weg in diese alles entscheidende Einsicht. (Bredel et al. 2017: 22)

Wir skizzieren mit diesen Hinweisen für den Unterricht eine sachstrukturell und lerntheoretisch angemessen erscheinende Antwort auf die grundlegende Frage nach einer angemessenen didaktischen Modellierung des Orthographieerwerbs. In der Aufmerksamkeit von Bildungspolitik und Öffentlichkeit unterliegt dieses Thema konjunkturellen Schwankungen. Dagegen hat es im Fachdiskurs einen festen Platz. Einen instruktiven Einblick in die Bandbreite unterschiedlicher Auffassungen der letzten Jahre bieten die Bände von Brinkmann (2015) und Kruse & Reichardt (2016) mit jeweils zahlreichen Beiträgen von Vertreterinnen und Vertretern unterschiedlicher Positionen. Empirische Ergebnisse zur Wirksamkeit unterschiedlicher Methoden im Schriftspracherwerb enthalten z. B. Weinhold (2006, 2009) sowie Funke (2014).

■ Übungen

Hinweis zur Bearbeitung: Sofern in den folgenden Aufgaben eine phonologische Notation gefordert wird, bildet Explizitlautung die Bezugsnorm.

1. Geben Sie die unten graphematisch notierten Wortformen phonologisch wieder. <Nase>, <Dusche>, <Schule>, <Straße>, <Seife>, <hängen>, <Sprung>, <dunkel>, <sitzen>, <sieben>, <Ofen>, <offen>, <Retter>, <Vater>, <wohnen>, <Klee>
2. a) Bestimmen Sie, welche der nachfolgenden, graphematisch notierten Wörter entsprechend der GPK-Regeln eine lautorientierte Schreibung aufweisen. Großschreibung ist nicht zu berücksichtigen.
   <rot>, <Blut>, <Laster>, <Igel>, <Regen>, <Stange>, <Wald>, <Ampel>, <Insel>, <alt>, <Witze>, <Hütte>, <sagt>, <Wanze>, <Hüte>, <heute>, <Laub>, <verleihen>, <Wahl>, <Wal>
   b) Notieren Sie 10 Wörter phonologisch und graphematisch, deren Schreibung sich aus den GPK-Regeln ergibt.
3. Dem Phonem /t/ ist als GPK-Regel das Graphem <t> zugeordnet. Zeigen Sie an exemplarisch ausgewählten Wörtern, welche alternativen Verschriftungen im Deutschen vorkommen.
4. Der Text eines Schreibanfängers enthält die Schreibung *wasergeimer für *Wassereimer*. Bilden Sie Hypothesen, wie es zu dieser Schreibung kam.

Weiterführende Literatur

Eisenberg (2013a) *enthält eine detaillierte Darstellung der phonologischen und graphematischen Grundlagen.*
Primus (2010) *zeigt, wie sich der Graphembestand des Deutschen autonom, also ohne Bezugnahme auf die Phonologie, ermitteln lässt.*
Bredel et al. (2017) *zeigen in Kapitel 2, wie sich das Schriftsystem aus Lesersicht rekonstruieren lässt.*
Haarmann (2017) *führt in die Geschichte der Schrift ein.*

2.2 Silbisches Prinzip

2.2.1 Einleitung

Das silbische Prinzip bildet zusammen mit dem phonographischen Prinzip die Grundlage zur Beschreibung lautlicher Bezüge in unserer Schrift. Um das silbische Prinzip zu charakterisieren, erinnern wir deshalb zunächst an die kontextuelle Bedingtheit der Graphem-Phonem-Korrespondenzen. In Kapitel 2.1 haben wir gezeigt, dass z. B. dem Vokalgraphem <e> mehrere Vokalphoneme entsprechen – ein gespanntes [eː], ein ungespanntes [ɛ] und der Reduktionsvokal [ə]. Das Graphem <e> alleine erlaubt also keine eindeutige Zuordnung, dennoch ist es ein Leichtes für Lesende, in geschriebenen Wörtern wie <legen> und <Ende> (s. Beispieltext unten) auf die unterschiedlichen Vokalqualitäten zu schließen. Wenn das Graphem <e> für sich genommen uneindeutig ist, müssen es Informationen aus der Umgebung sein, die den Lesenden die Lautzuweisung und damit die phonologisch gestützte Worterkennung erleichtern. Hier kommt die Silbe als nächstgrößere linguistische Einheit ins Spiel. Silben unterliegen in ihrem Aufbau und ihrer Abfolge Regularitäten, die im silbischen Prinzip beschrieben sind. Der Begriff Silbe mag bei vielen Menschen zunächst Kindheitserinnerungen an Abzählverse wie „e-ne-me-ne-mis-te" auslösen. Dies zeigt, die Silbe wird intuitiv „artikulatorisch und auditiv als eine Basiseinheit" (Eisenberg 2013a: 296) der gesprochenen Sprache wahrgenommen. Analog zur gesprochenen Sprache lässt sich die Silbe als graphematische Einheit auch in der geschriebenen Sprache bestimmen. Auf der Grundlage der Schreibsilbe beschäftigen wir uns in den nachfolgenden Kapiteln mit silbisch bedingten Phänomenen der Wortschreibung. Einen einleitenden Überblick geben wir anhand der markierten Wortformen im nachfolgenden Text.

Beispiel

Die aufregende Schneeballschlacht 1
An einem kalten Wintertag um halb drei gehen meine Freunde Jan und Lisa
mit mir raus in den Schnee. Und schon legen wir los. Wir machen eine Schneeballschlacht auf der Schtraße und bei Lisa im Garten. Wir haben alle viel Spaß.
Auf einmal ruft Lisa: „Aufgepast ihr treft mich nie." Ich versuche es dauernd, 5
aber ich schaffe es nie. Ich neme einen Schneeball und werfe in richtung Lisa.
Lisa duckt sich schnell. Der Schneeball fliegt in richtung Küchenfenster von
Lisas Haus. Ich denke noch: „Warum ist das Küchenfenster offen?" Da trifft
der Schneeball schon Lisas Vater. Dem fallen zwei Teller aus der Hand! Wir
bleiben wie angewurzelt stehen. Lisas Vater kommt raus, er sieht wütend aus 10
und dann gibt es ärgär. Aber dann holt Lisas Papa seine Jacke und am Ende
spielt er tarzechlich noch ganz lang mit uns.
(Grundschule, Klasse 3, weiblich)

Wir greifen noch einmal das Graphem <e> auf. In den Wortformen <legen> und <Teller> steht es viermal, aber jeweils mit unterschiedlichem Lautbezug: In den ersten Silben der beiden Wörter können wir den Unterschied als lang vs. kurz beschreiben. In den beiden zweiten Silben klingt das <e> entweder schwach oder wie ein ‚a' ([ɐ]). Die unterschiedlichen Lautrepräsentanten für das Graphem <e> sind also nicht segmental, sondern nur im Rückgriff auf silbenstrukturelle Informationen zu erfassen, wie wir in Kapitel 2.2.3 zeigen werden.

Die Wortform <fallen> weist ein doppeltes Konsonantengraphem als Besonderheit auf. Wir sprechen und hören zwar nur ein [l], schreiben jedoch <ll>. In Kapitel 2.2.4 werden wir sehen, dass das Phänomen der Doppelkonsonanten auf Regelhaftigkeiten der Schreibsilbe beruht und deshalb auch von der Schrift ausgehend erlernt werden kann.

Vergleicht man in den Zeilen 2 und 6 die Schreibung der Wörter <gehen> und *<neme> (<nehme>), fällt auf, dass beide Wörter bei orthographisch korrekter Schreibung ein stummes <h> enthalten. Auch hier sind Regelhaftigkeiten der Schreibsilbe dafür maßgeblich, dass ein Graphem verwendet wird, das mit keinem Lautwert korrespondiert. Gliedert man die beiden Wörter in ihre Silben, zeigt sich, dass das <h> an unterschiedlichen Stellen steht: <ge-**h**en> und <ne**h**-men>. Wir werten die unterschiedliche Position der beiden <h> zunächst als Zeichen, dass es sich um verschiedene Phänomene im Silbenbau handelt. In den Kapiteln 2.2.5 und 2.2.7 wird sich zeigen, dass damit auch unterschiedliche Funktionen verbunden sind.

Schreibungen wie das <Sch> im Wort *<Schtraße> weisen auf den Versuch von Lernenden hin, sich an der Lautung zu orientieren. Warum folgt unser Schriftsystem hier nicht einfach dem phonographischen Prinzip? Mit dem <sch>

steht eine entsprechende Graphemfolge zur Verfügung, die ansonsten in einer Vielzahl von Wörtern unterschiedlicher Wortarten Verwendung findet, wie z. B. in <Schule>, <schreiben>, <schön>. Auch hier liegen Regelhaftigkeiten im Aufbau der Silbe zugrunde, mit denen sich diese Schreibung rekonstruieren lässt.

Allen genannten Phänomenen ist gemeinsam, dass sie nicht isoliert auf Graphem-Phonem-Korrespondenzregeln zurückführen sind (s. Kap. 2.1), sondern mit silbischen Informationen im Zusammenhang stehen. Wir haben dies am Beispiel des Graphems <e>, der Schreibung <st> sowie am Beispiel der <h>- und Doppelkonsonanten-Schreibung einleitend skizziert. Die Beispiele lassen zudem Unterschiede zwischen der Schreibsilbe (z. B. <gehen>) und der Sprechsilbe (z. B. [geːən]) erkennen, die zwar aufeinander bezogen sind, aber eigene Regelhaftigkeiten aufweisen. Im Folgenden wird sich zeigen, dass diesen Eigengesetzlichkeiten der Schreibsilbe die Funktion zukommt, den Lesenden die Worterkennung zu erleichtern. Bevor wir in den Kapiteln 2.2.3 bis 2.2.9 silbisch bedingte Phänomene der Wortschreibung betrachten, beleuchten wir zunächst die silbischen Grundlagen, auf die wir in den nachfolgenden Kapiteln zurückgreifen.

2.2.2 Grundlagen zur Silbe

In der Einleitung war bereits von Sprechsilben und Schreibsilben die Rede. Dass die Sprechsilbe als artikulatorische Grundeinheit der gesprochenen Sprache fungiert, bemerken Sie, wenn Sie das Wort *helfen* aussprechen. – Sie artikulieren nicht jeden Laut isoliert, sondern beziehen sich auf die Silbe als rhythmisch-prosodische Einheit: *hel-fen*. Neben der intuitiv zugänglichen Sprechsilbe nehmen wir mit Eisenberg (2013a) eine Schreibsilbe[14] an, auf deren Basis wir silbisch bedingte Phänomene der Wortschreibung erläutern. Trotz vorhandener Unterschiede weisen beide, Sprech- und Schreibsilbe, eine gemeinsame Grundstruktur auf.

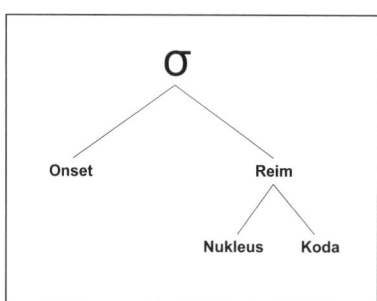

Abb. 5: Silbenkonstituentenmodell

Das Konstituentenmodell in Abbildung 5 stellt die Grundstruktur der Silbe dar, der Buchstabe Sigma (σ) aus dem griechischen Alphabet symbolisiert dabei die Silbe. Demnach verfügt jede Silbe über einen **Silbenkern** (Nukleus), in dem ein Vokal oder ein Diphthong steht.[15] Die Position vor dem Vokal wird als **Anfangsrand** (Onset) und die nach ihm als **Endrand** (Koda) bezeichnet. Bei besetztem Anfangsrand spricht man von einer **bedeckten Silbe**, ist er unbesetzt, von einer **nackten Silbe**. Einfache Anfangs-

---
14 Wir gehen vom Konzept der Schreibsilbe aus, wie es grundlegend in Eisenberg (1989) entfaltet wird.
15 Ausgangspunkt ist hierbei die Explizitlautung.

und Endränder sind mit einem, komplexe mit mehr als einem Konsonanten besetzt. Bei leerem Endrand spricht man von einer **offenen Silbe**, bei besetztem Endrand von einer **geschlossenen Silbe**. Die Besetzung des Endrands steht in Relation zur Qualität des Vokals im Silbenkern. Aufgrund des Abhängigkeitsverhältnisses von Silbenkern und Endrand werden diese beiden Positionen in hierarchischen Silbenmodellen, wie dem obigem, als Silbenreim zusammengefasst.

Während das oben vorgestellte Silbenkonstituentenmodell eine hierarchische Struktur aufweist, genügt für unseren weiteren Verwendungszusammenhang eine nicht-hierarchische Notation wie in Abbildung 6. Die eingeführten Positionsbezeichnungen Anfangsrand, Kern und Endrand bleiben erhalten (vgl. Eisenberg 2013a: 98). Zudem gehen wir in Abbildung 6 und auch im Weiteren nicht von einsilbigen Wortformen, sondern von Zweisilbern aus. Diese gelten für den Kernwortschatz des Deutschen als prototypisch, sofern die erste Silbe betont und die zweite unbetont ist. Hieraus ergibt sich ein **trochäisches Betonungsmuster** wie in sämtlichen in Abbildung 6 notierten Wörtern. Etwa 70% der Zweisilber des deutschen Kernwortschatzes weisen diese Struktur aus **Vollsilbe**[16] und **Reduktionssilbe** auf (vgl. Eisenberg 2013a: 125). Einsilbige Wörter im Bereich der flektierbaren Wortarten enthalten in ihrem Flexionsparadigma zweisilbige Wortformen (Wald – Wälder; geht – gehen; groß – größer). Solche Zweisilber gelten jeweils als orthographische **Stützform**, woran sich silbisch motivierte Phänomene in der Schreibung erkennen lassen.

In Abbildung 6 haben wir einige der einleitend besprochenen phonologischen und graphematischen Wortformen eingetragen, um grundlegende Unterschiede zwischen Sprechsilbe[17] (phonologische Silbe) und Schreibsilbe (graphematische Silbe) vorab zu skizzieren. In den darauffolgenden Kapiteln kommen wir darauf erneut zu sprechen.

Phonologisches Wort						Graphematisches Wort					
σ (betont)			σ (unbetont)			σ			σ		
AR	K	ER	AR	K	ER	AR	K	ER	AR	K	ER
[l	eː		g	ə	n]	<l	e		g	e	n>
[ʔ	ɛ	n	d	ə]			<E	n	d	e>	
[g	eː			ə	n]	<g	e		h	e	n>
[f	a	l		ə	n]	<f	a	l	l	e	n>
[ʃtʀ	aː		s	ə]		<Str	a		ß	e>	

Abb. 6: Vergleich von phonologischer und graphematischer Silbenstruktur

---

16 Statt des Begriffs *Vollsilbe* findet sich in der Literatur auch die Bezeichnung *Hauptsilbe*.
17 Erläuterungen zur Sprechsilbe dienen in diesem Verwendungszusammenhang dem Verständnis der Systematik der Schreibsilbe, erheben also nicht den Anspruch einer umfassenden Darstellung der phonologischen Silbe. Einführende Darstellungen zur Silbenphonologie bieten Dahmen & Weth (2018: 44–56); Fuhrhop & Peters (2013: 76–116).

- An den Beispielen <legen> und <Ende> wird ersichtlich, dass der Silbenkern der Schreibsilbe einfacher strukturiert ist als in der Sprechsilbe, in der mit [eː] und [ɛ] in der betonten Silbe und [ə] in der unbetonten Silbe unterschiedliche Vokale stehen. Zudem weist die Sprechsilbe insofern eine größere Variabilität auf, als bei Umgangslautung das graphematisch angezeigte <e>-Schwa kaum realisiert wird: z. B. [leːgn̩].
- Die Beispiele <gehen> und <fallen> zeigen, dass die Silbengrenzen in der Schreibsilbe deutlicher markiert sind als in der Sprechsilbe bei [geːən] bzw. [falən]. Das <h> markiert den Anfangsrand der zweiten Silbe und die Konsonantenverdopplung im Wort <fallen> bewirkt, dass der Endrand der ersten Silbe und der Anfangsrand der zweiten Silbe besetzt sind.
- Die Schreibung <Straße> vs. *<Schtraße> macht deutlich, dass in der Schreibsilbe überlange Anfangsränder vermieden werden. Man bezeichnet dies als Längenausgleich im Anfangsrand. Die Sprechsilbe ist auch in dieser Hinsicht variabler.

Die genannten Beispiele sollen genügen, um grundsätzlich zu verdeutlichen, dass sich die Schreibsilbe zwar auf phonologische Aspekte der Sprechsilbe bezieht, jedoch als visuell zu rezipierendes Phänomen spezifische Formmerkmale aufweist. Dazu zählt insbesondere eine höhere Formkonstanz, was sich im beschriebenen Längenausgleich und der deutlicheren Markierung von Silbengrenzen zeigt. Auch die beiden hochfrequenten Muster der Reduktionssilben sind hierbei zu nennen, zum einen die oben bereits angesprochene Verschriftung von [ə] mit dem Graphem <e> wie in [ʃtʀaːsə] – <Straße> und zum anderen die Schreibung des a-Schwa genannten Lautes [ɐ]. Hier liegt ein vokalisiertes [ʀ] vor. Es ähnelt einem a-Laut und wird mit der Graphemfolge <er>, wie in [tɛlɐ] – <Teller>, geschrieben.

Die bislang dargestellten Grundlagen zur Silbe genügen, um silbisch motivierte Phänomene der Wortschreibung in den folgenden Kapiteln zu behandeln. Über diese Grundlagen hinaus bietet der folgende Exkurs einen Einblick in die Regularitäten des Silbenbaus. Mit dem Konzept der Sonoritätshierarchie lässt sich die regelhafte Abfolge der einzelnen lautlichen Segmente der phonologischen Silbe beschreiben. Analog dazu bietet das Konzept der Längenhierarchie eine Erklärung für die Formmerkmale von Graphemen sowie deren Kombinatorik.

Exkurs: Sonoritätshierarchie und Längenhierarchie

Um die Regularitäten zu klären, die dem Silbenaufbau zugrunde liegen, stellen Sie sich die Sprechsilbe artikulatorisch als Öffnungs- und Schließbewegung des Mundes vor. Im konsonantischen Anfangsrand ist der Mund wenig geöffnet und der artikulierte Laut weist nur eine geringe Sonorität auf, d. h., er verfügt über wenig

Schallfülle (vgl. Eisenberg 2013a: 102). Zum vokalischen Kern hin nimmt die Öffnungsbewegung zu. Im Vokal erreichen Öffnung und Sonorität ihre höchsten Werte. Im Silbenendrand liegen die Verhältnisse im Wesentlichen spiegelbildlich wie im Anfangsrand. Mit der Schließbewegung des Mundes nimmt die Sonorität im Endrand also ab. Daraus folgt, dass die jeweils äußeren Positionen des Anfangs- und Endrandes von Konsonanten mit geringer Sonorität und zum Silbenkern hin mit größerer Sonorität besetzt sind. Entsprechend unterscheiden wir die Stellung von Obstruenten und Sonoranten.[18] Zur Erläuterung greifen wir aus Abbildung 7 das Wort [klʊft] heraus. Im komplexen Anfangsrand steht an erster Stelle der stimmlose Plosiv [k], auf den mit dem [l] ein Sonorant folgt. Die Schallfülle nimmt also zu. Mit dem ungespannten Vokal [ʊ] erreicht die Sonorität im Silbenkern die höchste Ausprägung. Schließlich folgen im Silbenendrand zwei Obstruenten. Hier gilt, dass der Frikativ [f] in der Schließbewegung vorausgeht. Der darauffolgende Plosiv [t] stellt als dentaler Verschlusslaut das Ende der Schließbewegung dar. Abbildung 7 illustriert das Verhältnis von Silbenbau und Sonorität in vereinfachter Form anhand verschiedener Wortformen.

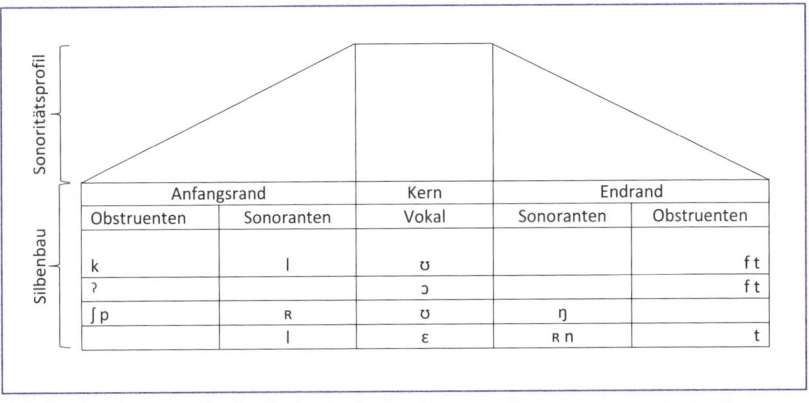

Abb. 7: Silbenbau und Sonorität (vgl. Eisenberg 2016: 41)

In Analogie zur Sonoritätshierarchie entstand in den vergangenen Jahren in der Graphematik das Konzept einer Längenhierarchie der Schreibsilbe (vgl. Primus 2006; Fuhrhop & Buchmann 2009; zusammenfassend: Fuhrhop & Peters 2013: 216ff.). Hierzu werden Grapheme aufgrund von Formmerkmalen in Klassen gruppiert. Auf Silbenebene erfolgt eine Beschreibung der Abfolgeregularitäten einzelner Grapheme als Vertreter dieser Klassen. Besonders beachtet wird hierbei, ob ein Graphem ausschließlich das Mittelband besetzt oder Ober- bzw. Unterlänge aufweist. Im Anfangs- und im Endrand stehen Konsonanten. Grapheme für Obstru-

---

18 Als Obstruenten werden die Lautklassen der Plosive (/p/, /b/, /t/, /d/, /k/, /g/, /ʔ/) und Frikative (/f/, /v/, /ʃ/, /s/, /z/, /ç/, /j/, /h/) zusammengefasst. Als Sonoranten gelten im Allgemeinen Nasale (/m/, /n/, /ŋ/) und Liquide (/l/, /ʀ/).

enten weisen in der Regel Oberlänge (z. B. <f>, <t>, <k>) oder Unterlänge auf (z. B. <p>, <g>). Vokale und Diphthonge besetzen nur das Mittelband. Außer <l> liegen die Sonorantgrapheme alle im Mittelband (<r>, <m>, <n>). Sie stehen in komplexen Silbenrändern in Nachbarschaft zum vokalischen Kern und nehmen damit eine Mittelstellung zwischen Vokal- und Obstruentengraphemen ein. So ergibt sich eine idealtypische Struktur der Schreibsilbe, die in den Rändern Länge und im Kern Kompaktheit aufweist (s. Abb. 8).

| a, e, i, o, u   b, d, p, g | gut |

Abb. 8: Länge vs. Kompaktheit
(vgl. Eisenberg 2013a: 297)

Damit erhalten Silbenränder ein salientes Profil. Dass dies das Lesen erleichtert, lässt sich gut am silbeninitialen <h> verdeutlichen (s. Kap. 2.2.5). Obwohl es keine lautliche Entsprechung hat, steht es in graphematischen Silben. Würden wir Wörter mit silbeninitialem <h> phonographisch verschriften, ergäbe dies z. B. die Wortform *<geen> für <ge-hen>. Diese Schreibung könnte als Doppelvokal in einem Einsilber fehlinterpretiert werden. Das silbeninitiale <h> zeichnet mit seiner Oberlänge den Anfangsrand der zweiten Silbe aus, was die korrekte Rekodierung als Zweisilber erleichtert.

Für die graphematische Theoriebildung sind die Erkenntnisse zur Längenhierarchie von besonderem Nutzen, weil sie eine autonome Beschreibung des Schriftsystems ermöglichen. Lese- und orthographiedidaktisch bedeutsam sind sie, weil sie sich zur Beschreibung jener silbischen Strukturmerkmale heranziehen lassen, die die Worterkennung und damit das Lesen erleichtern.

2.2.3 Offene und geschlossene Silbe (unmarkiert)

Wir beginnen mit einem kleinen Selbstversuch. Lesen Sie hierzu die beiden folgenden Wortformen laut:
a) *ronen*
b) *ronden*

Bei beiden handelt es sich um Fantasiewörter. Sie existieren nicht in unserem Wortschatz, könnten aber aufgrund ihrer Strukturmerkmale Wörter im Deutschen sein. Obwohl Ihnen diese Wörter unbekannt sind, haben Sie vermutlich im Falle von *ronen* ein langes [oː] und bei *ronden* ein kurzes [ɔ] artikuliert. Da Sie die Wörter zuvor noch nie gelesen und vermutlich trotzdem ‚korrekt' im Sinne von systemkonform artikuliert haben, müssen Sie beim Lesen intuitiv auf silbenstrukturelle Informationen zurückgegriffen haben. Diese silbischen Grundmuster betrachten wir nun.

In der betonten Silbe besteht eine systematische Beziehung zwischen der Qualität des Vokals im Silbenkern und dem Endrand. Um dies zu zeigen, greifen wir auf die beiden Wörter [leː.gən] – <le-gen> und [ʔɛn.də] – <En-de> aus dem einleitenden Beispieltext zurück. Das Muster kann anschließend auf die zuvor gelesenen Fantasiewörter übertragen werden. Beide phonologischen Wortformen weisen als Trochäen die Abfolge von betonter und unbetonter Silbe auf. Die unbetonte Silbe wird in beiden Wörtern als Reduktionssilbe mit einem Schwa-Laut im Silbenkern realisiert. Im Silbenreim der betonten Silbe hingegen unterscheiden sie sich. Vergleichen wir zunächst die phonologischen Wortformen, lässt sich das Phänomen des Längenausgleichs im Silbenreim beobachten (s. Abb. 9).

Phonologisches Wort						Graphematisches Wort					
σ (betont)			σ (unbetont)			σ			σ		
AR	K	ER	AR	K	ER	AR	K	ER	AR	K	ER
[l	eː		g	ə	n]	<l	e		g	e	n>
[ʔ	ɛ	n	d	ə]		<E	n		d	e>	

Abb. 9: Offene und geschlossene Silbe im Vergleich

Längenausgleich meint eine Tendenz, die Länge von Silben unterschiedlicher Struktur möglichst konstant zu halten bzw. zumindest anzugleichen. In [leː.gən] steht in der betonten Silbe ein gespanntes [eː] bei unbesetztem Silbenendrand, die Silbe ist offen. Der Vokal wird lang gesprochen und kompensiert damit den leeren Endrand. In [ʔɛn.də] steht hingegen ein ungespanntes [ɛ] in der betonten Silbe und der Silbenendrand ist mit dem Konsonanten [n] besetzt. Also liegt eine geschlossene Silbe vor. Der konsonantisch besetzte Endrand begrenzt die Dauer des Vokals, wodurch dieser kurz klingt. Dieses gemeinsame Auftreten von gespanntem Vokal in offener und ungespanntem Vokal in geschlossener Silbe findet sich in 90% der Wörter des Kernwortschatzes (vgl. Müller 2017a: 43).

Die graphematische Silbe konserviert diese lautlichen Bezüge. Die Lesenden erkennen den gespannten Vokal anhand des leeren Endrandes in <le-gen> und den ungespannten Vokal aufgrund des besetzten Endrandes in <En-de>. Dieser Zusammenhang wirkt als festes Muster, das in aller Regel intuitiv zu einer systemkonformen Zuordnung von gespanntem und ungespanntem Vokal führt. Damit erklärt sich, weshalb Sie die einleitenden Fantasiewörter systemkonform artikuliert haben. Automatisch übertragen wir dieses Muster auf unbekannte Wörter: *ro-nen* und *ron-den*.

Das Auftreten von **gespanntem Vokal in offener** bzw. **ungespanntem Vokal in geschlossener Silbe** stellt also sowohl in der Sprech- als auch in der Schreibsilbe den unmarkierten[19] Fall der Vokalkennzeichnung dar. Die Unterscheidung der Vokalqualität wird verlässlich gewährleistet durch die unterschiedliche Distribution innerhalb der Silbe: Ein gespannter Vokal steht in offener und ein ungespannter in geschlossener Silbe. Hinzu kommt als weiterer Faktor die Position, womit hier das Auftreten des Graphems <e> in unterschiedlichen Silbentypen gemeint ist: Es repräsentiert in betonter Silbe einen der beiden Vollvokale und steht in der Reduktionssilbe für den Schwa-Laut (vgl. Bredel 2009: 139). Im Gegensatz zu Vokalen existiert bei Diphthongen keine Opposition von Gespanntheit vs. Ungespanntheit. Die beschriebene Korrespondenz von Silbenkern und Silbenendrand ist deshalb nicht auf Diphthonge übertragbar (vgl. Fuhrhop 2015a: 15).

In einsilbigen Wortformen liegen die Verhältnisse insofern etwas anders, als ein mit einem einzelnen Konsonanten besetzter Endrand auf einen Langvokal hinweist, wie in <schön>, <Gut>, <Kran>. Erklären lässt sich dies damit, dass es im Flexionsparadigma dieser Lexeme zweisilbige Formen mit der oben beschriebenen unmarkierten Silbenstruktur eines Langvokals in offener Silbe gibt: <schö–ner>, <Gü–ter>, <Krä–ne>. Zwei und mehr Konsonanten im Endrand der betonten Silbe signalisieren wiederum einen Kurzvokal: <Fest>, <bunt>, <oft>. In diesem Fall liegt die Silbengrenze in den korrespondierenden Zweisilbern zwischen den beiden Konsonanten: <Fes-te>, <bun-te>, <öf-ter>, womit die betonte Silbe wiederum eine geschlossene Struktur aufweist.

Neben dem somit beschriebenen unmarkierten Fall, in dem sich die Vokalqualität aus der Silbenstruktur ohne Weiteres ergibt, existieren Phänomene markierter Schreibung. Dort erleichtern zusätzliche Kennzeichnungen die Identifikation von Lang- und Kurzvokal. Traditionell werden diese Phänomene als Schärfungs- und Dehnungsschreibungen bezeichnet. Diese werden in den folgenden Kapiteln behandelt.

Hinweise für den Unterricht

Unter den Unterrichtshinweisen in Kapitel 2.1 haben wir bereits für die Berücksichtigung des silbischen Kontextes plädiert. Die dort angeführten didaktischen Konzepte zeigen Möglichkeiten, anhand des Silbenbaus schriftstrukturelle Einsichten in die phonologische Qualität der verschrifteten Vokale zu gewinnen, die auf segmentaler Ebene uneindeutig bleiben. Auf Silbenebene aber können sie weitgehend eindeutig bestimmt werden, woraus sich weitere Einsichten über den spezifischen Aufbau der Schreibsilbe ergeben. Zusätzlich erinnern wir an lernpsychologische Aspekte, die in Kapitel 1 angesprochen wurden: Entdeckendem Lernen ist der Vorzug gegenüber memorierendem Üben zu geben. Beide Aspekte integrierend, folgt daraus: Anhand exemplarischen Wortmate-

---

19 Zum Begriff der Markiertheit s. Hinweise für den Unterricht

rials entdecken Lernende den regelhaften Aufbau trochäischer Zweisilber. Sie erkennen anhand von „**Schlüsselwörtern**" (Hinney 1997: 133), wie verlässlich auf die betonte Vollsilbe eine unbetonte Reduktionssilbe folgt. Bei der Analyse der Vollsilbe wird deutlich, dass ein langer Vokal in offener und ein kurzer in geschlossener Silbe steht. Damit werden silbisch motivierte orthographische Phänomene transparent, nachvollziehbar und bereits für Grundschulkinder in altersangemessenen Beschreibungskategorien erklärbar. Dies stellt die Basis eines Transfers auf unbekannte Wortschreibungen dar. Von grundlegender Bedeutung hierbei ist die Auswahl des zu untersuchenden Wortmaterials. Um tragfähige Einsichten in den Kernbereich der Orthographie zu ermöglichen, ist bei der Wortauswahl auf Folgendes zu achten:

- Das Wortmaterial entstammt dem Kernwortschatz des Deutschen.
- Ausgangspunkt der Analysen bilden zweisilbige Wortformen.
- Diese weisen ein trochäisches Betonungsmuster auf: erste Silbe betont, zweite unbetont.
- Grundlegende Wortbaumuster werden anhand morphologisch einfacher Wörter erarbeitet (keine Derivate, also z. B. nicht: <vergeht>, und keine Komposita wie <Gehweg>, stattdessen: <gehen>, <Wege>).
- Einsilbige Wörter werden auf zweisilbige Stützformen des entsprechenden Flexionsparadigmas zurückgeführt: <dreht> → <dre-hen>.

Zur methodisch-didaktischen Modellierung greifen wir mit Abbildung 10 auf ein Modell von Bredel (2010a) zurück. Bredel bezieht sich damit explizit auf Röber (2009), arbeitet jedoch mit einem einheitlichen Häusermodell. Ausgangspunkt der Analyse bildet dabei das geschriebene Wort.

 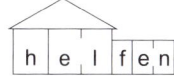 **Abb. 10:** Häusermodell (vgl. Bredel 2010a: 11)

Um die Struktur zweisilbiger Wortformen jüngeren Lernenden altersgerecht darzubieten, wählt Bredel (2010a: 15) ein Modell von Haus und Garage.[20] Links steht das Haus, es ist höher als der rechts angeschlossene Garagenbau und erhält ein Dach. Damit wird die betonte Silbe gegenüber der unbetonten graphisch hervorgehoben. Beide Bauten verfügen über je drei Räume, wovon nur der jeweils erste durch einen durchgezogenen Strich von den beiden anderen getrennt ist. Der mittlere und der rechte Raum weisen eine durchbrochene Wand auf. Dies dient zur Kennzeichnung des Silbenanfangsrands als vergleichsweise selbständige Einheit gegenüber dem Silbenreim, in dem Kern und

---

20 Die Gebäude-Metapher wird seit Mitte der 1990er Jahre zur Visualisierung silbisch motivierter Schreibungen im schulischen Unterricht genutzt. Sie geht auf Arbeiten Röbers zurück. In Röber (2009: 151-180) ist ein Abriss über Entstehung und Ausgestaltung dieses Konzepts enthalten.

Endrand in Form eines oben beschriebenen Längenausgleichs in der Vollsilbe interagieren. Ist das letzte Zimmer unbesetzt, kann sich der Vokal ‚ausdehnen', er klingt lang: <he-ben> (s. Abb. 10). Steht dort ein Konsonant, muss sich der Vokal auf das mittlere Zimmer ‚beschränken', er klingt kurz: <hel-fen>. Dieser Sachverhalt ergibt sich für die Lernenden aus einer kontrastiven Analyse dieser beiden grundlegenden Wortbaumuster. Anschließend nutzen die Lernenden die Visualisierung zunehmend selbständig zur Wortanalyse.

Mithilfe dieser Modellierung gelingt es, alle silbisch bedingten Phänomene des orthographischen Kernbereichs so zu erschließen, dass Lernende mit einem hohen Maß an Verlässlichkeit Schreibentscheidungen treffen können. Auch Kindern mit anderen Herkunftssprachen, die nur in beschränktem Maße einen Unterschied zwischen gespannten und ungespannten Vokalen wahrnehmen, bietet das Modell eine Hilfe, um – ausgehend von der silbischen Struktur des geschriebenen Wortes – auf seine phonologische Realisierung zu schließen. Ein weiterführender Nutzen ergibt sich, wenn mit einer entsprechenden Färbung Wortstamm und Flexionssuffix unterschieden werden (vgl. Bredel 2010a). Dann eignet sich dieses Modell zusätzlich zur morphologischen Analyse (s. Kap. 2.2.5 und Kap. 2.3.5).

Für eine sinnvolle Progression im Lernprozess bietet es sich an, zuerst mit den hier erläuterten unmarkierten Schreibungen zu beginnen und anschließend markierte Schreibungen zu behandeln. Als unmarkiert bezeichnen wir hier den oben beschriebenen ‚Normalfall' des gemeinsamen Auftretens von langem Vokal in offener Silbe und kurzem Vokal in geschlossener Silbe. Alle anderen Schreibungen werden als markiert bezeichnet und in den nachfolgenden Kapiteln behandelt. Einen Überblick über **markierte** und **unmarkierte Schreibungen** geben wir mit Tabelle 4.

	Offene Silbe	Geschlossen Silbe
Kernbereich: Unmarkiert	<he-ben>	<hel-fen>
Kernbereich: Markiert	<lie-ben> <ge-hen>	<fal-len>
Peripheriebereich: Markiert	<küh-len> <See-le>	

Tab. 4: Unmarkierte und markierte silbisch motivierte Schreibungen (vgl. Müller 2017a: 47)

Das Häusermodell von Bredel richtet sich nicht nur an Schüler/innen der Primarstufe, sondern kann durchaus zu Beginn der Sekundarstufe genutzt werden. Darüber hinaus bietet Müller (2017a) eine Fülle von Vorschlägen für die

Arbeit an silbisch motivierten Schreibungen ab Beginn der Sekundarstufe. Weitere Lernmaterialien finden sich bei Bangel & Müller (2018) sowie im Unterrichtslehrwerk D.Eins für die fünfte Klasse (D.Eins 2017). Weitere Anregungen und Materialien zur Silbe enthält ein Leselehrgang von Bangel et al. (2017). Im Verbund mit diesem Leselehrgang steht mit DORA[21] eine Online-Datenbank zur Auswahl geeigneter Wörter für den Unterricht zur Verfügung.

Abschließend sei angemerkt, dass die vorgeschlagene Visualisierung als transitorische Hilfe im Lernprozess zu verstehen ist. Sie eignet sich, eine gewisse Zeit lang Einsichten zu erarbeiten. Anschließend dient sie als Werkzeug, um die Schreibung unbekannter Wörter zu ermitteln. Im Laufe eines erweiterten Orthographieerwerbs können einfachere Formen genutzt werden, um die Silbenstruktur zu visualisieren, und schließlich sollten sie weitgehend überflüssig werden.

■ Übungen

1. (Zur Bearbeitung dieser Aufgabe beachten Sie bitte den Exkurs zu Sonoritätshierarchie.) Betrachten Sie die folgenden graphematisch notierten Fantasiewörter. Bestimmen Sie, welche dieser Wortformen im Deutschen Verwendung finden könnten. Erläutern Sie abweichende Wortformen (Explizitlautung vorausgesetzt).

<mschorz>	<knumpf>	<slta>	<wokn>	<knasm>
<tröns>	<zumk>	<schrtümk>	<zonk>	<hurz>

2. Untersuchen Sie die folgenden Wortformen auf ihre Eignung als Schlüsselwörter zur grundlegenden Erarbeitung prototypischer Wortformen mit offener und geschlossener Silbe. Begründen Sie Ihre Einschätzung.

<Mama>	<Papa>	<Oma>	<Hase>	<Ballon>
<werden>	<Ente>	<Hütchen>	<Tomate>	<Salat>

---
21 DORA: Datenbank orthografisch regulärer Ausdrücke. Zu finden auf den Webseiten der Universität Hildesheim: https://dora.hosting.uni-hildesheim.de/, zuletzt eingesehen am 8.12.2019

2.2.4 Silbengelenkschreibung

In der Einleitung hatten wir am Beispiel von <fallen> darauf hingewiesen, dass es in der deutschen Standardvarietät keine gesprochenen Doppelkonsonanten gibt. Wir sprechen und hören keine zwei [l], sondern nur ein einzelnes, dem ein ungespannter (=kurzer) Vokal vorausgeht. Die Gemination (Verdoppelung) stellt also keine phonographische Schreibung dar, aber sie dient der Vereindeutigung des vorausgehenden Kurzvokals. Um das zugrunde liegende Phänomen zu klären, betrachten wir zunächst die phonologische Form des Wortes *fallen* genauer, beziehen uns also zunächst auf die phonologische Silbenstruktur in Abbildung 11.

Phonologisches Wort						Graphematisches Wort					
σ (betont)			σ (unbetont)			σ			σ		
AR	K	ER	AR	K	ER	AR	K	ER	AR	K	ER
[f	a	l̬		ə	n]	<f	a	l	l	e	n>
[h	y:		t	ə]		<H	ü		t	e>	
[h	ʏ		t̬	ə]		<H	ü	t	t	e>	

Abb 11: Silbengelenk und Silbengelenkschreibung

Die Wortform [fal̬ən] enthält im Kern der betonten Silbe einen Kurzvokal. Zwischen diesem und dem Vokal der unbetonten Silbe steht nur ein einzelner Konsonant. Daraus ergibt sich die Schwierigkeit, diesen silbenstrukturell zu verorten. Zum Vergleich ziehen wir noch einmal die unmarkierte Schreibung bei Kurzvokal in der betonten Silbe aus Kapitel 2.2.3 am Beispiel des Wortes *helfen* heran. Hier stehen zwei Konsonanten zwischen den Silbenkernen. Das [l] besetzt den Silbenendrand der betonten Silbe, womit diese geschlossen ist und den Kurzvokal anzeigt. Das [f] zeichnet als zweiter Konsonant den Anfangsrand der unbetonten Silbe aus. Steht in einer phonologischen Wortform aber nur ein einzelner Konsonant zwischen einem betonten Kurzvokal und einem unbetonten Vokal, besetzt dieser zugleich den Endrand der betonten und den Anfangsrand der unbetonten Silbe. Ein solcher Konsonant, der als Bestandteil beider Silben zu betrachten ist, wird im phonologischen Wort als **„Silbengelenk"** oder **„ambisilbischer Konsonant"** (Eisenberg 2016: 47)[22] bezeichnet und mit einem tiefgestellten Punkt versehen. Mit dem Konzept „Silbengelenk" ist keine Aussage verbunden, wo die Grenze zwischen den beiden Silben liegt. In Wortformen wie [hɛl.fən] liegen die Verhältnisse klar: die beiden Konsonanten

---

[22] Die Annahme eines Silbengelenks ist nicht unumstritten. Maas (2006) verzichtet auf das Konzept eines ambisilbischen Konsonanten. Im Gegensatz zu Eisenberg (z. B. Eisenberg 2013a) wird ein einzelner Konsonant zwischen zwei Vokalkernen auch nach Kurzvokal („fester Anschluss") im Anfangsrand der unbetonten Folgesilbe verortet (vgl. zusammenfassend Noack 2010a: 64f.).

zwischen den Vokalen sind eindeutig zuzuordnen, bei ambisilbischen Konsonanten hingegen kann die Lage der Silbengrenze nicht eindeutig angegeben werden.

> Wenn man weiß, welche Segmente zur ersten und welche zur zweiten Silbe gehören und die Silben sich nicht segmental überlappen, weiß man auch, wo die Grenze liegt. Anderenfalls wie bei den Gelenken weiß man es nicht, obwohl man ohne Zweifel zwei Silben vor sich hat. (Eisenberg 2013a: 300)

Wir halten damit fest: Ein Silbengelenk gilt als Bestandteil beider Silben, die es miteinander verbindet, die Silbengrenze ist aber nicht eindeutig zu bestimmen. In Abbildung 11 erscheint der ambisilbische Konsonant deshalb zugleich als Teil der betonten und der unbetonten Silbe.

Würde man einen ambisilbischen Konsonanten phonographisch, also nur einfach verschriften, wäre beim Lesen unklar, welcher Silbe dieser einzelne Konsonant zwischen den vokalischen Kernen angehört. Deshalb wird er verdoppelt, sofern kein Mehrgraph vorliegt: Das erste Segment der Geminate besetzt den Endrand der betonten und das zweite den Anfangsrand der unbetonten Silbe: <fal-len>. Den visuellen Erfordernissen für das Lesen entsprechend, wird dadurch sowohl die Vokalkürze in der betonten Silbe als auch der Beginn der zweiten Silbe salient gekennzeichnet. Die Schrift hilft uns also z. B. <Hü-te> von <Hüt-te> zu unterscheiden. Denkt man an die Worttrennung am Zeilenende, erscheint dies besonders funktional für die Lesenden, denn „so behält jede der Silben ihre ursprüngliche graphematische Gestalt" (Eisenberg 2016: 77). Bezeichnet wird dieses Phänomen als „**Gelenkschreibung**" (Eisenberg 2013a: 301) oder „**Silbengelenkschreibung**" (Eisenberg 2013a: 299).

Silbengelenkschreibungen in Form einer Geminate treten bei folgenden Konsonanten auf:

[ɛbə] – <E**bb**e>   [zʊpɐ] <Su**pp**e>   [vɪdɐ] – <Wi**dd**er>
[hYtə] – <Hü**tt**e>   [bagɐ] – <Ba**gg**er>   [vafə] – <Wa**ff**e>
[wɪsən] – <wi**ss**en>   [tsɛʀən] – <ze**rr**en>   [faḷən] – <fa**ll**en>
[tsɪmɐ] – <Zi**mm**er>   [kanə] – <Ka**nn**e>

Geminaten wie <zz> und <kk> werden hier nicht behandelt, weil sie nur außerhalb des deutschen Kernwortschatzes vorkommen, z. B. in <Pizza>, <Mokka>. Schreibungen mit <zz> oder <kk> zeigen somit, dass ein Fremdwort vorliegt.

Zu beachten sind weitere Silbengelenke und deren Schreibung. Gemeinsam haben sie die Verschriftung mit mehr als einem Segment, sodass keine Gemination erfolgt. Tritt die Affrikate [ts] als Silbengelenk auf, wird sie mit <tz> verschriftet: <Katze> – [katsə]. In der phonologischen Silbe liegt die Silbengrenze in der Affrikate. In der Schreibsilbe besetzt das <t> den Endrand der betonten, das <z> den Anfangsrand der unbetonten Silbe: <Kat – ze>. Mit <z> wird die

Affrikate [t͡s] verschriftet, wenn sie kein Silbengelenk darstellt: <Zahl>, <Wanze>. Wird [p͡f] als weitere Affrikate betrachtet, liegt auch in Wörtern wie <hüpfen> eine Gelenkschreibung vor.

Fungiert das Phonem /ŋ/, wie in [baŋən], als Silbengelenk, stellt die Graphemfolge <ng> eine Gelenkschreibung dar. Auch hier ermöglichen die beiden Segmente <n> und <g>, die Silbengrenze zu kennzeichnen: <ban - gen>.

Das Phonem /k/ wird als Silbengelenk mit <ck> geschrieben: <Wecker> - [vɛk̬ɐ]. Vor Inkrafttreten der Rechtschreibreform blieb die Struktur beider Silben bei Worttrennung am Zeilenende erhalten, indem das <k> zu <Wek- ker> verdoppelt wurde. Seither gilt, dass <ck> den Silbenanfangsrand der Reduktionssilbe besetzt: <We- cker>.

Mehrgraphen werden nicht verdoppelt. In den Wortformen [sɪçɐ] und [vaʃən] steht jeweils ein einzelner Konsonant zwischen dem ungespanntem Vokal der betonten Silbe und dem Reduktionsvokal. Damit liegen auch hier Silbengelenke vor, die graphematisch mit den Mehrgraphen <ch> und <sch> wiedergegeben werden. Eine Verdoppelung erscheint dysfunktional: Schreibungen wie *<sichcher>, *<waschschen> führten nicht zu einer salienten Auszeichnung der Silbengrenze. Bei Worttrennung am Zeilenende stehen diese Mehrgraphen im Silbenanfangsrand der unbetonten Silbe: <si-cher>, <wa-schen>.

Hinweise für den Unterricht

Doppelkonsonanten kommen bei normaler Aussprache im Deutschen nicht vor! Wir stellen diesen Satz den folgenden Unterrichtshinweisen bewusst voran, weil sich der Irrglaube, man müsse nur deutlich sprechen und gut zuhören, dann erkenne man einen doppelten Konsonanten, hartnäckig zu halten scheint. An kaum einem anderen Phänomen als der Silbengelenkschreibung lässt sich der *written-language-bias*, also eine voreingenommene Betrachtung gesprochener Sprache durch die Brille geschriebener Sprache, besser beobachten. Schriftkundige Menschen haben im Laufe ihres Orthographieerwerbs gelernt, dass an Silbengrenzen Doppelkonsonanten auftreten. Wer aber deshalb den Schluss zieht, es gäbe zu diesem graphematischen Phänomen eine lautliche Entsprechung, verkennt die phonetischen Tatsachen. Deutlich wird dies im Vergleich phonologischer Minimalpaare, z. B. [hy:tə] vs. [hʏt̬ə] (s. Abb. 11). Die beiden Wörter unterscheiden sich nur in der Opposition von gespanntem [y:] vs. ungespanntem [ʏ]. Der lautliche Unterschied besteht also nicht im Konsonanten [t], dem beide Male das identische Phonem /t/ zugrunde liegt. Dies gilt für eine natürliche Artikulation genauso wie für Explizitlautung. Wir sprechen und hören jeweils nur ein [t], auch wenn im graphematischen Wort <Hütte> das Graphem <t> zur Visualisierung der Silbenstruktur verdoppelt wird. Fehlt ein entsprechendes phonologisches und graphematisches Grundwissen bei Lehrkräften, werden Schüler/innen möglicherweise dazu angehalten, die Doppelkonsonanten herauszuhören. Damit wird den Lernenden u. U. suggeriert, ihnen mangele es an phonologischer Kompetenz. Neuere Forschungsergebnisse bezüglich des graphematischen Wissens von Studierenden (Jagemann 2015) und Lehrkräften (Wiprächtiger-Geppert & Riegler 2018) legen den Schluss nahe, dass vorwissenschaftliche Vorstellungen der Silbengelenkschreibung weiterhin virulent sind.

Graphematisch basierte Silbenkonzepte gehen auch bei Silbengelenkschreibungen von zweisilbigen Stützformen aus: Steht nach kurzem Vokal in der betonten Silbe nur ein Konsonant zwischen den Silbenkernen, wird dieser in der Schrift verdoppelt, sofern es sich dabei nicht um einen Mehrgraphen handelt (s. Abb. 12). Dieses Vorgehen schließt unmittelbar an die Gegenüberstellung der unmarkierten Schreibung von Kurz- und Langvokal in offener und geschlossener Silbe an (s. Kap. 2.2.3). Um zu entscheiden, ob <retten> mit einem oder zwei <t> geschrieben wird, muss der Vokal in der Vollsilbe als Kurzvokal identifiziert werden. Daraus ergibt sich, dass eine geschlossene Silbe vorliegt. Das Wort wird nun in das Silbenmodell eingetragen. So zeigt sich, dass bei Schreibung mit einfachem <t> nicht zugleich Silbenendrand der betonten und Silbenanfangsrand der unbetonten Silbe besetzt werden können. Also ist der Konsonant zu verdoppeln. In der Folge entfällt auch ein isoliertes Üben der Silbengelenkschreibungen <tz> und <ck>. Beide können als ‚besondere' Silbengelenkschreibungen ebenfalls systematisch mit dem Häusermodell erfasst werden. Um z. B. eine Schreibentscheidung zwischen <z> und <tz> zur Verschriftung der Affrikate [ts] zu treffen, werden Wörter wie <Wanze> vs. <Katze> kontrastiert. Es zeigt sich: bildet [ts] ein Silbengelenk, wird es als <tz> geschrieben.

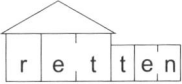 **Abb. 12:** Gelenkschreibung im Häusermodell

Abschließend weisen wir auf verbreitete Verkürzungen hin, die wenig tauglich erscheinen, um verlässliche Schreibentscheidungen zu treffen. Bei silbenbasierten Konzepten sind mitunter vortheoretische Vorstellungen von Lauttreue anzutreffen. „Bei FRESCH[23] gelten auch die Wörter mit Mitlautverdopplung als lautgetreu: Wet-ter-re-geln" (Rinderle 2014: 242). Weder bei der Silbengelenkschreibung mit Doppel-<t> noch beim Aufeinandertreffen der beiden <r> an der Kompositionsfuge handelt es sich um phonographisch bedingte Schreibungen. Gemeint ist hier ein überartikuliertes Sprechen, mit dem orthographische Phänomene hörbar gemacht werden sollen. Risel (2011) charakterisiert solche Ansätze als „Intuitive Silbenkonzepte" (Risel 2011: 126). „Grundlage des Vorgehens ist also ein Zirkelschluss. Was geschrieben wird, soll gehört werden, dieses ist wiederum so zu sprechen, wie es die Schreibung erfordert" (ebd.: 125).

---

23 Das Akronym FRESCH steht für ‚Freiburger Rechtschreibschule'. Es handelt sich um ein Konzept zur Vermittlung verschiedener Rechtschreibstrategien.

Aus Sicht einer graphematisch basierten Orthographiedidaktik erscheinen intuitive Silbenkonzepte mit den gegebenen phonologischen und graphematischen Verhältnissen unvereinbar. Tragfähige Einsichten in die Struktur der Schreibsilbe können so nicht gewonnen werden.

■ Übungen

1. Transkribieren Sie die folgenden graphematisch notierten Wörter und kennzeichnen Sie die Silbengrenze bzw. den ambisilbischen Konsonanten.

<retten>	<mitten>	<Futter>	<backen>	<Witze>
<knarren>	<Wasser>	<bangen>	<wischen>	<sprechen>

2. Erstellen Sie eine Kollektion von zehn Wortpaaren, die sich zur Erarbeitung von Silbengelenkschreibungen eignen (z. B.: [hy:tə] vs. [hY̦tə] – <Hüte> vs. <Hütte>.
3. Erklären Sie unter Bezugnahme auf das Konzept des Silbengelenks, warum die Affrikate [ts] im Wort <Wanze> mit <z>, aber in <Katze> mit <tz> geschrieben wird. Stellen Sie eine Kollektion von je fünf Wörtern analoger Schreibung zusammen. Entwickeln Sie eine Lernaufgabe, in der diese Wortzusammenstellung zur Erarbeitung der Silbengelenkschreibung mit <tz> genutzt wird.
4. Überlegen Sie, wie mit der Gelenkschreibung bei Mehrgraphen wie <ng> in <hängen>, <ch> wie in <lachen> und <sch> wie in <waschen> mithilfe des oben thematisierten Häusermodells umgegangen werden kann. Entwickeln Sie methodisch-didaktische Empfehlungen.

2.2.5 Silbeninitiales <h>

Wortformen wie <gehen>, <drohen>, <leihen>, <mühen> enthalten ein stummes <h>. Damit ist gemeint, dass diesem Graphem selbst bei Explizitlautung kein Lautwert entspricht (vgl. Eisenberg 2013a: 301). Weil es im Anfangsrand der unbetonten Silbe steht, wird es als silbeninitiales <h> bezeichnet. In der Schreibsilbe tritt es auf, wenn in der Sprechsilbe auf eine betonte offene Silbe eine nackte unbetonte Silbe folgt. Wie in Abbildung 13 ersichtlich, unterscheiden sich die phonologische und die graphematische Wortform deshalb deutlich an der Silbengrenze.

Phonologisches Wort						Graphematisches Wort				
σ (betont)			σ (unbetont)			σ			σ	
AR	K	ER	AR	K	ER	AR	K	ER	AR	K	ER
[g	eː			ə	n]	<g	e		h	e	n>
[dr	oː			ə	n]	<dr	o		h	e	n>

Abb. 13: Silbeninitiales <h>

In den phonologischen Wortformen steht zwischen dem gespannten Vokal der betonten Silbe und dem Reduktionsvokal kein Konsonant, die beiden vokalischen Silbenkerne folgen also direkt aufeinander. Würden diese Wortformen phonographisch verschriftet, lauteten sie *<droen> und *<geen>. Zur Identifizierung der zweisilbigen Struktur erscheint eine zusätzliche Markierung funktional. <oe> könnte sonst als Umlaut <ö> und <ee> als Doppelvokal in Einsilbern aufgefasst werden. Das silbeninitiale <h> dient also der Segmentierung. So, wie in unmarkierten Schreibungen des Typs <le-ben> das <b> den Silbenanfangsrand der zweiten Silbe kennzeichnet, bietet das silbeninitiale <h> eine visuelle Gliederungshilfe, um den Anfangsrand der unbetonten Silbe und damit die zweisilbige Wortstruktur beim Lesen leichter zu erfassen. Damit folgt diese Schreibung einem sehr frequenten Muster mit hohem Wiedererkennungswert und transparenter Systematik.

Das silbeninitiale <h> kann nach allen Vokalgraphemen außer <i> stehen. Es steht auch nicht nach den Diphthongen <au>, <äu>, <ai> und <eu>. In einigen Fällen folgt es aber auf <ei> (vgl. Fuhrhop 2015a: 22), wie in <Reiher> und <leihen>. Bei Lexemen, in deren Paradigma <ei> am Ende steht, tritt das silbeninitiale <h> nicht auf: <Eier> – <Ei>, <freier> – <frei>, <Schreie> – <Schrei>.

Das silbeninitiale <h> ist sowohl graphematisch als auch im didaktischen Zugriff vom Dehnungs-<h> zu unterscheiden (s. Kap. 2.2.7).

Hinweise für den Unterricht
Beim silbeninitialen <h> handelt es sich um eine markierte Schreibung im orthographischen Kernbereich. Sein Auftreten kann sehr verlässlich bestimmt werden. Es gibt nur wenige Fälle, in denen es nicht steht, wodurch die unbetonte Silbe nackt auf die betonte Silbe folgt (z. B. <Ei-er>). Sollten Fehlschreibungen auftreten, können solche Sonderfälle mit geeigneten Mitteln als Merkwörter behandelt werden, nachdem die reguläre Schreibung des silbeninitialen <h> ermittelt wurde. Als Lernvoraussetzung liegt auch beim silbeninitialen <h> die Unterscheidung von langem Vokal in offener und kurzem Vokal in geschlossener Vollsilbe zugrunde. Die Kinder, die das Wortbaumuster zur Schreibung des silbeninitialen <h> erlernen, können also den Vokal der Vollsilbe als Lang-

vokal identifizieren. Damit wissen sie, dass der Silbenendrand leer ist. Daraus ergibt sich, dass das silbeninitiale <h> im Anfangsrand der unbetonten Silbe zu verorten ist. Die Lernenden erkennen, dass sich die Schreibung des silbeninitialen <h> analog zur unmarkierten Schreibsilbe (Bsp.: <le-ben>) verhält: Würde man lautgetreu schreiben, folgten die Vokale direkt aufeinander, die Silbenstruktur wäre unklar. Indem ein stummes Graphem den Silbenanfangsrand der unbetonten Silbe kenntlich macht, wird den Lesenden die Worterkennung als Zweisilber erleichtert. Abbildung 14 zeigt den Eintrag des Wortes <ge-hen> im Häusermodell.

Abb. 14: Silbeninitiales <h> im Häusermodell

Abb. 15 zeigt einen Ausschnitt aus einem Lehrmaterial, das dazu dient, die Schreibung des silbeninitialen <h> im 5. Schuljahr induktiv zu erarbeiten. Die fehlerhafte Schreibung der Wörter ohne silbeninitiales <h> verleitet dazu, die Wortformen fälschlich als Einsilber zu rekodieren. Daran erkennen Lernende die Segmentierungsfunktion des silbeninitialen <h>. Irritationen bei der Rezeption verdeutlichen die Funktion für Leser/innen. Anschließend lässt sich die Verortung dieser <h>-Graphie im Silbenanfangsrand der unbetonten Silbe klären.

Abb. 15: Silbeninitiales <h> im Schulbuch (aus: D.Eins 2017: 282)

Zu beachten ist, dass die Mehrzahl der Vertreter/innen graphematisch basierter Vermittlungskonzepte beim silbeninitialen <h> darauf verzichtet, dieses stumme <h> überlautierend als [h] zu realisieren, es wird von der Schreibung ausgehend erarbeitet. Intuitive Silbenkonzepte hingegen nutzen die Möglichkeit, das silbeninitiale <h> durch Überartikulation hörbar zu machen. Aus graphematischer Perspektive gelten hierbei dieselben Vorbehalte wie bei der Silbengelenkschreibung. Die unnatürliche Aussprache scheint vermeintlich einfacher, kindgerechter, verdeckt aber die zugrunde liegende Systematik der Schrift. Fuhrhop (2015a) weist zwar darauf hin, dass das silbeninitiale <h> im Gegensatz zum Dehnungs-<h> hörbar gemacht werden könne, gibt aber einer silbisch basierten Erarbeitung den Vorzug gegenüber phonographischen Versuchen (vgl. Fuhrhop 2015a: 23). Das Dehnungs-<h> ist dem orthographischen Peripheriebereich zuzuordnen. Es sollte getrennt vom silbeninitialen <h> bzw. kontrastierend behandelt werden (s. Kap. 2.2.7).

Wegen seiner orthographiedidaktischen Bedeutung geben wir an dieser Stelle einen Ausblick auf Kapitel 2.3. Besondere Aufmerksamkeit verdienen Wortstämme, die ein vererbtes silbeninitiales <h> beinhalten. Gemäß des Prinzips der Stammkonstanz bleibt dieses auch in Formen erhalten, in denen es nicht silbeninitial vorkommt: Wörter wie <steht>, <geht>, <näht>, <droht> enthalten ebenso ein vererbtes silbeninitales <h> wie Wortbildungsprodukte: z. B. <Gehweg>. Nachprüfbar ist dies unter Rückbezug auf die zweisilbigen Stützformen, z. B. <steht> – <ste-hen>. Das bereits eingeführte Häusermodell von Bredel (2010a) bietet eine Möglichkeit, die für solche Schreibungen erforderliche Morphemanalyse zu unterstützen. Hierzu werden das Stammmorphem und das Flexionsmorphem farblich unterschieden. Die grau unterlegten Felder in Abbildung 16 zeigen das Stammmorphem an. Deutlich wird, dass es die gesamte betonte Silbe einschließlich des Anfangsrandes der unbetonten Silbe umfasst. Das Flexionsmorphem hingegen steht im Reim der unbetonten Silbe. So wird erkennbar, dass der hervorgehobene Verbstamm in flektierten Formen wie <geht> oder Wortbildungsprodukten wie <Drohgebärde> konstant bleibt. Das Beispiel <rennen> zeigt, dass dies auch der Erarbeitung von Silbengelenkschreibungen dienlich ist. Auch wenn dem Doppelkonsonanten wie in <rennt> und <Rennwagen> nicht mehr die Funktion einer Silbengelenkschreibung zukommt, bleibt er doch im Sinne der Morphemkonstanz erhalten.

Abb. 16: Visualisierung von Silbenschnitt und Morphemschnitt

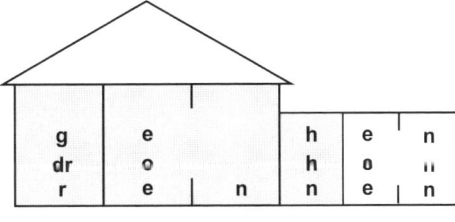

■ Übungen

1. Erklären Sie, weshalb das silbeninitiale <h> nach allen Vokalen außer <i> stehen kann.
2. Die Wortform <bejahen> enthält ein silbeninitiales <h>, obwohl das Wort <ja> ohne weitere Markierung geschrieben wird. Bilden Sie eine Wortfamilie und erläutern Sie, weshalb die Einfügung des <h> in den entsprechenden Wortformen funktional erscheint.
3. In Wörtern wie <nachher> und <Schulheft> steht ein phonographisches <h> im Silbenanfangsrand. Stellen Sie dar, wie Sie Schülerinnen und Schülern erklären, dass es sich nicht um ein silbeninitiales <h> handelt.

2.2.6 <ie>-Schreibung

Die Schreibung von gespanntem [iː] und ungespanntem [ɪ] ergibt sich in der betonten Silbe aus der Silbenstruktur. Die Gegenüberstellung von [liː.bə] – <Lie-be> vs. [vɪn.tɐ] – <Win-ter> zeigt, dass der gespannte Vokal in offener und der ungespannte in geschlossener Silbe steht (s. Abb. 17).

Phonologisches Wort						Graphematisches Wort				
σ (betont)			σ (unbetont)			σ			σ	
AR	K	ER	AR	K	ER	AR	K	ER	AR	K	ER
[l	iː		b	ə]		<L	ie		b	e>
[v	ɪ	n	t	ɐ]		<W	i	n	t	e	r>

Abb. 17: <ie>-Schreibung

Dies entspricht den Gegebenheiten einer unmarkierten Schreibung wie bei anderen Vokalen auch. Graphematisch zeigt sich aber eine Besonderheit. Während bei allen anderen Vokalen für den jeweils gespannten und ungespannten Vokal nur *ein* Graphem zur Verfügung steht, tritt <ie> als einziger vokalischer Digraph zur Unterscheidung von gespanntem und ungespanntem Vokal systematisch auf.[24] Thomé gibt einen Wert von 83% für die Verschriftung von gespanntem [iː] mit <ie> an (Thomé 2003: 370). Historisch betrachtet, handelte es sich bei der <ie>-Schreibung um die Wiedergabe eines Diphthongs. Nachdem dieser in der Standardsprache außer Gebrauch geriet, wird er zur Kennzeichnung des gespannten Vokals genutzt (vgl. Fuhrhop 2015a: 11).

---

24 In Kapitel 2.1 wurden als GPK-Regeln /iː/ → <ie> und /ɪ/ → <i> festgestellt. Die Schreibung von /iː/ mit <ie> beruht also auf dem phonographischen Prinzip. Diese Schreibung ist aber ebenso silbisch motiviert. Sie tritt nur in offener Silbe und damit in einer Umgebung auf, in der „ein /iː/ sowieso gespannt und lang gelesen werden muss" (Eisenberg 2013a: 305).

Wortformen, in denen gespanntes [iː] nicht mit <ie> geschrieben wird, bilden Ausnahmen. Stellungsbedingt erscheint <ie> nicht am Wortanfang (vgl. <Igel>). Schreibungen wie in <Fibel> werden in ihrer Häufigkeit von Thomé mit ca. 3 % (Thomé 2003: 370) angegeben. Außerdem steht <ie> nicht vor Dehnungs-<h>. Dem widerspricht auch die Schreibung des Substantivs <Vieh> nicht, lässt sich dieses <h> doch mit einer zweisilbigen Stützform, wie in <dem Vie-he>, als morphologisch bedingtes, vererbtes silbeninitiales <h> bestimmen (vgl. Eisenberg 2013a: 304). Pronomen, in deren Flexionsparadigma ein- und zweisilbige Formen vorkommen, enthalten ein Dehnungs-<h> nach <i>: <ihn>, <ihm> – <ihnen>, <ihr> – <ihren>. Deren Häufigkeit ist mit ca. 14 % angegeben (Thomé 2003: 370). Ausschließlich einsilbig auftretende pronominale Wortformen enthalten <i> ohne weitere Kennzeichnung des gespannten Vokals: <mir>, <dir>, <wir>.

Hinweise für den Unterricht
Im Kernwortschatz wird das gespannte [iː] regelhaft mit dem Graphem <ie> und das ungespannte [ɪ] mit <i> verschriftet. Wird das gespannte [iː] im basalen Orthographieerwerb aber z. B. mit dem Wort <Igel> eingeführt, erhalten die Lernenden eine wenig frequente Sonderschreibung dargeboten. Es mutet wenig überraschend an, wenn daraus Fehlschlüsse bei Schreibentscheidungen resultieren, denn die zugrunde liegende Systematik bleibt ungenutzt. Stattdessen ist die Regelhaftigkeit des Phänomens als didaktische Ressource zu begreifen, aus der sich eine Prüfstrategie zur Wortschreibung entwickeln lässt. Hierzu eignet sich eine Gegenüberstellung von Wörtern mit langem und kurzem *i*-Laut. Während <ie> zur Kennzeichnung des Langvokals in offener Silbe steht, findet sich <i> in geschlossener Silbe. So kann bei der Ermittlung der <ie>-Schreibung also direkt an das Grundmuster von offener vs. geschlossener Silbe angeknüpft werden.

Abbildung 18 zeigt eine Möglichkeit, die <ie>-Schreibung induktiv zu erarbeiten: Eine Wortsammlung regulärer Schreibungen mit <ie> und <i> wird kontrastiv analysiert. Die Lernenden erkennen anhand der offenen Silbe, dass <ie> zur Verschriftung des Langvokals und <i> für den Kurzvokal in geschlossener Silbe dient. Das für ein fünftes Schuljahr konzipierte Material beschränkt sich auf Silbenbögen zur Kennzeichnung der Silbengrenze und verzichtet auf aufwendigere Visualisierungen.

> 1 Finde heraus, warum diese Wörter entweder mit **ie** oder mit **i** geschrieben werden:
> **die Fliege   der Winter   die Liebe   siegen   die Mitte   riechen   die Hitze
> die Kiefer   der Schinken   binden**
>
> a) Lege eine Tabelle an und trage die Wörter in Silben gegliedert ein.
> b) Welchen Unterschied stellst du fest, wenn du die betonten Silben der Wörter vergleichst? Ergänze den Wissen-und-Können-Kasten in deinem Heft.
>
> | Wörter mit ie | Wörter mit i |
> |---|---|
> | Fliege | Winter |

Abb. 18: Induktive Erarbeitung der <ie>-Schreibung (aus: D. Eins 2017: 283)

Nachdem dieses grundlegende Muster erarbeitet wurde, können sukzessive Sonderschreibungen berücksichtigt werden. Diese sind als Merkwörter zu behandeln, da ihre Schreibung nicht mit einer generalisierbaren Strategie zu ermitteln ist. Dazu zählen die pronominalen Formen mit Dehnungs-<h> (s. die Aufzählung oben), wortinitiales gespanntes [iː] (<Igel>) und Fremdwörter wie <Fibel>. Bei der Schreibung von Fremd- und Lehnwörtern der Typen <Maschine>, <Mandarine> sowie <spazieren>, <kapieren> bieten sich morphologische Analysen sowie die Erstellung von Gruppen identisch strukturierter Wörter an. Wird diesen Schreibungen nur geringe Aufmerksamkeit geschenkt, kann es leicht zu Übergeneralisierungen kommen. So legen die Ergebnisse von Paxa (2013) nahe, dass selbst rechtschreibstarke Schüler/innen der oberen Sekundarstufe I die Schreibung des gespannten [iː] mit <ie> aus dem Kernwortschatz auf Fremdwörter, wie <Lawine>, irrtümlich übertragen (Paxa 2013: 237).

▪ Übungen

1. Es gibt einige Wortformen, die die Graphemfolge <ieh> aufweisen, so z. B. in den Wörtern <sieht>, <flieht>, <verlieh>, <geschieht>. Kasuistisch orientierte Konzepte bieten Übungen zum Memorieren dieser Zeichenfolge an. Klären Sie zunächst, weshalb in diesen Wörtern ein stummes <h> auf <ie> folgt. Schlagen Sie eine Rechtschreibstrategie vor, die von Lernenden herangezogen werden kann, um eine Schreibentscheidung zu treffen.
2. In einem Sprachbuch für das zweite Schuljahr findet sich der Merksatz: „Hörst du ein langes i, schreibst du meistens ie: wie, ziemlich, Tier" (Jo-Jo Sprachbuch 2012: 94). Beurteilen Sie diesen Merksatz aus Sicht einer graphematisch basierten Orthographiedidaktik. Berücksichtigen Sie dabei die Auswahl der beispielhaft aufgeführten Wörter.

3. Schrifterwerbslehrgänge, die mit Anlauttabellen arbeiten, bieten Wörter wie <Igel> zur Einführung des i-Lautes an. Problematisieren Sie den Sachverhalt. Schlagen Sie Schlüsselwörter für die Schreibung von gespanntem und ungespanntem i-Laut vor.

2.2.7 Dehnungs-<h>

Beim Dehnungs-<h> handelt es sich wie beim silbeninitialen <h> um eine Graphie ohne Lautwert. Aus den Beispielen in Abbildung 19 geht außerdem hervor, dass das Dehnungs-<h> im Endrand der betonten Silbe auftritt. Es wird deshalb auch als silbenschließendes <h> bezeichnet. Dieser Begriff bietet sich analog zum Begriff silbeninitiales <h> zur Unterscheidung an.

Phonologisches Wort					Graphematisches Wort				
σ (betont)			σ (unbetont)		σ			σ	
AR	K	ER	AR	K	ER	AR	K	ER	
[k	y:		l	ə	n]	<k	ü	h	l	e	n>
[v	o:		n	ə	n]	<w	o	h	n	e	n>
[n	e:		m	ə	n]	<n	e	h	m	e	n>
[f	ɑ:		ʀ	ə	n]	<f	a	h	r	e	n>

Abb 19: Dehnungs-<h>

Der Begriff „Dehnungs-<h>" mag suggerieren, der vorausgehende Vokal werde mittels stummem <h> gedehnt. Dies trifft nicht zu. Als gespannter Vokal ist er in zweisilbigen Stützformen ohnehin zu erkennen, da er in offener Silbe steht. Dies verdeutlicht ein Vergleich der Wörter mit Dehnungs-<h> in Abbildung 19 mit silbenstrukturell äquivalenten Zweisilbern ohne Dehnungs-<h> wie [to:.bən] – <to-ben>, [le:.zən] – <le-sen>, [ʀɑ:.tən] – <ra-ten>. In zweisilbigen Stützformen stellt das Dehnungs-<h> also eine zusätzliche, redundante graphische Markierung dar. Eine eingehendere topologische Analyse zeigt, dass das Dehnungs-<h> nur in Wortstämmen vor einem der Sonorantgrapheme <l>, <m>, <n>, <r> vorkommt. Am häufigsten tritt Dehnungs-<h> in verbalen Stämmen auf (vgl. Fuhrhop 2015a: 16). Dies erscheint funktional, denn Sonoranten stehen dem Silbenkern am nächsten, wodurch nach ihnen weitere Konsonanten im Silbenendrand auftreten können. Die Folge sind komplexe Endränder, denen zumeist ein ungespannter Vokal vorausgeht (<Wurm>, <wild>, <Furcht>). Analog hierzu läge es nahe, in Wortformen wie *<zalst> für <zahlst> und *<namst> für <nahmst> den Silbenkern fälschlich als Kurzvokal zu rekodieren. In solchen Flexionsformen ist das Dehnungs-<h> also tatsächlich als Dehnungsmarkierung zu begreifen. Weiter gibt es zwischen der Besetzung des Silbenanfangsrands der betonten Silbe und dem Auftreten des Dehnungs-<h> einen Zusammenhang. In Silben, die mit <sch>, <qu>, <t>, <p> beginnen, steht es nicht: <Schule>, <Qual>, <Ton>, <pulen> (vgl. Eisenberg 2013a: 303). Allgemein lässt sich sagen, dass das Dehnungs-<h> eher in Silben mit einfach besetzten und weniger bei komplexen Anfangsrändern vorkommt. Aber diese weiteren topologischen Beobachtungen geben nur Tendenzen an. Je nach Zählweise gibt es im Deutschen 400 bis 500 Wortstämme, die mit einem Sonoranten enden und die damit ein Dehnungs-<h> enthalten könnten. Tatsächlich steht es aber nur in knapp der Hälfte der möglichen Fälle (Ossner 2001: 328). So bleibt festzuhalten, dass sich zum Auftreten des Dehnungs-<h> nur notwendige, aber keine hinreichenden Bedingungen formulieren lassen (vgl. Eisenberg 2013a: 302). Bei der unterrichtlichen Behandlung des Dehnungs-<h> ergeben sich hieraus didaktisch-methodische Konsequenzen.

Hinweise für den Unterricht

Das Dehnungs-<h> stellt ein Phänomen aus dem orthographischen Peripheriebereich dar. Es ist nicht möglich, zuverlässige Rechtschreibstrategien anzugeben, um unbekannte Wörter auf das Vorkommen eines Dehnungs-<h> zu prüfen. Lindauer & Schmellentin (2008) folgern hieraus: „Die Markierung der Vokallänge mit einem Dehnungs-<h> ist in so hohem Grade unregelmäßig, dass für diesen orthografischen Problembereich keine brauchbaren Regeln angegeben werden können" (Lindauer & Schmellentin 2008: 69). Die Autoren plädieren folgerichtig, Wörter mit Dehnungs-<h> als Merkwörter zu memorieren. Hierzu bieten sie eine instruktive Liste an (Lindauer & Schmellentin 2008: 154f.).

Wir haben oben darauf hingewiesen, dass das Dehnungs-<h> nur in Wortstämmen auftritt. Hieraus lässt sich rechtschreibdidaktisch Profit ziehen, denn damit unterliegt das Dehnungs-<h> der Konstantschreibung von Wortstämmen (vgl. hierzu Kap. 2.3). Die Arbeit mit Wortfamilien unterstützt die Lernenden beim Aufbau von Analogien. Sie erkennen: Der Wortstamm *fahr-* enthält ein Dehnungs-<h>, also tritt es auch in *abfahren, fährt, fuhr, Ausfuhr, Fahrzeug* usw. auf.

Häufig findet sich der Hinweis in der didaktischen Literatur, die Beschränkung des Dehnungs-<h> auf die Position vor den Sonorantgraphemen <l>, <m>, <n>, <r> als Hilfe anzugeben. Fehlschreibungen wie <*rohtes Auto> erscheinen dadurch vermeidbar. Zu bedenken ist aber, dass in mehr als der Hälfte der Wortstämme mit einem der angeführten Sonorantgrapheme kein Dehnungs-<h> steht. Am Rande sei in diesem Zusammenhang auf die Schreibung der Wörter <Draht> und <Naht> hingewiesen. Sie werden mit einem <h> vor Plosiv [t] geschrieben, weil sie ein vererbtes silbeninitiales <h> enthalten (vgl. Ossner 2001: 327). Der Bezug auf die zugrunde liegenden Stützformen <drehen> und <nä-hen> zeigt dies.

Es gibt Vorschläge, das Auftreten des Dehnungs-<h> induktiv zu erarbeiten, indem die oben angeführten topologischen Gegebenheiten zur Ermittlung herangezogen werden, so z. B. bei Blatt (2006), Menzel et al. (2015), Müller (2017a). Positiv zu werten ist die intensive Auseinandersetzung mit den dabei behandelten Wortstämmen. Kritisch anzumerken bleibt, dass ein Transfer auf unbekanntes Wortmaterial auch mit diesen Konzepten mit Unsicherheiten verbunden ist. Deshalb stellt sich die Frage, ob die Analogiebildung mittels Merkwort-Training nicht effektiver ist. Lindauer & Schmellentin (2008) empfehlen:

Schreibe nach einem (langen) Vokal nur dann ein <h>, wenn du die Schreibung dieses oder eines verwandten Wortes mit <h> auswendig gelernt hast; im Zweifelsfall schlage im Wörterbuch nach. (Lindauer & Schmellentin 2008: 70)

■ Übungen

1. Entscheiden Sie, ob die nachfolgend notierten Wortformen ein Dehnungs-<h>, ein silbeninitiales <h> oder ein vererbtes silbeninitiales <h> enthalten.

<ablehnen>	<fröhlich>	<Kuhmilch>	<kühl>	<prahlen >
<Drohung>	<hohl>	<seht>	<wohnt>	<Frühstück>

2. Ein Schülerarbeitsheft (fünfte Klasse) verzichtet bei der Behandlung des Dehnungs-<h> auf die Arbeit mit Wortfamilien, um die Stammkonstanz herauszuarbeiten. Stattdessen erhält die Lerngruppe folgende Hinweise, um Wortmaterial zu untersuchen:
   Es gibt Wörter mit langem Vokal und l, m, n, r, die niemals mit Dehnungs-h geschrieben werden. Nach bestimmten Wortanfängen kann nämlich kein Dehnungs-h stehen.
   Beginnt ein Wort mit einem t, mit gr und kr und mit s-p, mit qu und auch mit s-c-h, steht nie und nimmer Dehnungs-h. Bei Qual nicht und bei Spule nicht, bei Tal nicht und bei Schule nicht.
   [Menzel et al. 2015: 11]
   Vergleichen Sie diesen Ansatz mit der Arbeit mittels Wortfamilien. Wägen Sie Vorteile und Grenzen beider Verfahren ab.

3. Während eines Rechtschreibgesprächs äußert ein Schüler: „Das Wort Draht musst du ohne h schreiben, weil vor einem t kein Dehnungs-<h> steht. Es steht nur vor l, m, n, r." Klären Sie zunächst den Sachverhalt. Sammeln und diskutieren Sie anschließend methodisch-didaktische Möglichkeiten, solchen Fehlschlüssen vorzubeugen.

2.2.8 Doppelvokale

Unter den Dehnungsgraphien weisen Doppelvokale den geringsten Grad an Systematik auf. Verdoppelt werden nur die Vokale <a>, <o>, <e> (s. Abb. 20).

Phonologisches Wort						Graphematisches Wort					
σ (betont)			σ (unbetont)			σ			σ		
AR	K	ER	AR	K	ER	AR	K	ER	AR	K	ER
[z	eː			l	ə]	<S	ee			l	e>
[b	oː			t	ə]	<B	oo			t	e>
[h	aː		R		ə]	<H	aa			r	e>

Abb. 20: Doppelvokale

Umlautgrapheme (<ä>, <ö>, <ü>) werden nicht verdoppelt. Dies gilt auch dann, wenn ein morphologischer Bezug gegeben ist, wie in <Paar> – <Pärchen> oder <Boot> – <Bötchen> (vgl. Eisenberg 2013a: 304). Auch <u> und <i> treten nur einfach auf. Als Ursache hierfür ist in Betracht zu ziehen, dass deren Verdoppelung wenig Kontrast zu Konsonanten wie <n> und <m> im kernnahen Endrand böten, was zu Verwechslungen führen könnte (vgl. Eisenberg 2013a: ebd.). Ein verdoppeltes <i> wäre außerdem nicht gut zu unterscheiden von <ü> (*<ii> – <ü>) (vgl. Fuhrhop 2015a: 15). Außerdem stellen Doppel-<a> und -<o> wenig frequente Schreibungen dar. Als gebräuchliche Wörter sind zu nennen:

Doppel-<a>: Aal>, <Aas>, <Haar>, <Paar>, <paar>, <Saal>, <Saat>, <Staat>, <Waage>
Doppel-<o>: <Boot>, <doof>, <Moor>, <Moos>, <Zoo>

Häufiger treten hingegen Schreibungen mit <ee> auf, z. B.:

a) <Beere>, <Heer>, <leer>, <Meer>, <scheel>, Seele>, <Beet>
b) <Fee>, <Klee>, <See>, <Schnee>, <Tee>
c) <Allee>, <Armee>, <Idee>, <Kaffee>, <Exposee>

Die Kollektion zeigt, Doppelvokale stehen häufiger in Substantiven. Hierin ist ein Unterschied zum Dehnungs-<h> zu sehen, das eher in Verbstämmen vorkommt. Doppel-<e> steht bei den Wörtern in a) wortintern sowie unter b) in Einsilbern und unter c) wortfinal in nicht-trochäischen Mehrsilbern. Im Übrigen sind unter c) Wörter aufgeführt, bei denen im Französischen als Herkunftssprache eine Akzentschreibung vorliegt: <Allée>, <Café>. Das Doppel-<e> dient hier der Integration dieser Wortformen in das deutsche Schriftsystem.

Während wir ansonsten auf Fremdwortschreibungen nicht weiter eingehen, lohnt sich hier eine Ausnahme, um die Funktion der Vokalverdoppelung zu verdeutlichen. Gemeinsam haben diese Wörter eine Betonung auf der zweiten Silbe. Sie werden also mit einem gespannten [e] gesprochen. Ein einfach geschriebener Vokal könnte zur Fehlannahme führen, es läge ein Schwa-Laut, wie in <Blume> oder <Lose>, vor.

Bei den Einsilbern lässt sich diese Funktion der Vereindeutigung ebenfalls nachweisen. Gut nachvollziehbar wird dies, wenn die Einsilber als Bestandteile komplexer Wörter auftreten. Beim Substantiv ist die Komposition als Wortbildungsverfahren sehr produktiv. Komposita wie *<Sauerkle> für <Sauerklee> oder *<Waldfe> für <Waldfee> zeigen, dass auch hier der Leser leicht auf den Holzweg gerät, weil das einzelne Graphem <e> am Wortende typischerweise für den Schwa-Laut steht (vgl. Fuhrhop 2015a: 18).

Hinweise für den Unterricht

Aufgrund ihrer Irregularität ist die markierte Schreibung des gespannten Vokals mit einer Geminate im orthographischen Peripheriebereich anzusiedeln. Wörter mit Doppelvokal werden deshalb als Merkwörter behandelt. Ähnlich wie beim Dehnungs-<h> ist didaktisch-methodisch an die Arbeit mit Wortfamilien zu denken. Außerdem hat bei diesen beiden Phänomenen die Technik des Nachschlagens, egal ob in Buchform oder als digitale Recherche, ihren Platz. In Unterrichtsmaterialien finden sich häufig Übungen mit isoliertem Wortmaterial. Dies birgt stets das Risiko, dass die Wörter semantisch nicht gesichert werden. Damit stehen sie sprachproduktiv nicht zur Verfügung, was orthographiedidaktische Bemühungen obsolet erscheinen lässt.

■ Übungen

1. Erläutern Sie die Funktionalität von Doppelvokalen in Wortbildungsprodukten. Lesen Sie dazu die folgenden Sätze mit Fantasiewörtern laut:
   a. Gestern traf ich eine sehr freundliche SCHNOMFE. Wir setzten uns an ein kleines Tischchen und bestellten WUTZTE.
   b. Gestern traf ich eine sehr freundliche SCHNOMFEE. Wir setzten uns an ein kleines Tischchen und bestellten WUTZTEE.
2. Setzen Sie sich mit Möglichkeiten und Grenzen beim Einsatz des Häusermodells zur Erarbeitung peripherer Phänomene, wie Dehnungs-<h> und Doppelvokale, auseinander.
3. Erläutern Sie, bei welchen der in Kapitel 2 bisher behandelten silbisch motivierten Schreibungen der Einsatz von Wörterbüchern geeignet erscheint.

2.2.9 *s*-Schreibung

In den vorangegangenen Kapiteln zu phonographisch und silbisch motivierten Schreibungen haben wir an verschiedenen Stellen angemerkt, dass zwischen den Wirkungsbereichen der graphematischen Prinzipien Wechselbeziehungen bestehen. In Kapitel 1.1 haben wir anhand der Schreibung des Wortes <Blätter> gezeigt, wie silbische Regularitäten die Wirkung des phonographischen Prinzips überlagern und selbst wiederum von der Wirksamkeit des morphologischen Prinzips beeinflusst werden. Wir erinnern an dieser Stelle an diesen Sachverhalt, weil wir in diesem Teilkapitel zur *s*-Schreibung in Teilen der Darstellung zum morphologischen Prinzip vorgreifen. Die *s*-Schreibung erfolgt weitestgehend phonographisch und silbisch motiviert. Wo sie besonders anfällig für Regelverstöße erscheint, wie bei der Frage, ob zwischen den Vokalen eines prototypischen Zweisilbers <s> (<Ro-se>) oder <ß> (<Klö-ße>) zu schreiben ist, weist die *s*-Schreibung ein hohes Maß an silbisch bedingter Regelhaftigkeit auf. Deshalb verorten wir diese Ausführungen hier, am Ende des Kapitels zum silbischen Prinzip. Zugleich gehen wir aber auf Schreibungen ein, bei denen silbisches und morphologisches Prinzip konfligieren, wie bei <fließen> vs. <flos-sen>. Der Vorgriff ermöglicht also, am Beispiel der *s*-Schreibung exemplarisch zu zeigen, wie phonographisch-silbische und morphologisch bedingte Wortschreibung interagieren.

Anhand einiger Beispiele aus folgendem Text wollen wir einen Einblick in Grundzüge der *s*-Schreibung geben.

> **Beispiel**
>
> **Mein schönstes Ferienerlebnis** 1
> Ich war mit mit Meinem bruder Mama Papa beimeiner Oma Opa Onkel und Uroma. wier haben ganz Lekeres Esen gegesen. dan sagte Oma wir müsen ins Eszimer gehen. wier haben drausen gewatet bis uns unsre Oma uns geholt hat dan haben wir Geschenke ausgepagt. Ich habe mich gefreut. 5
> (Grundschule, Klasse 3, männlich)

Zur Schreibung der *s*-Laute wird in diesem Text ausschließlich das Graphem <s> verwendet. So kommt es in einigen Fällen zu korrekten Schreibungen, wenn z. B. <s> für den stimmhaften Frikativ [z] steht, wie in <sagte>, oder für stimmloses [s] in Funktionswörtern (<bis>) sowie in der Verbpartikel <aus>. Dahingegen gelingen silbisch motivierte Schreibungen nicht: Die Wörter *<Esen> und *<gegesen> enthalten jeweils eine Silbengelenkschreibung, das <s> wäre hier also zu verdoppeln. Im Wort *<Eszimer> liegt eine vererbte Silbengelenkschreibung vor, die morphologisch motivierte Konservierung der Geminate im Wortstamm <ess-> wird so nicht sichtbar. Das Wort *<drausen> schließlich enthält ein stimmloses [s], das alleine zwischen den Silbenkernen steht. Den GPK-Regeln entsprechend, wäre es mit <ß> zu schreiben. Die gewählte Schreibung verstößt also gegen das phonographische Prinzip.

Halten wir fest: Die durchgängige Verwendung des Graphems <s> für das stimmhafte und das stimmlose s entspricht weder dem phonographischen Prinzip, noch reicht sie aus, um silbische und morphologische Markierungen zu realisieren. Für unseren Arbeitszusammenhang ergibt sich hieraus die Aufgabe, das Auftreten beider s-Laute zu klären und die Systematik herauszuarbeiten, mit der diese beiden Phoneme mittels der drei unterschiedlichen Schreibungen wiedergegeben werden. Auf diese Weise lässt sich der spezifische Wirkungsbereich der graphematischen Prinzipien bei der s-Schreibung bestimmen.

Im Deutschen gibt es zwei unterschiedliche s-Laute, einerseits das stimmhafte [z], wie in [zɑːnə] – <Sahne> und [hoːzə] – <Hose>, sowie das stimmlose [s], wie in [gʀyːsə] – <Grüße>. Allerdings wird das stimmhafte [z] nicht von allen Sprecher/innen realisiert. Diesen beiden Phonemen stehen drei Möglichkeiten zur Wiedergabe in der geschriebenen Sprache gegenüber: <s>, <ss> und <ß>. Darüber hinaus ist die Verschriftung von [ʃ] zu beachten.

Für die s-Schreibung lassen sich drei Graphem-Phonem-Korrespondenzregeln angeben (vgl. Eisenberg 2016: 84). Im Einzelnen sind dies:

/z/ → <s>	/s/ → <ß>[25]	/ʃ/ → <sch>
<reisen>	<reißen>	<waschen>

Tab. 5: GPK-Regeln zur s-Schreibung

Diese GPK-Regeln weisen Einschränkungen auf. So berücksichtigen wir die Schreibung von [ʃ] in diesem Zusammenhang, weil [ʃ] in komplexen Silbenanfangsrändern vor den Plosiven [t] und [p] vom phonographischen Prinzip abweichend mit <s> verschriftet wird: <Straße>, <spielen>. Diese Schreibung mit <s> erfolgt silbisch motiviert, sofern mit [p] oder [t] ein weiterer stimmloser Obstruent im Anfangsrand folgt.

Steht ein s-Laut alleine intervokalisch, also zwischen den beiden Silbenkernen prototypischer Zweisilber, unterscheiden wir drei Fälle: 1. <Ro-se>, 2. <Grü-ße>, 3. <wis-sen>, auf die wir im Folgenden eingehen.

---

25 Diese GPK-Regel ist positionsabhängig. Sie gilt für das intervokalische Auftreten von stimmlosem [s].

Phonologisches Wort					Graphematisches Wort				
σ (betont)			σ (unbetont)		σ			σ	
AR	K	ER	AR	K	ER	AR	K	ER	AR	K	ER
[ʀ	oː		z	ə]		‹R	o		s	e›	
[gʀ	yː		s	ə]		‹Gr	ü		ß	e›	
[v	ɪ	s̩	ə	n]		‹W	i	s	s	e	n›

Abb. 21: Drei Fälle intervokalischer s-Schreibung

1. Die Schreibung des stimmhaften [z] mit dem Graphem ‹s› entspricht durchgängig der GPK-Regel. Es steht intervokalisch nach gespanntem Vokal: [ʀoːzə] – ‹Rose›. Außerdem wird die Schreibung von stimmhaftem [z] mit dem Graphem ‹s› konstant gehalten, wenn der s-Laut im Silbenendrand entstimmt auftritt. So wird z. B. das Wort ‹Gras› nicht mit ‹ß› geschrieben. Die Schreibung mit ‹s› erklärt sich unter Bezugnahme auf die zweisilbige Stützform ‹Gräser›, in der der s-Laut als stimmhaftes [z] im Silbenanfangsrand der Reduktionssilbe zu identifizieren ist (s. Kap. 2.3.3). Darüber hinaus tritt [z] auch im einfach besetzten Silbenanfangsrand vor Vokal auf: [zɔn̩ə] – ‹Sonne›.

2. Nach gespanntem Vokal sowie Diphthong in der betonten Silbe entspricht auch die Schreibung von stimmlosem [s] mit ‹ß› den GPK-Regeln, so z. B. in Wörtern wie ‹Grüße›, ‹Klöße›, ‹Spieße›. Die Opposition stimmhaft vs. stimmlos bei intervokalischem s-Laut kann distinktive Funktion erfüllen: [ʀaɪzən] vs. [ʀaɪsən] – ‹reisen› vs. ‹reißen›. Diese Unterscheidungsschreibung folgt also ebenfalls den Graphem-Phonem-Korrespondenzen und zeigt, wie systematisch dieser Bereich geregelt ist. Analog zu Fall 1 bleibt auch hier die Schreibung im Einsilber konstant: ‹Gruß›, ‹Kloß›, ‹Spieß›.
Zu beachten ist, dass die Graphem-Phonem-Korrespondenz der Abbildung von stimmlosem /s/ mit dem Graphem ‹ß› auf die Position beschränkt ist, in der der s-Laut als einzelner Konsonant intervokalisch steht. Ansonsten wird stimmloses [s] mit dem Graphem ‹s› verschriftet, wie z. B. in ‹hasten›. Hier liegt eine unmarkierte silbische Schreibung nach ungespanntem Vokal vor (s. Kap. 2.2.3). Ähnlich, nur mit gespanntem Vokal bzw. Diphthong, verhält es sich in Wörtern wie ‹Wüste› und ‹Geister›, wo ein stimmloser s-Laut vor Plosiv [t] auf einen gespannten Vokal bzw. Diphthong folgt. Zunächst mag es besonders bei den beiden zuletzt aufgezählten Wortformen systemwidrig erscheinen, dass für das stimmlose [s] nicht ‹ß› verwendet wird. Was als Verstoß gegen das phonographische Prinzip erscheinen mag, erweist sich silbenstrukturell als systemkonform. Das Graphem ‹ß› ist in zweisilbigen Wortformen topologisch an den Anfangsrand der zweiten Silbe gebunden, wo es mit seiner Oberlänge für einen salienten Silbenanfangsrand sorgt: ‹hei-ßen›. Nach einer offenen Silbe stellt das ‹ß› also ein silbenstrukturelles Gliederungssignal dar. Damit verhält es sich dem silbeninitialen ‹h› vergleichbar

(vgl. Fuhrhop & Buchmann 2009: 151). Sofern der *s*-Laut aber im Silbenendrand der betonten Silbe steht, reicht das „einfache" Graphem <s> im Mittelband aus, um den stimmlosen *s*-Laut anzuzeigen. Die Funktion einer visuellen Gliederung ist an dieser Stelle nicht erforderlich: <has-ten>, <Wüs-te>, <Geis-ter>.

3. Tritt [s] als Silbengelenk auf, wird es mit einer Geminate verschriftet: [vɪsən] – <wissen>. Dem morphologischen Prinzip entsprechend, wird die Silbengelenkschreibung vererbt: <wisst>, <gewusst>. Die Silbengelenkschreibung mit <ss> verhält sich also genauso wie alle anderen konsonantischen Geminaten (s. Kap. 2.2.4).
Auf die Schreibung der Subjunktion <dass> als Unterscheidungsschreibung gegenüber der polyfunktionalen Wortform <das> gehen wir hier nicht ein. Diese wird in Kapitel 2.4.4 ausführlich behandelt.[26]

Die obigen Erläuterungen zeigen, dass die *s*-Schreibung eine gewisse Komplexität aufweist. Die phonographisch, silbisch und morphologisch bedingten Anteile lassen sich aber ohne Weiteres bei den Schreibungen im Silbenanfangsrand (<Straße>) sowie bei der Schreibung im Silbenendrand der betonten Silbe (<Wüste>) herausarbeiten. Die inhärente Systematik intervokalischer *s*-Schreibung erschließt sich mit einem zweifachen Abgleich: Zum einen, indem das Auftreten des *s*-Lautes in offener vs. geschlossener Silbe unterschieden wird und zum anderen mit der Bestimmung der Sonorität (stimmhaftes [z] vs. stimmloses [s]).

Hinweise für den Unterricht
Um die Systematik der *s*-Schreibung zu erarbeiten, konzentrieren wir uns zunächst auf die Schreibung der intervokalischen *s*-Laute. Die Bedingungen, wann eines der Grapheme <s>, <ß> und <ss> an dieser Position im deutschen Kernwortschatz auftritt, lässt sich sehr verlässlich beschreiben und nachvollziehen. Aufgrund ihres hohen Maßes an Regelhaftigkeit sind diese Schreibungen im orthographischen Kernbereich zu verorten (vgl. Müller 2014: 15).

Unter Einbezug des Merkmals Sonorität kann das intervokalische Auftreten der drei Schreibvarianten silbenstrukturell bestimmt werden. Die drei oben skizzierten Fälle umreißen die zentralen Lernaufgaben. In Tabelle 6 sind sie im Überblick zusammengestellt. Ziel des Unterrichts ist es, dass die Lernenden korrekte Schreibentscheidungen in den drei genannten Fällen treffen können. Um dies zu erreichen, kann zwischen stimmhaftem und stimmlosem *s*-Laut in offener Silbe kontrastiert werden (Fall 1: <Rasen> vs. Fall 2: <Maße>). Die korrekte Auswahl zwischen Fall 2 (<ß>) und Fall 3 (<ss>) geschieht im Kontrast von Schlüsselwörtern mit geschlossener und offener Silbe: <Maße> vs. <Masse>. Da sich die intervokalische Schreibung <ss> wie andere Silbengelenkschreibungen mit konsonantischer Geminate verhält, sollte sie bei der Erarbeitung von Gelenkschreibungen berücksichtigt werden (s. Kap. 2.2.4). Bei der zeitlich später

---

26 Hinweise zur Geminatenreduktion in Flexionsformen, wie <ihr wisst> statt *<ihr wiss-st>, enthält Kapitel 2.3.4.

folgenden Thematisierung der *s*-Schreibung lässt sich dann das bereits erworbene Wissen um die Regelmäßigkeit der Silbengelenkschreibung einbeziehen.

	Stimmhaftes [z]	Stimmloses [s]
offene Silbe (langer Vokal / Diphthong)	Fall 1 schreibe <s>: <Rasen>	Fall 2 schreibe <ß>: <Maße>
geschlossene Silbe (kurzer Vokal)	------------------	Fall 3 schreibe <ss>: <Masse>

Tab. 6: Schreibentscheidungen bei der *s*-Schreibung

Eine Visualisierung der Silbenstruktur prototypischer Zweisilber mit dem Häusermodell oder in vereinfachter Form, indem Silbenbögen unter die Wortformen gezeichnet werden, bietet sich an. Wir haben bereits erwähnt, dass dieses Vorgehen die Fähigkeit zur Unterscheidung von stimmhaftem und stimmlosem *s*-Laut voraussetzt. Die hierfür erforderliche Diskriminationsfähigkeit kann aber nicht in allen Regionen des deutschen Sprachraums als gegeben betrachtet werden. Vielmehr sind deutliche regionale und individuelle Unterschiede festzustellen. In der südlichen Hälfte des deutschen Sprachgebiets ist der Kontrast von [z] und [s] weitgehend neutralisiert. Sprecher, die in ihrem aktiven Sprachrepertoire diesen Unterschied nicht realisieren, können häufig keine sichere Entscheidung über die Sonorität des fraglichen *s*-Lautes treffen und damit nicht sicher zwischen <s> und <ß> auswählen. Diesen Lernenden sollten frequente Wörter mit <ß> als Merkwörter vermittelt werden.

Aussagen über regionale Verteilungen phonetischer Varianten sind hilfreich zur Orientierung, erlauben aber keine zuverlässige Einschätzung der individuellen Diskriminationsfähigkeit. Um unterschiedliche Lernausgangslagen zu erfassen, schlägt Risel (2016) deshalb ein Testverfahren vor, mit dem die Schüler/innen prüfen, ob sie zur Unterscheidung von stimmhaftem *s* („summendes Bienen-*s*") und stimmlosem *s* („zischendes Schlangen-*s*") in der Lage sind (vgl. Risel 2016). Anschließend erhalten die Schüler/innen differenziertes Lernmaterial: Wer das stimmhafte [z] erkennt, arbeitet mit generalisierbaren Prüfoperationen, z. B. mit dem Häusermodell. Wer nur über den stimmlosen *s*-Laut verfügt, widmet sich Merkwörtern mit <ß>. Die Materialien von Risel enthalten Beispiele für ein reflektiertes Üben von Merkwörtern (vgl. Risel 2016). Laser & Riegler (2014) zeigen, wie sich auch Kinder mit neutralisierter *s*-Artikulation für das Auftreten von <ß> schriftbasiert eine Erklärung erarbeiten können. Hierbei werden Hörbeispiele zur auditiven Sensibilisierung für die unterschiedlichen s-Laute eingesetzt. Risel (2017) plädiert für „die Entwicklung phonologischer Bewusstheit bei /s/" (Risel 2017: 232) und gibt hilfreiche methodische Hinweise, die Wahrnehmung der unterschiedlichen s-Laute zu fördern.

Wenn die drei silbisch basiert zu erarbeitenden Fälle geklärt sind, verdienen die Wechsel von gespanntem und ungespanntem Vokal bzw. Diphthong im Wortstamm einiger Lexeme besondere Aufmerksamkeit im Unterricht. Gemeint sind Wortformen wie <fließen> – <flossen> oder <reißen> – <rissen>.[27] Entgegen dem morphologischen Prinzip der Stammkonstanz wird hier silbisch motiviert verschriftet. Zur normgerechten Schreibung einsilbiger Wortformen ist entscheidend, dass es den Lernenden gelingt, relevante zweisilbige Stützformen zu ermitteln. So sollten sie in die Lage versetzt werden z. B. <riss> auf eine zweisilbige präteritale Form wie <ris-sen> statt auf ein präsentisches <rei-ßen> zu beziehen, um eine korrekte Schreibentscheidung zu treffen.

Im Übrigen sollten Einsichten in die Morphologie vermittelt werden, um im Auslaut zwischen <s> und <ß> eine schriftsystematisch begründete Entscheidung treffen zu können. Der graphematische Sachverhalt, aus Gründen der Morphemkonstanz den Einsilber <Gras> wegen des zugrunde liegenden stimmhaften s-Lauts in <Gräser> mit <s> zu schreiben, wurde oben thematisiert. Schülerinnen und Schüler, die stimmhaften und stimmlosen s-Laut unterscheiden können, bilden eine zweisilbige Stützform. So rückt das <s> vom entstimmten Auslaut in <Gras> in den Anfangsrand der unbetonten Silbe, wo die Auslautverhärtung nicht auftritt: <Gräser>. Analog verhält es sich für die Lernenden bei einsilbigen Wörtern mit <ß>. Auch bei einem Wort wie <Kloß> kann eine Schreibentscheidung nur auf Grundlage der zweisilbigen Stützform getroffen werden: Im Wort [klo:s] tritt aufgrund der Auslautverhärtung ein stimmloses [s] auf. Um nun eine Schreibentscheidung zwischen <Kloß> und *<Klos> zu treffen, ist eine zweisilbige Stützform heranzuziehen: <Klöße> vs. *<Klöse>. Liegt bei Lernenden s-Neutralisierung vor, ist natürlich auch in diesem Fall ein alternatives, die Lernausgangslage berücksichtigendes Vorgehen geboten. D. h., hier ist eine Arbeit mit Wortfamilien angebracht, die die Morphemkonstanz in einsilbigen und zweisilbigen Wortformen verdeutlicht.

Wir haben das Graphem <ß> bislang nicht benannt. Hierfür gibt es eine Reihe von Vorschlägen. Wir geben dem Begriff *Eszett* den Vorzug vor *scharfes s*. Letzteres führt u. U. zur Fehlannahme, das Graphem <ß> weise einen spezifischen Lautwert auf. Das <ß> stellt eine Besonderheit des deutschen Alphabets dar. Nicht vollständig geklärt ist, wie dieses Graphem entstanden ist. Möglicherweise liegt eine Kontraktion des langen <s> aus Frakturschriften und <z> vor, worauf die Bezeichnung *Eszett* Bezug nimmt (vgl. Fuhrhop &Peters 2013: 199f.).

---

27 Eine instruktive Sammlung frequenter Wörter mit Wechsel von <ß> und <ss> im Wortstamm enthält Augst & Dehn (2013. 92f.).

Abschließend weisen wir auf eine helvetische Besonderheit in der *s*-Schreibung hin. In der Schweiz wird, wo sonst im deutschen Sprachraum <ß> Verwendung findet, mit <ss> geschrieben: Schreibungen wie <Strasse>, <Grüsse>, <reissen> stellen also normkonforme Helvetismen dar.

■ Übungen

1. Prüfen Sie sich selbst, ob Sie stimmhaftes [z] und stimmloses [s] realisieren bzw. sicher unterscheiden können. Gehen Sie hierzu in zwei Schritten vor.
   a. Sprechen Sie die Wörter der Liste unten aus. Ermitteln Sie durch Selbst- oder Fremdbeobachtung, ob sie die *s*-Laute stimmhaft oder stimmlos sprechen. Legen Sie in einem zweiten Durchgang die Hand an den Kehlkopf. Was stellen Sie fest? (Hierbei eine Tonaufnahme zu erstellen, hilft).
   b. Erklären Sie die Schreibung der *s*-Laute. Geben Sie dabei an, ob die Schreibung primär phonographisch, silbisch oder morphologisch motiviert ist.

<Glas>	<Grasnarbe>	<vermissen>	<Hose>	<besessen>
<lies>	<ließ>	<suchen>	<gießen>	<Süßigkeiten>

2. Stellen Sie die Regelung in der Schweiz, auf das Graphem <ß> zu verzichten, der Regelung im sonstigen deutschen Sprachraum gegenüber. Worin sehen Sie Vorzüge und Nachteile? Argumentieren Sie auf Basis der graphematischen Prinzipien zur Wortschreibung.
3. Erstellen Sie eine Kollektion von etwa zehn Lexemen, bei denen sich die Vokalqualität vor intervokalischem *s*-Laut ändert, wie <fließen> – <flossen>. Konzipieren Sie mindestens eine Lernaufgabe unter Verwendung des Wortmaterials.
4. Konzipieren Sie Lernaufgaben zur *s*-Schreibung für Lernende, die nicht zwischen stimmhaftem und stimmlosem *s* unterscheiden.
5. Informieren Sie sich darüber, ob in Ihrer Region vorwiegend stimmhaftes [z] realisiert wird oder Neutralisierung vorliegt. Eine Recherche-Möglichkeit hierzu enthält der *Atlas zur Aussprache des deutschen Gebrauchsstandards* (AADG). Link: http://prowiki.ids-mannheim.de/bin/view/AADG/WebHome (zuletzt eingesehen am 3.05.2020)
6. Gibt es <ß> auch als Majuskel? Recherchieren Sie z. B. auf den Webseiten des *Rates für deutsche Rechtschreibung*. Link: https://www.rechtschreibrat.com/DOX/rfdr_PM_2017-06-29_Aktualisierung_Regelwerk.pdf (zuletzt eingesehen am 3.05.2020)

Weiterführende Literatur

- **Krauß** (2014) *stellt dar, wie Orthographieerwerb einphasig gestaltet werden kann.*
- **Bredel** (2015c) *enthält einen Vergleich verschiedener didaktischer Konzepte zur Visualisierung der graphematischen Silbenstruktur.*

2.3 Morphologisches Prinzip

2.3.1 Einleitung

In den Kapiteln 2.1 und 2.2 wurden anhand der sprachlichen Einheiten Graphem/Phonem und Silbe Strukturen der Wortschreibung erläutert. Auf diesen Regularitäten baut das morphologische Prinzip auf, dessen Grundbausteine **Morpheme** sind, definiert als kleinste bedeutungstragende Einheiten der Sprache. Grundsätzlich unterscheidet man **Stammmorpheme**[28] (z. B. *Hund, komm, schön*), **Flexionsmorpheme**, mit denen grammatische Bezüge zwischen Wörtern in Sätzen hergestellt werden (*sie schreib/t*), und **Wortbildungsmorpheme**. Letztgenannte treten als **Präfixe** vor den Stamm oder als **Suffixe** hinter den Stamm (*Ent/deck/ung*), gemeinsam werden sie als **Affixe** bezeichnet. Die Grundaussage des morphologischen Prinzips lautet: Gleiche Morpheme werden in der Schrift auch bei variierender Lautform möglichst konstant gehalten. Man spricht deshalb auch von **Morphemkonstanz** oder Schemakonstanz. Dies hat zur Folge, dass phonographisch-silbische Regularitäten der Wortschreibung überformt werden. Dies geschieht jedoch systematisch und ist nicht nur für das (Recht-)Schreiben, sondern insbesondere für das Lesen funktional. Was damit gemeint ist, wird am Beispiel der markierten Schreibungen einleitend dargestellt.

Beispiel

An einem schönen Tag kommt ein Mädchen mit einem Kinderwagen daher wo   1
eine Puppe drin ist. Das Mädchen hollt die Puppe aus dem wagen und hält die
Puppe im arm und legt sie dann auf eine Bank. Dann kommen die Drei jungs.
Sie haben Langeweile und endecken das Mädchen und die Pupe und wissen
was sie machen. Die Jungs verstecken sich hinter einem busch und als das   5
Mädchen was im Kinderwagen sucht haben die Jungs die Puppe genommen
und sind mit der Puppe abgehauen und das Mädchen ist mit gerannt. Die
Jungs haben die Puppe immer zu dem anderen Junge geworfen, dann kommt
eine alte dame mit ihrem Hund und hat mit den Jungs geschimft. Das Madchen kriegt die Puppe wieder und sagt danke zu der Dame mit ihrem Hund.   10
(Grundschule, Klasse 4, männlich)

---

28 Wir verzichten hier auf die Unterscheidung von Stammgruppe/Stamm (vgl. Eisenberg 2013a: 210) oder Stamm/Wurzel (vgl. Meibauer 2007: 31) und sprechen, wenn erforderlich, von einfachen (*schön*) oder komplexen (*unschön*) Stämmen.

Bis auf eine Ausnahme geben die vier Beispiele zu erkennen, dass morphologische Strukturen der Wortschreibung berücksichtigt wurden. Das bedeutet für die drei normgerechten Schreibungen, dass sie Merkmale aufweisen, die unter Berücksichtigung ausschließlich phonographisch-silbischer Regularitäten entweder redundant, abweichend oder willkürlich erscheinen. So wäre die Schreibung *<komt> statt <kommt> (Z. 1) für die einsilbige Form funktional ausreichend. In Zeile 2 wäre ohne Berücksichtigung morphologischer Merkmale das Umlautgraphem <ä> im Wort <hält> nur eine der möglichen Schreibvarianten, da [hɛlt] auch mit <e> verschriftet werden könnte. Auch die Wortform <Hund> (Z. 9) enthält entgegen der Lautung [hʊnt] das Graphem für den stimmhaften Plosiv (<d>) im Silbenendrand.

Wirkte sich das morphologische Prinzip bislang ausschließlich auf die Schreibung von Stammmorphemen aus, macht das Beispiel *<endecken> in Zeile 4 deutlich, dass die Morphemkonstanzschreibung auch Affixe umfasst. Die fehlerhafte Schreibung des Präfixes <ent-> lässt vermuten, dass diese morphologische Regularität nicht ausreichend berücksichtigt wurde, denn ein im Gesprochenen getilgter Laut ([ʔɛndɛkən]) hat in der Regel keine Veränderung der Morphemschreibung zur Folge. Das Präfix <ent-> behält also seine schriftliche Form unabhängig von seiner lautlichen Realisierung bei. Da also die Konstanzschreibung von Morphemen sowohl Stämme (<komm>) als auch Affixe (<ent->) umfasst, unterscheiden Fuhrhop & Peters (2013: 239) die beiden Unterprinzipien Stammkonstanz und Affixkonstanz. Wir kommen in den nachfolgenden Kapiteln darauf zurück.

Einleitend wurde die leseerleichternde Funktion morphologischer Schreibungen erwähnt. Was damit gemeint ist, verdeutlicht ein erneuter Blick auf die bereits erwähnten Schülerschreibungen: Indem die Silbengelenkschreibung in der Wortform <kommt> (*<komt>) beibehalten und die Auslautverhärtung in der Wortform <Hund> (*<Hunt>) nicht berücksichtigt wird, bleiben die Stämme in allen morphologisch verwandten Formen konstant und ermöglichen dem Leser/der Leserin eine effiziente Morphemerkennung und Bedeutungszuweisung. Besonders deutlich wird dies am Beispiel [hɛlt]: Einer phonologischen Form entsprechen drei graphematische Formen (s. Abbildung 22).

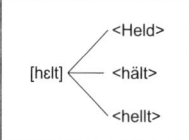

Abb. 22: Morphemdifferenzierung (vgl. Noack 2010b: 162)

Die Schrift markiert durch die Umlautschreibung im Wort <hält> die morphologische Verwandtschaft zu <halten>, die Schreibung <Held> verweist auf eine morphologisch verwandte Form mit stimmhaftem Plosiv im Paradigma (<Helden>) und der doppelte Konsonant bei <hellt> gibt zu erkennen, dass es ein verwandtes Wort mit einer Silbengelenkschreibung gibt (<hellen>). Solche morphologischen Informationen der Schrift ermöglichen eine direkte Morphemerkennung. Was auf der einen Seite das sinnentnehmende Lesen erleichtert, stellt auf der anderen Seite eine Herausforderung für Schreibende dar. Morphologische Schreibungen setzen ein gewisses Maß an morphologischer Bewusstheit voraus, damit Wortstämme und Affixe identifiziert, Wörter in Morpheme segmentiert und Zugehörigkeiten zu Wortfamilien erkannt werden können. Untersuchungen zeigen, dass solche Einsichten in den morphologischen Bau von Wörtern selbst zu Beginn der Sekundarstufe nicht vorausgesetzt werden können, sondern einer gezielten Unterstützung bedürfen (vgl. Bangel & Müller 2014: 57). Die Förderung morphologischer Bewusstheit ist dabei nicht auf den Bereich Rechtschreibung beschränkt, sondern hat als Schnittstelle in verschiedenen Lernbereichen des Deutschunterrichts ihren Platz (vgl. Betzel & Schönenberg 2019a).

2.3.2 Schreibung von Umlauten

Im deutschen Schriftsystem kommen die Umlautgrapheme <ä>, <ö>, <ü> sowie der Schreibdiphthong <äu> vor. Die Schreibung von <ö> und <ü> kann phonographisch hergeleitet werden (s. Kap. 2.1), und zwar unabhängig davon, ob es sich tatsächlich um eine umgelautete Form handelt, die die morphologische Verwandtschaft wie bei <Dorf/dörflich> (Derivation) oder wie bei <Grund/Gründe> (Flexion) transparent macht, oder ob es sich um Formen wie z. B. <dünn>, <schön>, <Tür> handelt, die zumindest synchron nicht umgelautet erscheinen.

Anders verhält es sich beim **Diphthong [ɔi]**, der sowohl die Schreibung <äu> wie in <Läuse> als auch die Schreibung <eu> wie in <Leute> zulässt. Hier gilt: Gibt es eine morphologisch verwandte Form mit <au> (<Laus>), schreibt man <äu>, ansonsten <eu>. Der Schreibdiphthong <äu> ist in nahezu allen Fällen morphologisch motiviert, sodass Schreibungen wie <Knäuel>, <räuspern>, <Säule>, <sträuben> seltene Ausnahmen bilden (vgl. Eisenberg 2013a: 315).

Nach demselben Muster funktioniert die **Umlautschreibung für das ungespannte [a]**, das phonologisch mit [ɛ] zusammenfällt, wie bei <Bäche> ([bɛçə]) und <Becher> ([bɛçɐ]) oder wie im einleitenden Beispiel <hält> ([hɛlt]) und <Held> ([hɛlt]). Auch hier gilt: Ist ein morphologischer Bezug zu einer verwandten Form mit <a> (<halten>) vorhanden, schreibt man <ä>, andernfalls <e> (<Held>). Neben seltenen Ausnahmen (z. B. <Geländer>) sind in diesem Bereich einige Variantenschreibungen zulässig: z. B. <aufwändig/aufwendig> oder <Schänke/Schenke>.

Etwas komplexer sind die Verhältnisse beim **Umlaut für das gespannte [aː]**. Je nach Sprachgebiet wird es als [æː] oder [eː] realisiert, sodass z. B. für das Wort

<zählen> die Aussprachevarianten [tsæːlən] und [tseːlən] vorkommen. Wird die erste Variante ([æː]) realisiert, lässt sich die Schreibung phonographisch herleiten. Im zweiten Fall ([eː]) kann die <ä>-Schreibung morphologisch bestimmt werden, sofern ein verwandtes Wort mit <a> existiert: <Räte/Rat>, <zählen/Zahl>, <Väter/Vater> (vgl. Fuhrhop & Peters 2013: 241). Allerdings gibt es in diesem Bereich einige Wörter, bei denen die Suche nach morphologisch verwandten Formen synchron kaum möglich ist: <Bär>, <erzählen>, <fähig>, <gähnen>, <Häme>, <Krähe>, <Mädchen>, <mähen>, <sägen>, <Strähne>, <träge>, <Träne>, <während> (Eisenberg 2013a: 315). Etymologisch lässt sich allerdings auch bei einigen dieser Schreibungen die morphologische Verwandtschaft rekonstruieren: z. B. <Mädchen> – <Mägdchen> – <Magd>.

Umlautschreibungen, sofern sie morphologisch motiviert sind, machen also die Zusammengehörigkeit verwandter Formen transparent. Sie treten bei Wortbildungen (<flach/flächig/Fläche>) und insbesondere in der Flexion auf, z. B. bei der Pluralbildung der Substantive (<Haus/Häuser>), der Adjektivkomparation (<alt/älter>) sowie der Verbflexion (<fahren/fährt>). Die unterstrichenen Beispiele verdeutlichen, dass normalerweise der Nominativ Singular bei Substantiven, der Positiv bei Adjektiven und der Infinitiv bei Verben darüber Aufschluss gibt, ob eine Schreibung mit <ä> bzw. <äu> vorliegt. „Der Umlaut hat also immer die Richtung von der Nennform zur flektierten Form" (Augst & Dehn 2013: 117).

Schwierigkeiten können möglicherweise beim Ablaut auftreten. Mit dem Ablaut wird ein Vokalwechsel in den Stammformen des Verbs bezeichnet: z. B. <bitten>, <bat>, <gebeten>. Bei Verbformen wie <sterben>, <starb>, <gestorben> liegt „zufällig ein Lautverhältnis wie beim Umlaut" vor (Eisenberg 2016: 80), sodass fälschlicherweise die Schreibung *<stärben> wegen <starb> angenommen werden könnte. Jedoch wird in der Schrift die Ableitung einer <ä>-Schreibung im Präsens aus dem Präteritum „systematisch vermieden" (Fuhrhop 2015b: 165).

Hinweise für den Unterricht
Die grundlegende Strategie für den Unterricht lautet: Schreibe <ä> oder <äu>, wenn es ein verwandtes Wort mit <a> oder <au> gibt, ansonsten wird <e> oder <eu> geschrieben. In Unterrichtslehrwerken wird die Suche nach morphologisch verwandten Formen als **Ableiten** bezeichnet. Die Anwendung dieser Strategie fällt Lernenden bei Wörtern, die eine verwandte Form mit <a> bzw. <au> im Flexionsparadigma aufweisen (<Häuser/Haus>, <stärker/stark>), möglicherweise leichter als bei solchen, die einen Wortartenwechsel (<träumen/Traum>, <wärmen/warm>) erfordern (vgl. Reißig 2014: 48).

Prinzipiell ist die Thematisierung der Umlautschreibung nicht auf den Lernbereich Rechtschreibung beschränkt. Wenn im Unterricht die Themen Wortbildung (<Jahr/jährlich>) oder Flexion (<fallen/fällt>, <Raum/Räume>) zur Sprache kommen, ist es sinnvoll, auf Umlautschreibungen zur Markierung zusammengehöriger Formen aufmerksam zu machen und die leseerleichternde Funktion hervorzuheben.

Im Mittelpunkt des Unterrichts stehen Umlautschreibungen, die morphologisch herzuleiten sind und an denen die Regularität zu entdecken ist. Die insgesamt wenigen (synchronen) Ausnahmeschreibungen sind als Merkwörter zu behandeln. Dies schließt jedoch nicht aus, synchron nicht mehr transparente Fälle (z. B. <Mädchen>) mithilfe eines Herkunftswörterbuches zu thematisieren. Auch anhand solcher Fälle wird eine sprachhistorisch bedingte Systematik für Lerner/innen erkennbar.

■ **Übungen**
1. Unterscheiden Sie, ob die Umlautschreibungen in folgenden Beispielen flexionsmorphologisch oder wortbildungsmorphologisch bedingt sind oder ob es sich synchron um Ausnahmen handelt.
   Sträuße, zulässig, Räumung, Fächer, gähnen, Väter, träumen, Käse
2. Stellen Sie mögliche Schwierigkeiten von Lernenden dar, wenn im Zweifelsfall die Umlautschreibung bei einem Wort wie <Betäubung> abgeleitet werden soll.
3. Seit der Rechtschreibreform von 1996 ist die Variantenschreibung <aufwendig/aufwändig> zulässig. Begründen Sie die jeweilige Schreibung morphologisch.
4. Die Umlautschreibung u. a. der Wörter <Lärm>, <Märchen>, <spät>, <Träne> können synchron nicht abgeleitet werden. Suchen Sie mithilfe eines etymologischen Wörterbuchs oder entsprechender Onlinequellen nach historisch verwandten Formen mit <a>.

2.3.3 Nichtberücksichtigung der Auslautverhärtung

Einleitend wurde die Schreibung <Hund> als morphologische Schreibung bezeichnet, da unter Berücksichtigung ausschließlich phonographisch-silbischer Regularitäten die Schreibung *<Hunt> zu erwarten wäre (Großschreibung hier ausgenommen). Dass das <d> im Silbenendrand als [t] artikuliert wird, bezeichnet man als Auslautverhärtung. In der Schrift wird die Auslautverhärtung nicht berücksichtigt. Der Sachverhalt stellt sich folgendermaßen dar:

Grundsätzlich werden im Deutschen **Obstruenten** (Plosive und Frikative) im Silbenendrand **stimmlos** artikuliert. Das hat zur Folge, dass **stimmhafte** Obstruenten – wie bspw. das [d] in [hʊn.də] – entstimmt werden, sobald sie im Silbenendrand stehen: [hʊnt]. Diesen phonologischen Prozess nennt man **Auslautverhärtung**. In der **Schrift** wird die **Auslautverhärtung nicht berücksichtigt**, sodass Wortstämme in allen Formen erhalten bleiben (Morphemkonstanz). Die silbischen Grundlagen werden anhand von Abbildung 23 verdeutlicht.

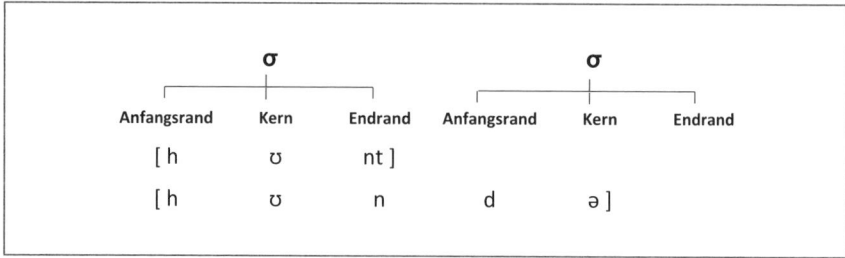

Abb. 23: Silbische Grundlagen der Auslautverhärtung

Wie zu erkennen ist, steht der Plosiv beim einsilbigen Wort im Silbenendrand und wird in dieser Position stimmlos ([t]) artikuliert. In der zweisilbigen Langform, auch Explizitform genannt, steht er hingegen im Anfangsrand der Reduktionssilbe und wird in dieser Position stimmhaft ([d]) artikuliert. Daraus folgt: Enthält eine Langform einen stimmhaften Obstruenten, wird das entsprechende Graphem – im vorliegenden Fall das <d> – in allen morphologisch verwandten Formen beibehalten (Morphemkonstanz). Wir schreiben also <Hund> wegen [hʊn.də], <lieb> wegen [liː.bən], <Tag> wegen [tɑː.gə] und <Los> wegen [loː.zə].

Dieses Muster trifft nicht nur auf Wortstämme, sondern auch auf Suffixe wie im Wort <waldig> zu; das [g] wird entstimmt zu [valdɪk]. Auch in diesem Fall lässt sich die richtige Schreibung mithilfe einer Langform herleiten: [val.dɪ.gə]. In der Standardlautung wird jedoch ein [g] nach [ɪ] im gegebenen Kontext **spirantisiert**: [valdɪç]. Das [g] wird also durch den sogenannten Ich-Laut ([ç]) ersetzt. Spirantisierung tritt ebenso bei morphologisch einfachen Formen wie <König> oder <wenig> auf. Unabhängig davon, ob es sich – je nach Sprachregion – um Auslautverhärtung oder Spirantisierung handelt, bleibt das Verfahren zur Ermittlung der jeweiligen Schreibung gleich: Die Verlängerung von [kønɪç] bzw. [kønɪk] zu [kø.nɪ.gə] führt zur Schreibung <König>.

Ausnahmen im Bereich Auslautverhärtung bilden <Erbse>, <hübsch>, <Krebs>, <Obst>, <ab>, <ob>, <irgend>, <und> (Augst & Dehn 2013: 113). Sie enthalten ein Graphem für einen stimmhaften Obstruenten im Silbenendrand, ohne dass sich eine entsprechende Langform mit stimmhafter Variante bilden ließe. Abgesehen von solchen Ausnahmen kann die morphologisch bedingte Schreibung mithilfe der dargestellten Strategie hergeleitet werden.

Bei flektierten Verben wie <fegt> ([feːkt]) oder bei Wortbildungsprodukten wie <Feldhase> ([fɛlthɑːzə]) besteht die Schwierigkeit, dass eine simple Verlängerung zu [feːk.tə] bzw. zu [fɛlthɑː.zən] nicht weiterhilft. Die relevante Stelle steht weiterhin im Silbenendrand im Wortinneren. Für flektierte Verben ist der Infinitiv die Bezugsgröße ([feː.gən]), Wortbildungsprodukte mit Auslautverhärtung im Wortinneren erfordern eine zweiteilige Strategie: **morphologische**

Segmentierung ([fɛlt] + [hɑːzə]) und **Langformbildung** der entsprechenden Einheit ([fɛl.dɐ]).

Außer den bislang erwähnten Plosiven werden auch Frikative im Silbenendrand entstimmt: So schreibt man <Los> und nicht *<Loß> oder <Haus> und nicht *<Hauß>, obwohl ein stimmloses [s] im Silbenendrand artikuliert wird. Auch hier gibt die Langform [loː.zə] bzw. [hɔi.zɐ] Aufschluss über den stimmhaften Laut [z], der die <s>-Schreibung in diesen Fällen begründet. Die <s/ß>-Schreibung ist allerdings komplexer als hier dargestellt und wurde in Kapitel 2.2.9 ausführlich erläutert. Grundsätzlich trifft das beschriebene Phänomen auch auf die Frikative [f] und [v] zu, wie etwa beim Wechsel von <attraktiv> ([f]) zu <attraktive> ([v]). Dies betrifft jedoch hauptsächlich Fremdwörter mit dem Suffix <-iv> (vgl. Fuhrhop 2015a: 29) und wird an dieser Stelle nicht vertieft.

Hinweise für den Unterricht
In Unterrichtslehrwerken wird die Bildung einer Langform zur silbenbasierten Unterscheidung stimmhafter (weicher) und stimmloser (harter) Laute als **Verlängern** bezeichnet. Enthält eine verlängerte Form (z. B. <Bur-gen>) einen stimmhaften Laut im Silbenanfangsrand, bleibt das entsprechende Graphem in allen Formen (<Burg>) erhalten. Mit dieser Strategie können Schüler/innen die korrekte Schreibung im Zweifelsfall herleiten. Die insgesamt wenigen Ausnahmen in diesem Bereich sind als Merkwörter zu behandeln.

Zum Einstieg sind morphologisch einfache Substantive oder Adjektive wie <Kind> oder <klug> geeignet, um das potentielle Schreibproblem und die entsprechende Problemlösestrategie mithilfe einer entsprechenden Flexionsform (<Kin-der>, <klu-ges>) grundlegend zu erarbeiten. Verben können bereits eine erhöhte Anforderung für Lernende darstellen, weil die relevante Stelle zumeist nicht einfach am Wortende zu finden ist: <liebst>, <liebte>. Hier ist der Infinitiv (<lie-ben>) die Bezugsgröße. Anschließend können komplexe Formen wie <Burgtor>, <kindlich>, <Radfahrer> oder <Wanduhr> behandelt werden, die ein zweiteiliges Vorgehen erfordern:

1. komplexes Wort in Bausteine zerlegen: *Burg + Tor*, *kind + lich* usw.
2. den entsprechenden Baustein verlängern: *Burgen – Burgtor*, *Kinder – kindlich* usw.

Unterrichtsmaterialen zur Auslautverhärtung sowie zur Auslautverhärtung im Wortinneren komplexer Formen finden sich unter anderem bei Müller (2017a) und bei Betzel & Schönenberg (2019b).

■ Übungen

1. Notieren Sie aus dem einleitenden Schülertext alle Wortformen, in denen ein <g> als [k] artikuliert wird.
2. Zeigen Sie mithilfe entsprechender Explizitformen, wie Sie die <b>-Schreibung in folgenden Wörtern herleiten können: [halp], [liːpt], [kalpflaiʃ].
3. Erläutern Sie am Beispiel von [hypʃ], weshalb es sich in Bezug auf die Auslautverhärtung um eine Schreibung aus dem Peripheriebereich handelt. Tragen Sie hierzu das graphematische Wort sowie verlängerte Formen in das Silbenkonstituentenmodell ein (s. Abb. 23).
4. Bei abgeleiteten Adjektiven auf <-lich> und <-ig> können aufgrund der [g]-Spirantisierung Schreibschwierigkeiten auftreten. Wie können Sie auch solche Lernende unterstützen, für die die verlängerten Formen <witzige> und *<witziche> gleichermaßen plausibel klingen, sodass eine Verlängerung nicht zur sicheren Schreibentscheidung führt?

2.3.4 Schreibung an der Morphemgrenze

Im vorangegangenen Kapitel wurde unter anderem an Wortbildungsprodukten (z. B. <ver/rat/en>, <Fahr/räd/er>) deutlich, dass sich komplexe Formen aus mehreren Morphemen zusammensetzen. An den **Morphemgrenzen** (mit ‚/' gekennzeichnet) kann es zur **Tilgung von Lauten** kommen, wenn gleiche oder ähnliche Laute aufeinandertreffen. Solche lautlichen Veränderungen werden in der Schrift normalerweise nicht berücksichtigt und durch das morphologische Prinzip überformt, sodass Morpheme konstant gehalten werden.

Das Fehlerwort *<endecken> aus dem einleitenden Schülertext lässt darauf schließen, dass diese morphologische Regularität nicht ausreichend berücksichtigt wurde. Hier treffen die alveolar gebildeten und somit hinreichend ähnlichen Plosive [t] und [d] an der Morphemgrenze aufeinander, sodass der stimmlose Plosiv [t] im Gesprochenen getilgt wird ([ʔɛndɛkən]), was zur fehlerhaften Schreibung *<endecken> geführt haben könnte.

Tabelle 7 zeigt, dass Tilgungen – zumindest in der Umgangslautung – an der Grenze von Präfix und Stamm (a), Stamm und Suffix (b) oder an der Kompositionsfuge zweier Stämme (c, d) auftreten können. In der Schreibung wird diese Reduktion nicht vollzogen, die Geminaten (Doppelkonsonanten) bleiben erhalten (aʻ bis dʻ). Morphemkonstanz gilt konsequenterweise auch dann, wenn wie bei <Schifffahrt> drei gleiche Grapheme an der Kompositionsfuge aufeinandertreffen, weil ein Wortstamm mit einer morphologisch konservierten Gelenkschreibung und ein mit <f> beginnender Stamm eine Zusammensetzung bilden.

2.3 Morphologisches Prinzip 81

[ʔɛntɔɪʃn̩]	[ʃʀɪftuːm]	[laubaum]	[ʃifaːt]
(a') <enttäuschen>	(b') <Schrifttum>	(c') <Laubbaum>	(d') <Schifffahrt>

Tab. 7: Lauttilgung an der Morphemgrenze

Schreibungen wie <ver<u>r</u>aten>, <<u>ent</u>decken>, <<u>ent</u>täuschen> oder <Schrift<u>tum</u>> zeigen, dass es sowohl um Stamm- als auch um Affixkonstanz geht. So setzt die korrekte Schreibung von [fɐʀɑːtən] voraus, dass das Präfix <ver-> im inneren orthographischen Lexikon gespeichert ist, sodass es unabhängig von seiner lautlichen Realisierung ([fɐ] bzw. [fɐɐ]) als Bestandteil des komplexen Wortes <verraten> erfasst wird. Grundlegend nehmen wir mit Herné & Naumann (2005: 15) an, dass Affixe ganzheitlich aus dem inneren orthographischen Lexikon abgerufen werden. Eine Übersicht zu den häufigsten Affixen finden Sie im Onlinespeicher. Mit dem Erkennen von Affixen hängt auch die <f/v>-Schreibung zusammen; auf diesen fehleranfälligen Bereich gehen wir im Exkurs auf Seite 82 gesondert ein.

Ausnahmen zum hier dargestellten Muster ergeben sich unter bestimmten Bedingungen an der Grenze von Stamm und Flexionssuffix. Bildet man z. B. die 2. und 3. Person Singular des Verbs <gehen>, tritt an den Verbstamm <geh-> das Flexionssuffix -*st* bzw. -*t* (du <geh/st>, er <geh/t>). Konsequenterweise wären dann Verben wie <müssen> oder <halten> folgendermaßen zu konjugieren: du *<muss/st>* (vs. <musst>), er *<hält/t>* (vs. <hält>). Es kommt also in diesen Fällen an der Grenze von Stamm und Flexionssuffix zu einer Geminatenreduktion, die sowohl im Gesprochenen als auch im Geschriebenen vollzogen wird. Ähnliche Reduktionen ergeben sich auch im Flexionsverhalten bestimmter Substantive. So schreibt man <Seen> (Plural von <See>) und nicht *<Seeen>, was aufgrund des Pluralsuffixes <-en> die zu erwartende Schreibung wäre (vgl. Eisenberg 2016: 79 f.).

Hinweise für den Unterricht
Grundlegend für den Umgang mit diesem Rechtschreibbereich ist, dass Schüler/innen die morphologische Struktur komplexer Wörter erfassen und in der Lage sind, komplexe Wörter morphologisch zu segmentieren (morphologische Bewusstheit). Auf dieser Basis kann im Zweifelsfall die Schreibung an der Morphemgrenze hergeleitet werden: Die Geminatenschreibung bei Ableitungen wie <verraten>, <enttäuschen> oder <Schrifttum> ergibt sich aus der Zerlegung in Affix und Stamm. Wie oben erwähnt, gehen wir bei den Affixen von einem ganzheitlichen Abruf aus dem inneren orthographischen Lexikon aus.

Etwas komplexer gestaltet sich der Sachverhalt bei Schreibungen wie *<Laubaum> oder *<Schifahrt>. Im erstgenannten Fall ergibt sich die korrekte Schreibung nicht automatisch aus der morphologischen Zerlegung. Aufgrund der Auslautverhärtung (*<Laup> + <Baum> = *<Laupbaum>) kann zusätzlich eine Verlängerung notwendig sein, um die morphologische Schreibung mit stimmhaftem Plosiv (<b>) herzuleiten (des <Laubes>). Ähnlich verhält es sich beim Wort <Schifffahrt>. Auch hier ist eine Langformbildung notwendig, um die vererbte Gelenkschreibung erfassen zu können (s. Kap. 2.3.5). Unterrichtsmaterialen zu den genannten rechtschriftlichen Besonderheiten sowie zur <f/v>-Schreibung (s. Exkurs) finden sich unter anderem bei Bangel & Müller (2018).

Exkurs: <f/v>-Schreibung

Wörter in Morpheme segmentieren und Präfixe identifizieren zu können, bildet auch die fachliche Basis für die Behandlung der <f/v>-Schreibung. Dabei ist von folgenden Regularitäten auszugehen: Im Kernwortschatz des Deutschen wird [f] in der Regel mit <f> verschriftet (<Förderung>). Für die Schreibung <v> für [f] können zwei Fälle unterschieden werden:
a) Bei komplexen Wörtern wie <verfahren> oder <vorlesen> handelt es sich um die Morpheme <ver-> und <vor->. Es sind morphologisch bedingte Schreibungen.
b) Davon zu unterscheiden ist eine überschaubare Anzahl von <v>-Schreibungen mit anlautendem [f], die nicht morphologisch bedingt sind. Zu den wichtigsten des Kernwortschatzes zählen <Vater>, <Vogel>, <vier>, <voll> und <viel> (Lindauer & Schmellentin 2008: 64).

Während die morphologischen Schreibungen in a) vorhersagbar sind, handelt es sich bei den Schreibungen unter b) um Merkwörter. Das Auftreten von <v> für [f] lässt sich allerdings auf bestimmte Kontexte einschränken. So steht es nur dann, „wenn das [f] wortinitial steht und wenn auf das [f] ein Vokal folgt", sodass „Schreibungen wie *<vrei>, *<Haver>, *<Senv>" auszuschließen sind (Bredel & Pieper 2015: 32). Davon zu unterscheiden sind Fremdwortschreibungen, in denen [v] (wie in wild) mit <v> verschriftet wird (<Vase>, <zivil>). Im Kernwortschatz wird [v] mit <w> verschriftet.

■ Übungen

1. Erklären Sie, wie die fehlerhafte Schreibung *<Hantuch> zustande gekommen sein könnte. Stellen Sie anschließend die notwendigen Strategien dar, mit denen die korrekte Schreibung herzuleiten ist.
2. Erläutern Sie die Systematik zur <f/v>-Schreibung, indem Sie die Schreibungen <falsch>, <Villa>, <vorsingen>, <Förderung>, <verlieben>, <Vogel>, <verfahren>, <oval>, <frei> und <Vater> in Gruppen einteilen.
3. Angenommen, eine Schülerin/ein Schüler schreibt *<vertig> statt <fertig> und *<Verkel> statt <Ferkel>. Welche Rückschlüsse auf die Fehlerursache könnte man ggf. aus diesen Schreibungen ziehen? Welche Hilfen könnten Sie dem Schüler/der Schülerin anbieten?

2.3.5 Vererbung silbischer Schreibungen

In Kapitel 2.2.4 wurde an trochäischen Zweisilbern die Silbengelenkschreibung erläutert, die immer dann auftritt, wenn im phonologischen Wort zwischen einem betonten Kurzvokal und einem unbetonten Vokal ein ambisilbischer Konsonant steht ([kɔm̩ən]), ein Konsonant also, der zu beiden Silben gehört und deswegen im graphematischen Wort verdoppelt wird (<kommen>). Auf einsilbige Wortformen wie die Schreibung <kommt> im einleitenden Schülertext trifft dies nicht zu. Es handelt sich deshalb um eine morphologisch bedingte Schreibung. Silbische Regularitäten der Wortschreibung werden also an morphologisch verwandte Formen vererbt (Morphemkonstanz). Den Zusammenhang macht Abbildung 24 deutlich, in der phonographisch-silbische Schreibungen, bezeichnet als phonologische Schreibungen (vgl. Eisenberg 2013: 309), morphologischen gegenübergestellt werden.

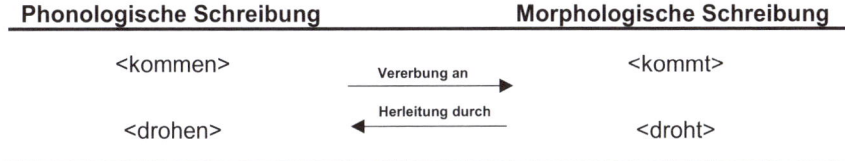

Abb. 24: Phonologische und morphologische Schreibungen

Gemäß Abbildung 24 wird eine im prototypischen Zweisilber zu entdeckende silbische Regularität an morphologisch verwandte Formen **vererbt**, und zwar auch dann, wenn wie im Falle der einsilbigen Form <kommt> kein Silbengelenk mehr auftritt oder wenn das <h> keine silbeninitiale Position mehr einnimmt, weil es im Silbenendrand steht (<droht>). Umgekehrt lassen sich vererbte silbische Regularitäten durch Rückführung auf den prototypischen Zweisilber **herleiten** (Langformbildung). Wir schreiben also <kommt> wegen <kommen> oder <droht> wegen <drohen>. Dieses Muster haben wir bereits bei der Auslautverhärtung in Kapitel 2.3.3 kennengelernt (<Hund> wegen <Hunde>).

Auch das Dehnungs-<h> wird innerhalb der Wortfamilie vererbt: <dehnen/dehnt/dehnst>. Im Unterschied zum silbeninitialen <h> kann das Dehnungs-<h> jedoch nicht eindeutig aus einer zweisilbigen Form hergeleitet werden. Es steht unter den in Kapitel 2.2.7 genannten Bedingungen in knapp der Hälfte der Fälle, in denen es stehen könnte (vgl. Eisenberg 2013a: 302). Das in Abbildung 24 dargestellte Muster bleibt davon unberührt. Insbesondere an Wortformen wie <dehnst> oder <dehnt> wird die Funktion ersichtlich, weil es den gespannten Vokal bei Formen mit komplexen Endrändern kennzeichnet und somit besonders leserfreundlich ist (vgl. Fuhrhop 2015a: 27). Möglicherweise tritt aus diesem Grund das Dehnungs-<h> häufiger in Verbstämmen als in Substantiv- oder Adjektivstämmen auf.

Die Herleitung morphologischer Schreibungen mithilfe entsprechender Langformen gilt auch für Wortbildungsprodukte wie bspw. <Schifffahrt> oder <Gehweg>. So wurde in Kapitel 2.3.4 die Schreibung <Schifffahrt> mit drei <f> durch das Aufeinandertreffen gleicher Grapheme an der Kompositionsfuge erklärt. Das hilft jedoch nur demjenigen weiter, der weiß, dass das einsilbige Wort <Schiff> eine vererbte Gelenkschreibung enthält. Hier ist ein zweischrittiges Vorgehen erforderlich: **Segmentierung** (<Schiff/fahr/t>) führt zu den morphologischen Bestandteilen des komplexen Wortes, die **Langform** <Schiffe> bildet wiederum die Grundlage für die Stammschreibung <Schiff>. Analog verhält es sich beim Kompositum <Gehweg>, dessen erster Bestandteil ein vererbtes silbeninitiales <h> enthält, wie an der Langform <gehen> zu erkennen ist.

Abbildung 25 zeigt das Zusammenwirken phonographisch-silbischer und morphologischer Regularitäten und verdeutlicht das zweischrittige Baumuster der Wortschreibung.

Prototypische Schreibsilbe	1. Bau der Schreibsilbe und ihre Struktur am Silbenschnitt	2. Vererbung der silbenstrukturellen Informationen an alle Wortformen der Wortfamilie	Aufdecken der morphologischen und phonologischen Regularitäten durch Segmentierung und Langformbildung
kom-men	Markierte geschlossene Silbe – Silbengelenk – kurzer Vokal	*Du kommst* Flexion	*kommen*
ren-nen	Markierte geschlossene Silbe – Silbengelenk – kurzer Vokal	*Rennwagen* Kompositum	*Renn – wagen* *rennen*
lie-ben	Markierte offene Silbe, offene Silbe – langer Vokal	*Liebling* Derivat	*Lieb – ling* (Suffix) *lieben*

Abb 25: Zweischrittiges Baumuster der Wortschreibung (vgl. Hinney 2010: 70)

Hinweise für den Unterricht
Im Unterricht bildet das zweischrittige Vorgehen aus Segmentierung und Langformbildung das Grundgerüst, um das Zusammenwirken phonographisch-silbischer und morphologischer Regularitäten zu verdeutlichen. Im ersten Schritt kommt es darauf an, silbische Regularitäten wie offene/geschlossene Silbe, Gelenkschreibung, silbeniniales <h> (Kernbereich) sowie Dehnungs-<h> und Doppelvokale (Peripheriebereich) am prototypischen Zweisilber grundlegend zu erarbeiten. Der prototypische Zweisilber dient als „Schlüsselwort" (Hinney 2010: 75 ff.). Im zweiten Schritt entdecken Lerner/innen an flektierten Formen (<bellt>/<stehst>) sowie an Wortbildungsprodukten (<Rennwagen>/<Stehtisch>) die morphologische Regularität, dass die im Schlüsselwort begründeten Eigenschaften der Schreibsilbe in allen verwandten Formen erhalten bleiben.

Die hierfür notwendige Identifizierung des Stammmorphems kann bereits dadurch unterstützt werden, dass bei der Erarbeitung silbischer Regularitäten mit dem von Bredel (2010) vorgeschlagenen Modell gearbeitet wird (s. Kap. 2.2).

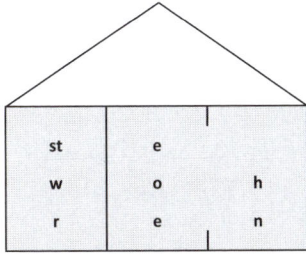

Abb. 26: Morphemschnitt (vgl. Bredel 2010a: 15)

Die grau unterlegten Felder in Abbildung 26 markieren im prototypischen Zweisilber das Stammmorphem, das in verwandten Formen erhalten bleibt. Beispiele: <**steh**t>, <**Steh**tisch>, <**wohn**st>, <**Wohn**ung>, <be**wohn**t>, <**renn**st>, <**Renn**wagen> usw. Wird das Modell von Beginn an eingesetzt, wird bei der Erarbeitung silbischer Strukturen die morphologische Analyse gewissermaßen beiläufig mitgelernt (vgl. Bredel et al. 2017: 111).

Abschließend: Bei allen unter dem morphologischen Prinzip behandelten Phänomenen wurde die leseerleichternde Funktion der Konstanzschreibung hervorgehoben. Erhalten Schüler/innen bspw. einen Text, in dem die Konstanzschreibung von Wortstämmen nicht oder nur teilweise berücksichtigt wurde, machen sie am eigenen Leseprozess Erfahrung mit möglichen Schwierigkeiten und entdecken die Systematik der Schrift aus Leserperspektive (vgl. Noack 2015b: 4 ff.). Eine Unterrichtsidee hierzu stellt Bangel (2015) vor: Die Autorin arbeitet kontrastierend mit einer Textfassung von Till Eulenspiegel aus dem Jahr 1515, in dem die Morphemkonstanz nur teilweise berücksichtigt wurde, sowie mit einer Textfassung in aktueller Schreibung. Durch textvergleichendes Lesen kann auf diese Weise die Funktion morphologischer Schreibungen aus Leserperspektive in den Mittelpunkt rücken.

■ Übungen

1. Erläutern Sie, welche silbisch bedingten Schreibungen in den folgenden Beispielen morphologisch konserviert sind: <Satzzeichen>, <Backform>, <gehst>, <Liebling>.
2. Das Wort <Stammmorphem> wurde vor der Rechtschreibreform von 1996 *<Stammorphem> geschrieben. Erläutern Sie, weshalb die aktuell gültige Schreibung mit den zuvor dargestellten Regularitäten übereinstimmt.

3. Im einleitenden Schülertext wird dreimal die Schreibung <dann> korrekt verwendet. Reflektieren Sie die Schreibweise vor dem Hintergrund des hier dargelegten Sachverhalts.
4. Konjugieren Sie das Fremdwort <jobben> und das native Verb <hoffen> in allen Personalformen (Indikativ, Präsens) und beschreiben Sie, inwieweit sich das Fremdwort graphematisch wie ein natives Wort verhält.
5. Erläutern Sie, welche Schwierigkeiten auftreten, wenn Lernende zur Herleitung der Schreibung <kam> auf den Infinitiv <kommen> zurückgreifen. Welche Hilfe können Sie anbieten?

Weiterführende Literatur

- **Bangel, M.** (2018) *stellt Ergebnisse einer Studie dar, in der sie lesestärkere und leseschwächere Fünftklässler/innen daraufhin untersucht, inwiefern sie morphologisches Wissen beim Lesen nutzen.*
- **Eisenberg, P.** (2013a) *gibt einen fundierten Einblick in die morphologischen Bezüge der Wortschreibung.*
- **Fuhrhop, N.** (2015b) *nimmt die Morphemkonstanz bei starken Verben in den Blick und beleuchtet damit einen auch aus didaktischer Perspektive komplexen Bereich.*

2.4 Syntaktisches Prinzip

2.4.1 Einleitung

In den vorangegangenen Kapiteln wurden schriftstrukturelle Grundlagen der Wortschreibung mithilfe der sprachlichen Einheiten Phonem/Graphem, Silbe und Morphem beschrieben. Mit dem syntaktischen Prinzip rückt nun der Satz als Bezugsgröße für die Wortschreibung ins Zentrum: Die Großschreibung, die Getrennt-/Zusammenschreibung und die *das-/dass*-Schreibung betrachten wir darunter. Am Beispiel des nachfolgenden Schülertextes soll zunächst skizziert werden, weshalb zur Beschreibung der genannten Rechtschreibbereiche ein Rückgriff auf die Einheit Satz notwendig ist.

Beispiel

Ein spannender Tag 1
An einem schönen Samstagmorgen spielte Hans mit seinem Freund Kai um Fussball zu spielen. Sie gingen auf die Wiese die in der Strasse angelekt ist wo Hans wohnt. Ihre Eltern sagten sie dürften nur auf der Wiese bleiben, egal was passiert. Plötzlich flog ihnen der Ball direkt über einen nicht zu hohen 5
Zaun. Kai dachte das er es über den Zaun schafft. Er schafte es auch, nur da gab es ein Problem. Dort wonte der der böse Nachbar. Der Mann hatte einen

großen Hund. Er schlief, aber drotzdem musste er aufpassen. Auf ein mal
wachte der Hund auf. Sein bellen erschreckte Kai und er sprintete auf den
Ball zu, nun hatte er ihn ihm Arm und rante auf den Holzzaun zu er spang und   10
kam noch heil davon mit einer kapputtenen Hose. Sie gingen danach zu Kais
Mutter sie fliekte das Loch und so war das heute ein spannender Tag.
Ende

(Gesamtschule, Klasse 6, männlich)

In Bezug auf die Großschreibung enthält der Text nur einen Fehler. Bei den korrekt großgeschriebenen Wörtern handelt es sich vorwiegend um geläufige Substantive, die den meisten Lernenden in der sechsten Klasse kaum mehr Schwierigkeiten bereiten dürften. Für weitgehend unproblematische Fälle wie z. B. *Freund*, *Mann*, *Hund*, *Ball*, *Hose* ist zunächst nicht unmittelbar einsichtig, weshalb der Satz als Bezugsgröße für die Großschreibung erforderlich sein soll. Schließlich handelt es dabei um prototypische Vertreter der Wortart Substantiv, man schreibt sie mehr oder weniger ‚automatisch' groß und kann im Zweifelsfall im Wörterbuch nachschlagen. Anders verhält es sich beim fälschlich kleingeschriebenen Wort **bellen* (Z. 9). Würde man hierzu im Lexikon nachschlagen, stieße man auf den Infinitiv *bellen* und käme im konkreten Fall wohl zu keiner adäquaten Lösung. Das Beispiel macht deutlich, dass die Großschreibung eines Ausdrucks offensichtlich mit seiner Verwendung im Satz zusammenhängt. In Kapitel 2.4.2 erläutern wir diesen Sachverhalt.

Die Getrennt- und Zusammenschreibung befindet sich „an der Grenze von Wort- und Satzgrammatik" (Eisenberg 2013a: 317). Sie weist Bezüge zur Morphologie und zur Syntax auf. Betrachten wir hierzu das markierte Wort *Fußball* in Zeile 3 (im Text: **Fussball*): Grundsätzlich wissen wir, dass Substantivstämme Komposita bilden können. Dies kommt im Deutschen recht häufig vor und bereits im vorliegenden Text finden sich neben *Fußball* noch *Samstagmorgen* und *Holzzaun*. Intuitiv weiß man, dass es sich bei *Fußball* in Zeile 3 um ein Wort handelt und auch der Schüler schreibt es korrekterweise zusammen. Allerdings kann man nicht immer davon ausgehen, dass die Stämme *Fuß* und *Ball*, sofern sie nebeneinander auftreten, ein Wort bilden. Hätte die Geschichte einen anderen Inhalt und Kai würde mit gebrochenem *Fuß Ball* spielen, stünden die Stämme zwar wieder nebeneinander, aber es handelte sich um zwei Wörter. Auch in diesem Fall hätten wir vermutlich keine Schreibzweifel und würden nicht auf die Idee kommen, ein Kompositum zu bilden. Allerdings zeigt dieses einfache Beispiel, dass es auch bei der Getrennt- und Zusammenschreibung auf den syntaktischen Kontext ankommt. Die Getrennt- und Zusammenschreibung erschließt sich – zumindest im Kernbereich – aus dem Zusammenspiel von Wortbildungsmorphologie und Syntax. In Kapitel 2.4.3 gehen wir darauf ein.

Abschließend ist noch die *das-/dass*-Schreibung zu nennen. Das im Text zu erkennende Fehlerprofil kann als typisch gelten: Während *das* als Artikel (Z. 12) und *das* als Demonstrativum (Z. 12) richtiggeschrieben wurden, ist die Schreibung der Subjunktion *dass* (Z. 6) fehlerhaft. Die Schwierigkeit für Schreiber/innen besteht darin, dass der Lautform [das] unterschiedliche grammatische Funktionen – Artikel, Demonstrativum, Relativum und Subjunktion – entsprechen, wobei ausschließlich die Subjunktion durch eine Andersschreibung markiert ist (*dass*). Da sich die *dass*-Schreibung bei Standardlautung weder aus der Lautform ergibt noch graphematisch herleiten lässt, führt der Weg zur korrekten Schreibung über die Syntax. Somit lässt sich auch die *das-/dass*-Schreibung nicht wortgrammatisch, sondern ausschließlich satzgrammatisch in den Griff bekommen. Diesen Sachverhalt beleuchten wir abschließend in Kapitel 2.4.4.

2.4.2 Satzinterne Großschreibung

Die Großschreibung umfasst verschiedene Regelungsbereiche: die Großschreibung von **Überschriften, Werktiteln, Satzanfängen, Eigennamen, Anredepronomen** in der Höflichkeitsform und die **satzinterne Großschreibung**.[29] Die nachfolgenden Ausführungen handeln ausschließlich von der satzinternen Großschreibung, da sie im Zentrum des Unterrichts steht und im Gegensatz zu den anderen Bereichen einen Fehlerschwerpunkt bildet. Zudem sprechen wir von Großschreibung und nicht von Groß-/Kleinschreibung, da die Kleinschreibung den unmarkierten Fall darstellt. Zu regeln ist ausschließlich die Großschreibung als markierte Schreibung. Im Weiteren verweist die Überschrift ‚Satzinterne Großschreibung' anstelle von ‚Substantivgroßschreibung' darauf, dass die Großschreibung im Deutschen grundsätzlich nicht an eine bestimmte Wortart gebunden ist. Trotz dieser Tatsache folgen wir zunächst dem amtlichen Regelwerk; prototypische Substantive bilden somit den Ausgangspunkt unserer Betrachtung, um daran grundlegende Eigenschaften wie die Artikel- und Attributfähigkeit zu beleuchten sowie die Grundstruktur der Nominalgruppe in den Blick zu nehmen. Darauf aufbauend werden wir am Ende des Kapitels argumentieren, dass ein Wortartbezug zur Ermittlung großzuschreibender Ausdrücke nicht notwendig ist und stattdessen einen anderen Zugang vorschlagen.

Im amtlichen Regelwerk der deutschen Rechtschreibung (ARW 2017: 57) heißt es unter § 55: „Substantive schreibt man groß." Die Anwendung dieser Regel setzt voraus, dass man weiß, was Substantive sind. Grundsätzlich lassen sich Substantive anhand **lexikalischer** und **syntaktischer Eigenschaften** bestimmen (vgl. Eisenberg 2013a: 329 ff.). Im Folgenden werden diese Eigenschaften beschrieben. Als Ausgangspunkt dient ein Satz aus dem einleitenden Schüler-

---

29 Eigennamen und Anredepronomen treten zwar auch satzintern auf, sie bilden jedoch einen eigenen Regelungsbereich und werden hier nicht unter der Bezeichnung ‚satzinterne Großschreibung' erfasst.

text, der mit Blick auf die Großschreibung den meisten Schreiberinnen und Schreibern wohl kaum Schwierigkeiten bereiten dürfte:

(1)   *Der Mann hatte einen großen Hund.* (Text, Z. 7/8)

Bei der **lexikalischen Substantivbestimmung** wird davon ausgegangen, dass man am Wort selbst die substantivischen Eigenschaften erkennt. Zur **lexikalisch-semantischen** Eigenschaft zählt, dass Substantive „Gegebenheiten [...] als gegenständlich im weitesten Sinne" abbilden (Nerius 2007: 205). Diese wortsemantische Eigenschaft der Substantive weist einen unterschiedlich hohen Verallgemeinerungsgrad auf, je nachdem, ob es sich wie in Satz (1) um Konkreta mit sinnlich wahrnehmbarem Objektbezug handelt oder um Abstrakta wie z. B. *Liebe* oder *Glück*, für die tatsächlich nur „im weitesten Sinne" eine gegenständliche Abbildung angenommen werden kann (vgl. ebd.). Zu den **lexikalisch-morphologischen** Eigenschaften von Substantiven zählt, dass sie nach Kasus und Numerus flektieren und ein festes Genus aufweisen. An Satz (1) wird allerdings deutlich, dass die Flexion nach Kasus (*einen großen Hund*) und Numerus (*die großen Hunde*) kein Alleinstellungsmerkmal der Wortart Substantiv ist. Kasus und Numerus haben deshalb einen unsicheren diagnostischen Wert für die Großschreibung (vgl. Eisenberg 2013a: 330), zumal vorwiegend der Artikel die Kasus differenziert (*der* Mann, *den* Mann, *dem* Mann, aber: *des* Mannes), das Substantiv hingegen die Numeri.

Bei der **syntaktischen Substantivbestimmung** wird das Substantiv nicht isoliert betrachtet, sondern als Einheit im Satz. Zu den syntaktischen Eigenschaften zählen die Artikel- und Attributfähigkeit und damit zusammenhängend die Funktion des Substantivs als Kern der Nominalgruppe sowie deren satzfunktionelle Eigenschaften (vgl. Fuhrhop 2015a: 46 ff.). Dass Substantive mit Artikelwörtern und Attributen auftreten können, wird an Satz (1) ersichtlich: *der Mann; einen großen Hund*. In beiden Fällen handelt es sich um prototypische Nominalgruppen, in denen das **Substantiv als Kern der Nominalgruppe** dem Artikelwort als Kopf gegenübersteht. Um diese Struktur zu verdeutlichen, greifen wir auf ein Modell der Nominalgruppe zurück, das an das topologische Modell angelehnt ist (vgl. Granzow-Emden 2019: 209; vgl. Hübl & Steinbach 2015: 229). Gemäß Abbildung 27 steht im linken Nominalfeld das Artikelwort, das rechte Nominalfeld wird vom Substantiv besetzt. Beispiel b) zeigt, dass ein flektiertes Adjektivattribut im nominalen Mittelfeld erscheinen kann.

	linkes Nominalfeld	nominales Mittelfeld	rechtes Nominalfeld
a)	der		Mann
b)	einen	*großen*	Hund

Abb. 27: Struktur der Nominalgruppe

Mit dem **Artikelwort** im linken Nominalfeld wird die Art der referenziellen Bezugnahme kenntlich gemacht. Der definite Artikel verweist darauf, dass *der Mann* als bekannte Größe bereits im Wissen eines Hörers/Lesers auffindbar ist, wohingegen der indefinite Artikel gewählt wird, wenn dieses Wissen nicht vorausgesetzt werden kann. Ähnliche Funktionen erfüllen jedoch auch andere Wortarten, die im linken Nominalfeld zum Substantiv hinzutreten können: z. B. *mein Mann, dieser Mann, jeder Mann*. Da also im linken Nominalfeld nicht nur der bestimmte oder unbestimmte Artikel die Art der referenziellen Bezugnahme anzeigt, sondern auch andere Wortarten diese Funktion übernehmen können, verwenden wir die allgemeine Bezeichnung Artikelwörter. Ossner (2010: 192) führt folgende Liste von möglichen Artikelwörtern an:

all-, beide, dein/Ihr, der, derjenige, derlei, derselbe, dieser, ein, ein bisschen, ein paar, ein wenig, einige, etliche, etwas, euer/Ihr, genug, genügend, ihr, irgendein, irgendwelcher, jeder, jedweder, jeglicher, jener, kein, lauter, manch, mancher, mancherlei, mehrere, mein, nichts, sämtlich, sein, solcher, unser, viel, vielerlei, was für ein, welch, welcher, wenig, wie viel

Substantive können allerdings auch ohne Artikelwort auftreten, das linke Nominalfeld ist dann unbesetzt.[30] Dies gilt insbesondere für:

- Eigennamen, die bereits auf etwas Individuelles verweisen und bereits durch ihre Nennung identifiziert sind: *Maximilian hat gestern ein Tor geschossen*.
- Stoffbezeichnungen, die nicht im individuellen Sinne verwendet werden: *Milch ist gesund*. (Aber: *Die Milch ist schlecht*.).
- Indefinitheit, die im Plural ohne Artikelwort erscheint: *Im Park werden Bäume gefällt*.
- Paarformeln und feste Wendungen: *Er verspielte Haus und Hof*.

Die ebenfalls zu den syntaktischen Eigenschaften zählende **Attributfähigkeit** des Substantivs wird dadurch ersichtlich, dass ein kongruent[31] flektiertes Attribut im Mittelfeld stehen kann. Attribute modifizieren das Substantiv und weisen es als „semantisches Zentrum der Gesamtkonstruktion" aus (Eisenberg 2013a: 330). Prinzipiell können beliebig viele Attribute im nominalen Mittelfeld erscheinen, das Mittelfeld dehnt sich dann entsprechend aus und die Distanz zwischen dem linken und rechten Nominalfeld wird größer:

---

30 Auf eine Darstellung der Diskussion zum Nullartikel wird hier verzichtet. Einen Nullartikel nimmt bspw. Engel (2009) an (vgl. Engel 2009: 313 ff.).
31 Unter Kongruenz versteht man die regelhafte Übereinstimmung zwischen Elementen in bestimmten grammatischen Merkmalen.

linkes Nominalfeld	nominales Mittelfeld	rechtes Nominalfeld
einen	großen, struppigen, schwarzen, gefährlichen	Hund

Abb. 28: Nominalgruppe mit ausgedehntem Mittelfeld

Die Attribute in Abbildung 28 stehen im Mittelfeld vor dem Substantiv, auf das sie sich beziehen. Attribute können allerdings auch nach dem rechten Nominalfeld auftreten, also nach dem Substantiv. Um auch solche Attribute erfassen zu können, erweitern wir in Abbildung 29 das bislang verwendete Modell der Nominalgruppe um ein nominales Nachfeld (vgl. Granzow-Emden 2019: 210) und unterscheiden neben dem bereits genannten adjektivischen Attribut (a) die folgenden nachgestellten Attribute: b) Präpositionalattribut, c) Genitivattribut und d) Attributsatz.

	linkes Nominalfeld	nominales Mittelfeld	rechtes Nominalfeld	nominales Nachfeld
a)	der	große	Hund	
b)	der		Hund	mit dem langen Fell
c)	der		Hund	des Mannes
d)	der		Hund,	der ständig bellt

Abb. 29: Nominalgruppe mit nominalem Nachfeld

Es zeigt sich, dass auch Attribute aus Nominalgruppen bestehen können; als solche sind sie dann wiederum attributfähig: *…dem langen Fell; …des jungen Mannes*. Wie noch zu zeigen sein wird, spielt die Attributfähigkeit des Substantivs insbesondere für didaktische Modellierungen zur Großschreibung eine entscheidende Rolle. Obwohl Attribute im nominalen Nachfeld stehen können, konzentrieren wir uns nachfolgend auf die im nominalen Mittelfeld auftretenden Adjektivattribute (vgl. Funke 2017: 107 ff.).

Mit den Ausführungen zur Artikel- und Attributfähigkeit als syntaktische Eigenschaften des Substantivs wurde die **Nominalgruppe** in ihrer Grundstruktur eingeführt. Zu ergänzen ist, dass einer Nominalgruppe eine Präposition vorausgehen kann, wie z. B. beim Präpositionalattribut in Abbildung 29b oder wie bei der unterstrichenen Konstituente in Satz (2). Man bezeichnet solche Konstruktionen dann als **Präpositionalgruppe**. Die Nominalgruppe ist darin eingebettet, ihr Kasus wird von der Präposition regiert.

(2)   Der Mann pfiff <u>nach seinem Hund</u>.

Präpositionalgruppen kommen typischerweise als Präpositionalobjekt (s. Satz 2), Präpositionalattribut (s. Abb. 29b) oder präpositionales Adverbial vor. Die bislang für Nominalgruppen dargestellte Struktur gilt gleichermaßen für Präpositionalgruppen, lediglich ein Präpositionsfeld wird ergänzt. Wir verwenden hierfür die folgende Darstellung:

Präpositionsfeld	+	linkes Nominalfeld	nominales Mittelfeld	rechtes Nominalfeld	nominales Nachfeld
nach		seinem		Hund	

Abb. 30: Struktur der Präpositionalgruppe

Das letzte syntaktische Merkmal betrifft die **satzfunktionellen** Eigenschaften von Nominalgruppen. Satzfunktionell meint, dass Nominalgruppen – mit den jeweiligen Substantiven als Kern – verschiedene syntaktische Funktionen im Satz einnehmen können, wie die unterstrichenen Konstituenten belegen:

Subjekt: *<u>Der Mann</u> hatte einen Hund.*
Objekt: *Der Hund beißt <u>den armen Mann</u>.*
Attribut: *Der Hund <u>des Mannes</u> beißt den Jungen.*
Adverbial: *Der Hund bellt <u>den ganzen Tag</u>.*

Die Flexion nach Kasus, die bereits unter den lexikalischen Substantivmerkmalen genannt wurde, kann hier ein zweites Mal angeführt werden, weil die Kasusflexion mit der syntaktischen Funktion der entsprechenden Nominalgruppe zusammenhängt und deshalb auch als morphosyntaktische Eigenschaft bezeichnet wird.

<u>Zwischenfazit:</u> Ausgehend von § 55 (ARW), wonach Substantive großgeschrieben werden, haben wir neben lexikalischen vor allem syntaktische Merkmale von prototypischen Substantiven beleuchtet und in diesem Zusammenhang die grundlegende Struktur der Nominalgruppe in den Blick genommen. Was folgt nun aus diesen Ausführungen? – Nachfolgend ist zu überprüfen, mit welchen dieser Merkmale auch sogenannte „Substantivierungen" (§ 57 ARW 2017: 61) adäquat erfasst werden können, Ausdrücke also, die einer anderen Wortart angehören, aber im Satz wie Substantive gebraucht werden. Damit ist zugleich die Frage verbunden, ob das Kriterium ‚Substantivität' zur Ermittlung großzuschreibender Ausdrücke überhaupt notwendig ist.

Bislang haben wir ausschließlich Substantive betrachtet, die als solche im Lexikon aufgelistet sind. Auf Substantive wie *Mann* und *Hund* treffen alle genannten substantivischen Merkmale zu – sowohl lexikalische als auch syntaktische. Dass das lexikalisch-semantische Kriterium greift, hängt mit dem sinnlich wahrnehmbaren Objektbezug der beiden Konkreta zusammen. Substantive mit einer „positiven Bündelung aller Substantivitäts-Merkmale" können als **prototypische Substantive** bezeichnet werden (Bredel 2010b: 221). Die Großschreibung solcher Prototypen bereitet Lernenden kaum Schwierigkeiten, weshalb sie zumeist als Ausgangspunkt der schulischen Auseinandersetzung mit der Großschreibung dienen. Im Gegensatz dazu gelten sogenannte Substantivierungen als fehleranfällig, wie sich an einem weiteren Satz unseres Ausgangstextes erkennen lässt:

(3) Sein *bellen erschreckte Kai... (Text, Z. 9)

Bellen ist im Lexikon nicht als Substantiv, sondern als Verb ausgezeichnet, es wird jedoch in Satz (3) offensichtlich wie ein Substantiv gebraucht. Grundsätzlich lässt sich daran erkennen, dass es für die Großschreibung nicht darum gehen kann, ob ein Wort im Lexikon als Substantiv aufgelistet bzw. nicht aufgelistet ist, vielmehr geht es darum, wie es im konkreten Satz gebraucht wird. Wenn man in diesem Zusammenhang überhaupt noch den Begriff ‚Substantiv' verwenden möchte, so handelt es sich um **syntaktische Substantive** (vgl. Eisenberg 2013a: 331).

Überprüft man nun, welche substantivischen Eigenschaften auf die sogenannte Substantivierung in Satz (3) zutreffen, stößt man mit dem semantischen Kriterium an Grenzen: *Bellen* bildet nichts Gegenständliches im weitesten Sinne ab. Lexikalisch-morphologisch flektiert *Bellen* zwar nach Kasus (z. B. *aufgrund des Bellens*), nicht jedoch nach Numerus. Unabhängig davon wurde die Flexion nach Kasus und Numerus als unsicheres Merkmal zur Identifizierung von Substantiven herausgestellt. Aus syntaktischer Perspektive ist *Bellen* sowohl **artikel-** als auch **attributfähig**, es fungiert als **Kern einer Nominalgruppe** (s. Abb. 31), welche in Satz (3) die syntaktische Funktion des Subjekts einnimmt. Als großzuschreibendes Wort steht *Bellen* somit im rechten Nominalfeld:

linkes Nominalfeld	nominales Mittelfeld	rechtes Nominalfeld	nominales Nachfeld
sein	lautes	Bellen	

Abb. 31: ‚bellen' als Kern einer Nominalgruppe

Wie sich zeigt, sind es vor allem syntaktische Eigenschaften, mit denen ein großzuschreibender Ausdruck adäquat erfasst werden kann, insbesondere die Fähigkeit, Artikel und Attribute an sich zu binden und damit als Kern einer Nominalgruppe zu fungieren (vgl. Maas 1992: 161). Die unterstrichenen Ausdrücke in den Beispielen (4) bis (6) sind allesamt keine lexikalischen Substantive.

Als großzuschreibende Kerne von Nominalgruppen treten sie jedoch zumeist mit einem Artikelwort im linken Nominalfeld auf und können im nominalen Mittelfeld Attribute bei sich haben; es handelt sich also um **attributfähige Ausdrücke** (s. Abb. 32).

(4) Sein <u>Nein</u> verärgerte das Publikum.
(5) Sie bestaunte das <u>Blau</u> des Himmels.
(6) Lautes <u>Schreien</u> weckte die Nachbarschaft auf.

linkes Nominalfeld	nominales Mittelfeld	rechtes Nominalfeld	nominales Nachfeld
sein	resolutes	Nein	
das	kräftige, schöne	Blau	des Himmels
	lautes	Schreien	

Abb. 32: Unterschiedliche lexikalische Einheiten als Kerne von Nominalgruppen

<u>Daraus folgt:</u> Da im Deutschen nahezu jede lexikalische Einheit als großzuschreibender Kern einer Nominalgruppe fungieren kann, erscheint die Bindung der Großschreibung an eine bestimmte Wortart überflüssig. Mit der Großschreibung wird nicht eine bestimmte Wortart ausgezeichnet, sondern die syntaktische Funktion, Kern einer Nominalgruppe zu sein. Bredel (2010b: 223) schlägt deshalb vor, „auf das Kriterium Substantivität als großschreibungsrelevante Kategorie völlig [zu] verzichten" und stattdessen von folgendem Kriterium auszugehen: „**Großgeschrieben werden attribuierbare Ausdrücke**" (ebd., [Hervorhebung D. B. & H. D.]). Ist ein Ausdruck im Satzkontext attribuierbar,[32] handelt es sich um einen **erweiterbaren Kern einer Nominalgruppe**, der großgeschrieben wird (vgl. Günther & Gaebert 2015: 101).

Statt einer Wortart rückt nach diesem Vorschlag ein **syntaktisches Kriterium** in den Mittelpunkt, mit dem großzuschreibende Kerne von Nominalgruppen zu ermitteln sind. Die unterstrichenen Beispiele in den Sätzen (4) bis (6) können damit widerspruchsfrei erfasst werden: Es handelt sich um attribuierbare Ausdrücke, nicht aber um Substantive im lexikalischen Sinne.

Wir folgen dem Vorschlag Bredels, verzichten für die Großschreibung fortan auf das Kriterium Substantivität und stellen unter den Hinweisen für den Unterricht das Kriterium **Attribuierbarkeit** in den Mittelpunkt.

---

32 Wie bereits erwähnt, beziehen wir uns hier ausschließlich auf vorangestellte Attribute, die im nominalen Mittelfeld stehen, und lassen Attribute im nominalen Nachfeld außer Acht (vgl. Funke 2017: 111).

Exkurs: Ausnahmeschreibungen und mögliche Zweifelsfälle

Zu den Ausnahmen im Bereich Großschreibung rechnen wir solche Fälle, bei denen das Kriterium Attribuierbarkeit nicht mit der normierten Großschreibung kompatibel ist. Solche Schreibungen sind daher aus unserer Sicht nicht systemkonform und zählen zum Peripheriebereich. Zusätzlich werden nachfolgend auch Fälle angesprochen, die zwar systemkonform sind, jedoch Schreibzweifel hervorrufen können.

Bei Konstruktionen mit Verschmelzungen wie z. B. *am, im, ins* lässt sich die Verbindung aus Präposition und Artikel in der Regel auflösen: *ins Freibad – in das Freibad* (vgl. Fuhrhop 2015a: 48 f.). Solche Fälle sind für die Großschreibung unproblematisch, was sich u. a. an der Attribuierbarkeit zeigt: *in das neue Freibad*. Die Großschreibung dieser Ausdrücke ist somit systemkonform. Anders verhält es sich bei Konstruktionen wie *im Allgemeinen, im Folgenden, im Wesentlichen*. Weder lässt sich die Verschmelzung auflösen noch ist der großzuschreibende Ausdruck attributfähig: * *in dem großen Allgemeinen*; **in dem nächsten Folgenden*; **in dem kurzen Wesentlichen*. Folgt man dem Vorschlag, ausschließlich attribuierbare Ausdrücke großzuschreiben, handelt es sich um Ausnahmeschreibungen. Fehler in diesem Bereich wären demnach als Normfehler, nicht jedoch als Systemfehler anzusehen (s. Kap. 1.1).

Schwierigkeiten ergeben sich auch bei festen Wendungen des Typs *ins Schwarze treffen, im Trüben fischen, auf dem Trockenen sitzen, im Argen liegen*. Solche festen Wendungen sind „nicht mehr frei grammatisch veränderbar" (Eisenberg 2013a: 334), weshalb ihre Fähigkeit, Attribute an sich zu binden, eingeschränkt ist: ?*ins dunkle Schwarze treffen*, ? *im tiefen Trüben fischen* usw. Kleinschreibung wäre also für die genannten Ausdrücke systemnäher.

Schreibzweifel können bei Prädikativen auftreten: Intuitiv schreiben wir lexikalische Substantive wie *Pleite, Schuld, Recht, Unrecht, Angst, Feind* usw. groß. In Satz (7) wird *Pleite* als Kern einer Nominalgruppe verwendet, es tritt mit einem Definitartikel auf und kann neben dem vorhandenen Genitivattribut auch ein vorangestelltes Adjektivattribut bei sich haben: *die große Pleite*. Steht der Ausdruck jedoch zusammen mit einem Kopulaverb an der Prädikativstelle wie in Satz (8), erfolgt Kleinschreibung. Der Ausdruck verliert seine syntaktische Fähigkeit, Artikel und Attribute an sich zu binden – er ist nicht Kern einer nominalen Gruppe.

(7)   Der Insolvenzverwalter verkündete die Pleite des Unternehmens.

(8)   Das Unternehmen ist pleite.

Trotz möglicher Schreibzweifel bei solchen Konstruktionen lassen sich die unterschiedlichen Schreibungen (*Pleite/pleite*) durch das jeweilige syntaktische Verhalten regulär erfassen.

Schwierigkeiten mit der Großschreibung können im Zusammenhang mit Funktionsverbgefügen (FVG) auftreten. Ossner (2010: 197) zählt FVG zu den „Formen von Prädikativen", weil die Bedeutung – ähnlich wie bei Prädikativen – nicht

durch das finite Verb, sondern durch die Präpositionalgruppe ausgedrückt wird. Nach Eisenberg (2013b: 305 ff.) handelt es sich bei den unterstrichenen Konstruktionen in den Sätzen (9) und (10) um prototypische FVG:
(9)   Das Theaterstück kommt zur Aufführung.
(10) Frau Müller setzt sich mit seinen Eltern in Verbindung.
Prototypische FVG bestehen demzufolge aus einem Funktionsverb, das in einer abgewandelten Bedeutung verwendet wird, und einer Präpositionalgruppe. Für die Großschreibung ist nun interessant, dass in solchen Konstruktionen die Verschmelzung, sofern vorhanden, zumeist nicht auflösbar ist und das Kriterium ‚Attribuierbarkeit' kaum greift:
(11) * Das Stück kommt zu der Aufführung.
(12) * Das Stück kommt zur heutigen Aufführung.
(13) * Die Lehrerin setzt sich mit seinen Eltern in schnelle Verbindung.
Auch diese Konstruktionen gehören damit zum Randbereich der Großschreibung. Wortbildungsmorphologisch lässt sich die Großschreibung der in den Präpositionalgruppen enthaltenen Ausdrücke durch das Suffix -ung erkennen. Da deverbale Substantive, also von einem Verb abgeleitete Substantive, als prototypischer Bestandteil von FVG gelten (vgl. Eisenberg 2013b: 307), sind die meisten großzuschreibenden Ausdrücke solcher Konstruktionen durch einen wortbildungsmorphologischen Hinweis markiert.

Hinweise für den Unterricht
Wie zuvor dargelegt, ist die Fähigkeit eines Ausdrucks, flektierte Adjektivattribute annehmen zu können, ein Hinweis darauf, dass ein großzuschreibender Kern einer Nominalgruppe vorliegt. Mit Bredel (2010b) haben wir deshalb ein einheitliches syntaktisches Kriterium ins Zentrum gerückt – „Großgeschrieben werden attribuierbare Ausdrücke" (ebd.: 223) – und haben uns dabei auf adjektivische Attribute im nominalen Mittelfeld konzentriert. Ausnahmen davon (s. Exkurs) bilden einen Randbereich und stehen nicht im Zentrum des Unterrichts. In höheren Klassenstufen, wenn der Kernbereich bereits erarbeitet wurde, können Zweifelsfälle durchaus zum Gegenstand der sprachreflexiven Auseinandersetzung werden.

Wir betrachten nachfolgend ausschließlich den Kernbereich der satzinternen Großschreibung, der eine der Hauptfehlerquellen in Texten von Schüler/innen darstellt, wie bereits Menzel (1985) belegen konnte. Betzel (2015a) wies in einer Längsschnittstudie (Klassen 5 bis 7) nach, dass Konkreta von nahezu allen untersuchten Lernenden korrekt großgeschrieben werden, wohingegen Abstrakta und Substantivierungen insbesondere bei leistungsschwächeren Kindern konstant fehleranfällig bleiben. Solche Erwerbsschwierigkeiten führen Röber-Siekmeyer (1999) und Bredel (2010b) auf eine Didaktik zurück, die die

Großschreibung an die lexikalische Kategorie Substantiv bindet und Substantive vorwiegend auf wortsemantische Eigenschaften beschränkt, sodass syntaktische Kriterien zugunsten lexikalischer ausgeblendet werden. Ihre Kritik richtet sich somit gegen ein einseitig lexikalisches Substantivkonzept. Folgt man dieser Kritik, lassen sich die zuvor genannten Schwierigkeiten nachvollziehen. Zwar spielt auch die Artikelprobe in der schulischen Vermittlung der Großschreibung eine entscheidende Rolle (vgl. Gaebert & Günther 2015: 453; vgl. Betzel 2015a: 35 ff.), häufig jedoch nicht als syntaktisch fundierte Strategie, sondern als eine vom Kontext isolierte, die insbesondere dann zu Unsicherheiten und Fehleinschätzungen aufseiten der Lernenden führt, wenn Artikelwörter als Signalwörter missverstanden werden (vgl. Betzel 2015b: 157 ff.).

Nachfolgend werden in Anlehnung an Röber-Siekmeyer (1999) und Funke (1995, 2017) Vorschläge für einen syntaxbasierten Ansatz zur Vermittlung der satzinternen Großschreibung skizziert. Im Zentrum dieser Vorschläge steht jeweils die Attribuierbarkeit nominaler Kerne.

Röber-Siekmeyer (1999) bezieht sich mit ihrer didaktischen Konzeption für die Grundschule auf die Arbeit von Maas (1992), wonach der erweiterbare Kern einer Nominalgruppe großgeschrieben wird. Zur Ermittlung eines nominalen Kerns schlägt sie die **Umstell- und Erweiterungsprobe** (Attribuierungsprobe) vor. Abbildung 33 zeigt, dass die Umstellprobe zur Ermittlung von Nominalgruppen (bzw. Präpositionalgruppen) im Satz dient. Mit der Erweiterungsprobe wird anschließend überprüft, ob ein großzuschreibender Kern vorliegt, der durch die eingefüllten Adjektivattribute dann nach rechts ‚geschoben' wird und am rechten Rand der Nominalgruppe bleibt[33].

Ausgangssatz:	die anne klettert auf die tanne.
Umstellprobe:	auf die tanne klettert die anne.
Erweiterungsprobe:	auf die *grüne, große* tanne klettert die *kleine, süße* anne.
Ergebnis:	Die **A**nne klettert auf die **T**anne.

Abb. 33: Syntaxbezogener Ansatz der Großschreibung nach Röber-Siekmeyer (1999)

Den Ausgangspunkt für die Arbeit mit Grundschulkindern bilden sogenannte Treppengedichte. Hierbei werden die jeweiligen Nominalgruppen eines Satzes untereinandergeschrieben. Das Verb steht als ‚Achse' des Satzes in der Mitte. Anschließend erhalten die Kinder die Aufgabe, Erweiterungswörter zu finden,

---
33 Dass der Kern der Nominalgruppe stets am Ende der Nominalgruppe steht, ist eine Vereinfachung, die bspw. nicht auf Nominalgruppen mit einem besetzten nominalen Nachfeld zutrifft: z. B. *der Hund des Mannes*.

sodass eine Treppe wie in Abbildung 34 entsteht. Für Lernende wird so ersichtlich, dass das großzuschreibende Wort, der nominale Kern, am Ende der Nominalgruppe steht.

> Der Löwe
> Der kleine Löwe
> Der kleine, süße Löwe
> Der kleine, süße, schnelle Löwe
>
> spielt
>
> mit einer Möwe
> mit einer kleinen Möwe
> mit einer kleinen, weißen Möwe
> mit einer kleinen, weißen, frechen Möwe.

Abb. 34: Treppengedichte (vgl. Röber 2010: 22)

Aus der Arbeit mit den Treppengedichten entwickeln Kinder ihre eigene Terminologie. Beispielsweise werden großzuschreibende Wörter als „Stufenwörter", Adjektivattribute als „Einfüll-Wörter" und Nominalgruppen als „Abteilung" bezeichnet (ebd.: 126). Die Bezeichnung „Substantiv" oder „Nomen" wird bewusst vermieden, um die Großschreibung nicht an eine bestimmte Wortart zu binden. Durch die Arbeit mit Treppengedichten stellen Lernende Beobachtungen an und entdecken grundlegende Muster, sodass sie ihre eigene Regel zur Großschreibung formulieren, z. B.: „Stufenwörter schreibt man groß und vor Stufenwörtern sind Einfüllwörter, die am Ende gleich aussehen" (Röber 2010: 23).

Mit dem Hinweis auf das gleiche Aussehen der Einfüllwörter am Ende sind Flexionssuffixe gemeint. Damit nur flektierte Adjektivattribute als „Einfüll-Wörter" zur Anwendung kommen, werden die Kinder auf Flexionssuffixe aufmerksam gemacht, z. B. *-e* und *-en*: *der kleine Löwe, mit einer kleinen Möwe*. Funke weist darauf hin, dass zahlreiche Adjektive bereits in unflektierter Form auf *-e, -en* oder *-er* enden, z. B. *leise, locker, zufrieden* (vgl. Funke 2017: 103). Um Missverständnisse zu vermeiden, ist es deshalb sinnvoll, nicht nur auf Flexionsendungen hinzuweisen, sondern Flexion im Zusammenhang mit der Großschreibung zu thematisieren (vgl. Noack 2015a: 589).

Mittlerweile liegen neben dem Vorschlag von Röber-Siekmeyer (1999) weitere Unterrichtsvorschläge und -materialien vor, u. a. von Günther & Nünke (2005), Röber (2010), Betzel (2012), Noack (2015a) und Rautenberg et al. (2016). Kritisiert wurde an diesem Ansatz, dass er zumindest für Grundschulkinder zu anspruchsvoll sei (vgl. Bremerich-Vos 1999: 25; vgl. Naumann 2006: 68 ff.), ebenso stehe der empirische Beweis seiner Überlegenheit noch aus (vgl.

Bremerich-Vos 2012: 185). Mittlerweile konnten Wahl et al. (2017) in einer experimentellen Interventionsstudie zeigen, dass der syntaxbasierte Ansatz bei entsprechender Schulung der Lehrkräfte in der zweiten Klasse umsetzbar ist (vgl. Wahl et al. 2017: 47). Überdies konnte nachgewiesen werden, dass Kinder, die nach dem syntaxbasierten Ansatz unterrichtet wurden, in keinem Bereich schlechter abschnitten als Kinder, die nach dem wortartbasierten Ansatz unterrichtet wurden, vielmehr konnten bei substantivierten Verben bessere Ergebnisse erzielt werden.

Eine andere Variante des syntaxbasierten Ansatzes zur satzinternen Großschreibung stammt von Funke (1995). Die Attribuierbarkeit großzuschreibender Ausdrücke steht auch hier im Zentrum. Das Ziel besteht darin, Lernenden ein Kriterium an die Hand zu geben, „das die mit dem Kontext gegebene syntaktische Wortinformation zugänglich" macht (Funke 1995: 58). Gearbeitet wird mit den Testwörtern *schön* und *groß*, die zur Erprobung vor bestimmte Wörter gesetzt werden sollen (s. Abb. 35). Flektiert das Testwort, handelt es sich um einen großzuschreibenden Ausdruck (z. B. *während der schönen Mittagspause*), flektiert es nicht, liegt kein großzuschreibender Ausdruck vor (z. B. *Das Gerät brummt schön laut.*). Diese Erkenntnis kann in folgende Regel gefasst werden: „Ein Testwort verändert sich nur dann, wenn es zu einem Nomen hinzugesetzt wird" (Funke 1995: 59). Im Unterricht ist darauf zu achten, dass Lernenden stets klar ist, worauf sich das Testwort bezieht, da sonst insbesondere vor Ausdrücken, die bereits ein attributives Adjektiv mit sich führen, Fehler auftreten können.

Ralf hat gestern während der MITTAGSPAUSE geträumt. Eine helle Lampe leuchtet Ralf ins Gesicht. Der Zahnarzt kommt mit einem BOHRER. Das Gerät brummt LAUT. Ralf bekommt ANGST. Er will SCHREIEN, aber es gelingt ihm nicht, den Mund zu öffnen.

Setze zu den groß gedruckten Wörtern ein passendes der beiden Testwörter schön und groß hinzu. […] Kannst du feststellen, wie das Testwort Nomen anzeigt?

Abb. 35: Arbeitsmaterial für Schüler/innen zur Erprobung der Testwörter (Funke 1995: 60)

Zum syntaxbasierten Ansatz zählt sowohl Funkes (1995) als auch Röber-Siekmeyers (1999) Vorschlag. Auch wenn beide Ansätze die Attribuierbarkeit ins Zentrum rücken, handelt es sich um unterschiedliche Varianten eines Ansatzes. Ohne einer Variante den Vorzug zu geben, stellt Funke die Unterschiede prägnant heraus (vgl. Funke 2017: 102 ff.). Der Hauptunterschied liege darin, dass in Funkes Ansatz die Flexion des Adjektivs den Dreh- und Angelpunkt darstelle, während in Röber-Siekmeyers Ansatz Flexion im eigentlichen Sinn nicht vorkomme; die Kinder werden lediglich auf Flexionssuffixe hingewiesen (vgl. Funke 2017: 103). Ein weiterer Unterschied sei darin zu sehen, dass durch die Treppengedichte großzuschreibende Wörter im Satz systematisch in den Blick genommen werden, wohingegen die Testwörter in Funkes Vorschlag gezielt auf einzelne Wörter im Kontext Anwendung finden. Funke vergleicht den Einsatz der Testwörter in seinem Verfahren mit Indikatorstreifen in der Chemie, die bei Verfärbung auf etwas Vorliegendes (= großzuschreibender Ausdruck) hinweisen (vgl. Funke 1995: 59).

■ Übungen

1. Erläutern Sie anhand semantischer, morphologischer und syntaktischer Kriterien der Substantivbestimmung, weshalb es sich bei *Ball* in Zeile 5 des Einleitungstextes um ein prototypisches Substantiv handelt.
2. Tragen Sie die Wortgruppe *auf den Holzzaun* aus Zeile 10 des Einleitungstextes in das Modell der Nominal- bzw. Präpositionalgruppe ein (s. Abb. 29 bzw. Abb. 30). Nehmen Sie anschließend eine passende attributive Erweiterung im nominalen Mittelfeld und eine im nominalen Nachfeld vor.
3. Konstruieren Sie Kontexte, in denen die Wörter *spielen, ich, aus* großgeschrieben werden. Verdeutlichen Sie anhand des Kriteriums ,Attribuierbarkeit', dass es sich um großzuschreibende Kerne von Nominalgruppen handelt.
4. Diskutieren Sie am Beispiel der Nominalgruppe *ein spannender Tag* (Text, Z. 12) mögliche Schwierigkeiten von Lernenden, wenn Sie mit der von Funke (1995) vorgeschlagenen Strategie (Testwörter) arbeiten. Wie könnte man solchen Schwierigkeiten begegnen?
5. Diskutieren Sie Schwierigkeiten, wenn das Kriterium ,Attribuierbarkeit' auf die unterstrichenen Ausdrücke angewendet wird:
   a) *Ihr Argument kommt nicht zur Geltung.*
   b) *Im Folgenden behandeln wir die Großschreibung.*

Weiterführende Literatur

- **Betzel, D.** (2015a) *stellt Ergebnisse einer Längsschnittstudie zur satzinternen Großschreibung mit Schülerinnen und Schülern aus den Klassenstufen 5 bis 7 dar.*
- **Bredel, U.** (2010b) *diskutiert verschiedene Kriterien zur Bestimmung großzuschreibender Ausdrücke und beleuchtet anschließend erwerbsbezogene Fragen.*
- **Wahl, S., Rautenberg, I. & Helms, S.** (2017) *berichten über Ergebnisse einer experimentellen Interventionsstudie zur syntaxbezogenen Großschreibung mit Grundschulkindern.*

2.4.3 Getrennt- und Zusammenschreibung

Grundsätzlich geht es bei der Getrennt- und Zusammenschreibung (GZS) um die Frage, ob zwei oder mehr wortfähige Stämme ein Wort bilden oder ob es sich dabei um mehrere Wörter handelt. „Was ein Wort ist, wird zusammengeschrieben. Mehrere Wörter (Syntagmen) werden getrennt geschrieben" (Fuhrhop 2007: 181). Greift man erneut das Wort *Fußball* aus dem einleitenden Schülertext auf, dann sind sowohl *Fuß* als auch *Ball* wortfähige Stämme, die im Text ein Kompositum (*Fußball*) bilden (**morphologischer Aspekt**). Wie einleitend bereits verdeutlicht wurde, wäre jedoch auch ein syntaktischer Kontext möglich, in dem die Substantivstämme als zwei getrennte Wörter zu analysieren sind: *Er spielt mit gebrochenem Fuß Ball* (**syntaktischer Aspekt**). Daran ist zu erkennen, dass die Getrennt- und Zusammenschreibung sowohl einen Bezug zur Morphologie als auch zur Syntax aufweist: „Die Morphologie gibt die Möglichkeiten vor, die Syntax wählt aus den Möglichkeiten aus" (Eisenberg 2013a: 317). Fuhrhop (2010) erfasst die morphologische und syntaktische Seite der GZS anhand von zwei Prinzipien:

> **Das Wortbildungsprinzip**: ‚Verbindungen' aus zwei oder mehr Stämmen werden zusammengeschrieben, wenn sie aufgrund einer Wortbildung miteinander verbunden sind.
>
> **Das Relationsprinzip**: Einheiten, die syntaktisch analysierbar sind, das heißt insbesondere, die in syntaktischer Relation zu anderen Einheiten in einem Satz stehen, sind syntaktisch selbständige Wörter. Sie werden getrennt geschrieben. (Fuhrhop 2010: 237)

Das oben erwähnte Beispiel (*Fußball* vs. *Fuß Ball*) zeigt, dass immer beide Prinzipien wirken. Es geht also stets um die Fragen, (a) ob es sich prinzipiell um ein Wortbildungsprodukt handeln kann (Wortbildungsprinzip) und (b) ob es im gegebenen syntaktischen Kontext auch tatsächlich als komplexes Wort zu analysieren ist (Relationsprinzip). Greifen beide Prinzipien und geben sie eindeutig darüber Auskunft, ob es sich um ein Wort oder mehrere Wörter handelt, geht es um den **Kernbereich**. Der **Peripheriebereich** ist dadurch gekennzeichnet, „dass keines der Prinzipien positiv greift, weder Zusammenschreibung noch Getrenntschreibung wird positiv festgelegt" (Fuhrhop 2010: 252). Wir folgen in unserer Darstellung Fuhrhops (2007, 2015a) Unterteilung in Kern und Peripherie und veranschaulichen zunächst an einigen Beispielen des Kernbereichs, wie beide Prinzipien wirken.

Kernbereich

Eindeutig zum Kernbereich zählen **Substantiv-Substantiv-Verbindungen**. Da es sich hierbei um einen äußerst produktiven Wortbildungstyp des Deutschen handelt, können neben dem bereits erwähnten Beispiel (*Fußball*) unzählige Kontexte konstruiert werden, in denen Substantivstämme entweder ein Kompositum bilden oder Bestandteile von Wortgruppen sind. Die Anwendung beider Prinzipien erfolgt stets in zwei Schritten: Zunächst wird geklärt, ob ein Wortbildungsprodukt prinzipiell vorliegen kann (Wortbildungsprinzip); am gegebenen Kontext wird dann überprüft, ob syntaktisch auch tatsächlich ein Wort vorliegt (Relationsprinzip). So ist die Wortform *Feldhasen* ein mögliches Kompositum im Plural, das in Satz (1) als komplexes Wort die syntaktische Funktion des Objekts einnimmt (s. Tab. 8). In Satz (2) nimmt nur *Hasen* diese Funktion ein, während *Feld* Teil der Präpositionalgruppe ist, als Adverbial fungiert und somit keine Zusammensetzung mit *Hasen* bilden kann. Die Syntax entscheidet also darüber, ob eine Analyse als komplexes Wort möglich ist oder nicht.

	Subjekt	Prädikat	Objekt	
(1)	*Er*	*beobachtet*	*Feldhasen*	
	Subjekt	Prädikat	Adverbial	Objekt
(2)	*Er*	*beobachtet*	*auf dem Feld*	*Hasen*

Tab. 8: Substantiv-Substantiv-Verbindungen

Neben den genannten Fällen diskutiert Fuhrhop (2015a: 57) Komposita mit Fugenelementen. Enthält ein Substantivkompositum ein unparadigmisches[34] Fugenelement, bspw. wie in *Versicherungsvertreter*, ist Getrenntschreibung nicht möglich, weil **Versicherungs* keine mögliche Wortform des Deutschen ist. Anders verhält es sich bei Zusammensetzungen mit paradigmischem Fugenelement wie bei *Kindeswohl*. *Kindes* ist eine mögliche Wortform und kann außer als Teil eines Kompositums (das *Kindeswohl*) als vorangestelltes Genitivattribut auftreten (*des Kindes Wohl*). Der Artikel zeigt in diesem Beispiel eindeutig an, ob Zusammen- oder Getrenntschreibung vorliegt. Ist dies nicht der Fall („*der Städtetag – der Städte Tag*"), sind beide Konstruktionen möglich (ebd.).

Verb-Substantiv-Verbindungen wie *Hüpfball* oder *Laufschuh* verursachen in Bezug auf die GZS normalerweise keine Probleme, weil Verbstämme syntaktisch in der Regel nicht selbstständig auftreten. Enthält ein Kompositum ein Fugenelement wie im Wort *Tragetaschen*, sodass Formgleichheit mit einer Verbform (z. B. *ich trage*) besteht, sorgt wiederum der Kontext für Klarheit. In Satz (4) fungiert das komplexe Wort *Tragetaschen* als Objekt, in Satz (3) ist hingegen nur die Wortform *Taschen* als Objekt zu analysieren. Zusammenschreibung ist in Satz (3) somit ausgeschlossen, weil eine syntaktische Relation zwischen Prädikat (*trage*) und Objekt (*Taschen*) besteht. Beide Einheiten sind also syntaktisch analysierbar. So trivial dieses Beispiel erscheinen mag, so verdeutlicht es doch grundlegend, „dass immer beide Prinzipien wirken" (Fuhrhop 2007: 167).

---

34 Unparadigmisch bedeutet, dass keine Form *Versicherungs* im Flexionsparadigma des Lexems *Versicherung* existiert.

	Subjekt	Prädikat	Objekt
(3)	Ich	trage	Taschen
(4)	Ich	kaufe	Tragetaschen

Tab. 9: Verb-Substantiv-Verbindungen

Zum Kernbereich zählen auch **Adjektiv-Substantiv-Verbindungen** wie *Neubeginn* oder *Falschgeld*, weil ein vorangestelltes Adjektiv bei Getrenntschreibung normalerweise flektiert (*neue̱r Beginn, falsche̱s Geld*). Allerdings können aus bestimmten Komposita wie z. B. *Leichtgewicht* Fälle konstruiert werden, bei denen das getrenntgeschriebene Adjektiv unflektiert vor dem Substantiv steht: „[S]*ie verliert leicht Gewicht*" (Fuhrhop 2015c: 116). Problematisch ist dies nicht, da es sich um eine andere syntaktische Struktur handelt, die eine Interpretation als Kompositum verhindert (Relationsprinzip).

Gleichermaßen zum Kernbereich gehören bestimmte Adjektivkomposita. Während **Substantiv-Adjektiv-Verbindungen** wie *bildschön* entweder Komposita bilden (*Er ist bildschön*) oder sich die Getrenntschreibung aus dem syntaktischen Kontext ergibt (*Sie malt das Bild schön*), gehören bestimmte **Adjektiv-Adjektiv-Verbindungen** wie *vollschlank* vs. *voll schlank* zum Peripheriebereich, weil sich ihre Getrennt- oder Zusammenschreibung nicht aus der Syntax erschließt, sondern aus dem Bedeutungszusammenhang.

Die genannten Beispiele demonstrieren das Zusammenwirken des Wortbildungs- und Relationsprinzips. Die Eindeutigkeit dieser Fälle und die Tatsache, dass sie kaum Fehler in der Schreibung hervorrufen, sind geradezu ein Beleg für die Logik des Kernbereichs und das implizite grammatische Können bereits junger Schreiber/innen. Genau darin liegt das Potential solcher zunächst trivial erscheinenden Beispiele: Die Wirkung der Prinzipien und das System der Getrennt- und Zusammenschreibung lassen sich an intuitiv beherrschten Schreibungen des Kernbereichs nachvollziehen. Dieses Verständnis bildet die Grundlage, um Schreibungen des Peripheriebereichs als systembedingte Zweifelsfälle erfassen zu können.

Peripheriebereich
Im Gegensatz zum Kernbereich handelt es sich im Peripheriebereich zumeist nicht um typische Wortbildungsprozesse wie die Komposition, sondern vorwiegend um untypische, weniger produktive Prozesse wie Rückbildung oder Univerbierung, die die klassische Wortbildungslehre nicht kennt (vgl. Ossner 2010: 143). Wie noch zu zeigen sein wird, greift hier weder das Wortbildungs- noch das Relationsprinzip eindeutig, sodass es zu systembedingten Zweifelsfällen kommt. Nachfolgend geht es nicht um eine vollständige Darstellung des Peripheriebereichs (hierzu ausführlich: Fuhrhop 2007), sondern darum, exem-

plarisch aufzuzeigen, weshalb bestimmte Schreibungen systembedingt Zweifel hervorrufen können und warum Variantenschreibungen mitunter sinnvoll erscheinen.

Zu den eher schwierigen Fällen der Getrennt- und Zusammenschreibung gehören insgesamt Verbindungen mit verbalem Zweitglied; in besonderer Weise gilt dies für **Substantiv-Verb-Verbindungen**. Handelt es sich um syntaktisch untrennbare Verbindungen wie *handhaben* (*ich habe hand), tritt in der Schreibung kein Problem auf. Zu dieser Gruppe gehören „*brandmarken, handhaben, lobpreisen, lustwandeln, maßregeln, nachtwandeln, sandstrahlen, schlussfolgern, wetteifern*" (Eisenberg 2013a: 324). Potentielle Schreibunsicherheiten treten also nur bei trennbaren Verbindungen auf und können dann sowohl die Getrennt- und Zusammenschreibung als auch die Groß- und Kleinschreibung betreffen:

(5) *radfahren* vs. *Rad fahren*; *ich fahre rad/Rad*
(6) *eislaufen* vs. *Eis laufen*; *ich laufe eis/Eis*

Bei den unterstrichenen Formen in (5/6) handelt es sich um die amtlich zugelassene Schreibung. Zu überprüfen ist nun, ob die unterschiedlichen Schreibungen mit dem Wortbildungs- und Relationsprinzip eindeutig erfasst werden können.

Unabhängig von der normierten Schreibung ist zunächst zu klären, ob Verbindungen dieses Typs auf einen Wortbildungsprozess zurückzuführen sind. Nach Fuhrhop (2007: 20) können (potentiell) komplexe Verbstämme wie *radfahren* oder *eislaufen* zu den **Rückbildungen** gerechnet werden. Abbildung 36 verdeutlicht diesen Prozess: Aus dem Verbstamm *-fahr-* entsteht das Substantiv *Fahrer*, das regulär ein Kompositum mit dem Substantivstamm *Rad* bilden kann. Solche „Komposita können nun ‚rückgebildet' werden, das heißt das Suffix wird rückinterpretiert", sodass der komplexe Verbstamm *radfahren* entsteht (ebd.). Komposition als typisches Wortbildungsverfahren findet demnach auf nominaler Ebene statt, auf verbaler Ebene handelt es sich um den für das Deutsche untypischen und weniger produktiven Prozess der Rückbildung.

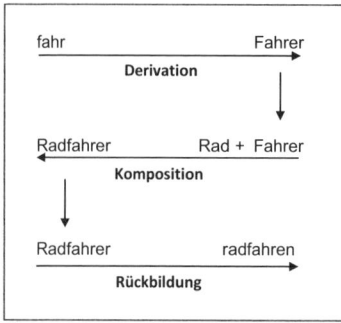

Abb. 36: Rückbildung

Nun kann man bei einer ganzen Reihe ähnlicher Verbindungen annehmen, dass es sich dabei um Rückbildungen handelt: *autofahren* (aus: *Autofahrer*), *eisessen* (aus: *Eisesser*), *brustschwimmen* (aus: *Brustschwimmer*), *eislaufen* (aus: *Eislauf*), *kopfstehen* (aus: *Kopfstand*) usw. Nach dem Wortbildungsprinzip wäre also Zusammenschreibung bei allen Formen grundsätzlich möglich. Gemäß ARW ist jedoch einerseits *Auto fahren/Rad fahren* und *Eis essen* zu schreiben, andererseits *eislaufen* (*sie läuft eis*), *kopfstehen* (*sie steht kopf*) und im Falle von *brustschwimmen* ist eine Variantenschreibung zulässig. Nachfolgend ist also zu überprüfen, ob sich mit dem Relationsprinzip die unterschiedlichen Schreibungen herleiten lassen. Getrennt- und Großschreibung wären dann nachvollziehbar, wenn sich der substantivische Bestandteil syntaktisch wie ein selbstständiges Substantiv in Funktion eines Objekts verhält (vgl. Fuhrhop 2007: 33). Eisenberg (2013a: 324 f.) zieht in Analogie zu *eislaufen* das Syntagma *Eis essen* als Kontrollkonstruktion heran. Dass es sich in (7) um ein selbstständiges Substantiv in Objektfunktion handelt, lässt sich an der Artikelfähigkeit (7a), der Attributfähigkeit (7b/c) und der k-Verneinung (Verneinung mit *kein*) im Gegensatz zur n-Verneinung (Verneinung mit *nicht*) (7d/e) erkennen (vgl. Ossner 2010: 149).

(7) a) *Ich esse <u>das</u>/<u>ein</u> Eis.* b) *Ich esse <u>ein</u> <u>leckeres</u> Eis.*
c) *Ich esse <u>leckeres</u> Eis.* d) *Ich esse <u>kein</u> Eis.*
e) * *Ich esse <u>nicht</u> Eis.*

Legt man die amtlich zugelassene Schreibung zugrunde, müsste sich dann *Rad* in *Rad fahren* gemäß (7) wie ein selbstständiges Substantiv in Objektfunktion verhalten, nicht hingegen *eis* in der Konstruktion *eislaufen*.

(8) a) **Ich laufe <u>das</u>/<u>ein</u> eis.* b) **Ich laufe <u>ein</u> <u>glattes</u> eis.*
c) **Ich laufe <u>glattes</u> eis.* d) (?) *Ich laufe <u>kein</u> eis.*
e) *Ich laufe <u>nicht</u> eis.*
(9) a) *Ich fahre <u>das</u>/?<u>ein</u> Rad.* b) *Ich fahre <u>ein</u> <u>gelbes</u> Rad.*
c) **Ich fahre <u>gelbes</u> Rad.* d) *Ich fahre <u>kein</u> Rad.*
e) *Ich fahre <u>nicht</u> Rad.*

Beispiel (8) zeigt, dass *eis* syntaktisch nicht wie das Objekt *Eis* in Beispiel (7) zu analysieren ist und eher Eigenschaften einer Verbpartikel hat. Die Einheit *eis* hat also in (8) einen ungeklärten syntaktischen Status, sodass das Relationsprinzip nicht positiv greift; die Zusammenschreibung (*eislaufen*) ist jedoch nach dem Wortbildungsprinzip naheliegend, da Rückbildung angenommen werden kann. In diese Kategorie fallen weitere Substantiv-Verb-Verbindungen wie *kopfstehen, nottun, stattfinden, teilhaben* usw. (vgl. Eisenberg 2017: 76).

An Beispiel (9) ist zu erkennen, dass die Artikel- (9a) und Attributfähigkeit (9c) von *Rad* nicht vollständig gegeben ist. Zwar ist die Konstruktion *er fährt ein gelbes Rad* grammatisch möglich, allerdings bedeutet dies etwas anderes als die Konstruktion *er fährt Rad*, in der das Substantiv nicht ein bestimmtes Rad meint, sondern generisch gebraucht wird. Somit verhält sich *Rad fahren* auf der einen Seite nicht wie ein direktes Objekt[35] (7), auf der anderen Seite auch nicht wie eine Verbpartikel (8). Die geltende Schreibkonvention (*Rad fahren*) lässt sich zwar im Vergleich zu *eislaufen* oder *kopfstehen* durchaus nachvollziehen, eine Variantenschreibung, wie sie das ARW unter anderem für *brustschwimmen/Brust schwimmen, danksagen/Dank sagen, maßhalten/Maß halten* vorsieht, wäre vor diesem Hintergrund jedoch systemnäher.

Welche Schlussfolgerungen können aus diesem Beispiel gezogen werden? Erstens zeigt sich am Beispiel *Rad fahren*, dass beide Prinzipien im Peripheriebereich nicht eindeutig greifen, weil einerseits Rückbildungen keine prototypischen Wortbildungsprozesse des Deutschen sind und andererseits auch keine prototypische Verb-Objekt-Relation vorliegt (vgl. Fuhrhop 2010: 251). Daran kann man zweitens erkennen, dass Verbindungen des Peripheriebereichs mitunter nicht eindeutig zu regeln sind und deshalb als Variantenschreibungen zugelassen sein sollten. Im Vorgriff auf didaktische Überlegungen sollte – drittens – klargeworden sein, dass an Fällen wie *Auto fahren, Rad fahren, Radio hören, Klavier spielen*, die nach amtlicher Regelung nur Getrenntschreibung zulassen, das System der Getrennt-/Zusammenschreibung nicht verstanden werden kann. Dies gilt auch für andere Verbindungen mit verbalem Zweitglied. So zählen Adjektiv-Verb-Verbindungen wie *leer trinken/leertrinken* und Verb-Verb-Verbindungen des Typs *sitzen bleiben/sitzenbleiben* ebenfalls zum Peripheriebereich (vgl. Fuhrhop 2015a).

Betrachten wir als weiteres Beispiel aus dem Peripheriebereich Verbindungen aus **Substantiv und Partizip I**. Partizipien haben einen Zwitterstatus: Einerseits können sie wie Adjektive in attributiver Funktion auftreten und wie diese flektieren, andererseits nehmen sie wie Verben Ergänzungen: *der <u>dem Studenten ein Buch</u> gebende Dozent*. Durch die Nähe zu den Adjektiven können sie (Rektions-)Komposita bilden (*kraftstrotzend*), indem die „Zweitglieder [...] eine vom zugrundeliegenden Verb regierte Ergänzung in ihr Erstglied" ziehen (Fuhrhop 2007: 137). Durch die Nähe zu den Verben können sie als Syntagmen verbale Ergänzungen nehmen (*vor Kraft strotzend*). Vor diesem Hintergrund lässt sich an den Beispielen (10) und (11) erkennen, dass Partizipien „sowohl komplexe Wörter als auch komplexe Adjektivgruppen bzw. Partizipialgruppen" bilden (Fuhrhop & Isele 2006: 168).

(10) a) *Das freudestrahlende Kind...*   vs.   b) *Das vor Freude strahlende Kind...*

(11) a) *Die entzündungshemmende Salbe...*   vs.   b) *Die die Entzündung hemmende Salbe...*

---

35 Im Unterschied zu direkten Objekten werden Konstruktionen dieses Typs u. a. als „freie Akkusative" bezeichnet (Eisenberg 2013a: 325).

Die Gegenüberstellungen in (10/11) sind eindeutig zu unterscheiden. Das Syntagma in (10b) muss eine Präpositionalgruppe enthalten (*das Freude strahlende Kind*) und in (11a) lässt sich bereits am unparadigmischen Fugen-*s* erkennen, dass es sich um ein Wort handelt, da **Entzündungs* keine Wortform des Deutschen sein kann. In (11b) ist die Selbstständigkeit des Substantivs durch den obligatorischen Artikel gekennzeichnet (vgl. Fuhrhop 2015a: 77). Diese Fälle sind somit unproblematisch.

Doppeldeutige Formen können insbesondere bei Stoffsubstantiven (z. B. *Holz*) entstehen, die ohne Artikel als direktes Objekt zum entsprechenden Verb auftreten können und formgleich zum substantivischen Erstglied einer Substantiv-Partizip I-Verbindung sind:

(12) a) *Die Holz verarbeitende Industrie …* vs. b) *Die holzverarbeitende Industrie …*

Sowohl eine Analyse als Kompositum (*holzverarbeitend*) als auch eine Analyse als Syntagma (*Holz verarbeitend*) ist mit dem Wortbildungs- und dem Relationsprinzip vereinbar. Die Fälle sind somit doppeldeutig. Einschränkungen entstehen dann, wenn in (12) *Holz* erweitert wird: *Die edles Holz verarbeitende Industrie*. Da Kompositionserstglieder nicht erweiterbar sind, ist in diesem Fall nur Getrenntschreibung möglich. Abgesehen von diesen kontextbezogenen Einschränkungen ist die seit 2006 wieder zugelassene Möglichkeit einer Variantenschreibung für Verbindungen wie *Holz verarbeitend/holzverarbeitend*, *Bier trinkend/biertrinkend* usw. somit systemkonform. Zum Peripheriebereich können die genannten Verbindungen deshalb gezählt werden, weil die Prinzipien beide Varianten zulassen und nicht – wie im Kernbereich – aus ihrer Anwendung eine Schreibweise eindeutig hervorgeht.

Variantenschreibungen können auch ein Indiz dafür sein, dass das Schriftsystem Wandlungsprozessen unterworfen ist. Als typisches Beispiel hierfür kann **Univerbierung** gelten, verstanden als Prozess, bei dem ursprünglich benachbarte Wortformen zusammenwachsen. Diesen Prozess kann man u. a. für die Entstehung **komplexer Präpositionen** wie *anstatt* annehmen. Mit Eisenberg (2013a) lässt sich der Vorgang derart beschreiben, dass ein zunächst vorangestellter Genitiv (13a) nachgestellt wird, sodass *an* und *Statt* nebeneinander auftreten wie in (13b). Im weiteren Verlauf entsteht durch Zusammenwachsen (Univerbierung) der benachbarten Einheiten die komplexe Präposition *anstatt* mit obligatorischer Kasusrektion: *anstatt* → Genitiv.

(13) (a) *an* deines Vaters *Statt*, (b) *an Statt* deines Vaters, (c) *anstatt* deines Vaters

Die Präposition *anstatt* gilt wie z. B. auch *anhand*, *infolge*, *inmitten*, *zufolge* und *zuliebe* als vollständig grammatikalisiert. Das bedeutet, hier sieht die geltende Rechtschreibregelung ausschließlich Zusammenschreibung vor. Für andere Formen ist eine Variantenschreibung zulässig, z. B. *anstelle/an Stelle, aufgrund/ auf Grund, mithilfe/mit Hilfe, zulasten/zu Lasten*. Die Gründe, weshalb manche Präpositionen im Vergleich zu anderen als vollständig grammatikalisiert gelten, sind Eisenberg zufolge nicht immer transparent und mitunter kaum zu klären. Die Anwendung der Prinzipien führt also auch hier nicht zu eindeutigen Ergebnissen, sodass auch diese Fälle zum Peripheriebereich gerechnet werden. Wichtig dabei ist die Einsicht, dass es sich um Wandlungsprozesse des Schriftsystems und somit um systemimmanente Zweifelsfälle handelt.

Insgesamt sollte anhand der wenigen Beispiele deutlich geworden sein, dass Schreibungen des Peripheriebereichs nicht eindeutig zu regeln sind, weil das Wortbildungs- und Relationsprinzip entweder nicht oder nicht eindeutig greift. Diese Erkenntnis ist für die Gestaltung des Unterrichts von Bedeutung.

Hinweise für den Unterricht
In der Grundschule wird die Getrennt-/Zusammenschreibung (GZS) normalerweise nicht oder nur indirekt im Zusammenhang mit (Substantiv-)Komposita behandelt (vgl. Mesch 2015: 280). Eine explizite Thematisierung findet zumeist erst in Klasse 7 oder 8 statt, und zwar vorwiegend anhand von Zweifelsfällen. Das in Lehrwerken verwendete Sprachmaterial zur GZS bezeichnet Fuhrhop (2010: 253) deshalb „als Sammelsurium der Problemfälle", das für einen Einstieg in die Thematik ungeeignet sei. Die Gründe für dieses Vorgehen könnten darin liegen, dass der Kernbereich kaum fehleranfällig ist und daher als trivial angesehen wird, wohingegen der Peripheriebereich und die damit einhergehenden Schreibunsicherheiten erst als ‚lohnenswerter' Unterrichtsgegenstand erscheinen. Dieses Vorgehen ist jedoch problematisch, weil Lernenden das System der GZS dann undurchschaubar vorkommen muss und die zur Beurteilung von Zweifelsfällen notwendigen grammatischen Kriterien unvermittelt zur Anwendung kommen. Zweifelsfälle wie *Rad fahren/radfahren* sollten erst dann für eine sprachreflexive Auseinandersetzung herangezogen werden, wenn zuvor die morphologischen und syntaktischen Bezüge der GZS an eindeutigen Beispielen des Kernbereichs erarbeitet wurden, sodass Lernende über die notwendigen Grundlagen verfügen.

Die Thematisierung der GZS beginnt also idealiter mit Beispielen aus dem **Kernbereich** und damit deutlich früher als in der 7./8. Klasse. Sobald grundlegende Wortbildungsmuster und syntaktische Strukturen behandelt wurden, kann die GZS, die ja beim Schreiben bereits intuitiv beherrscht wird, auch explizit zum Unterrichtsthema werden. In der Regel ist dies ab der dritten Klasse der Fall. Komposita mit substantivischem Zweitglied können dann als Ausgangspunkt dienen, um mithilfe geeigneter Proben wie der Umstellprobe (s. Abb. 37) die morphologische und syntaktische Seite der GZS (z. B. *Feldhasen, Tragetaschen*) grundlegend zu erforschen.

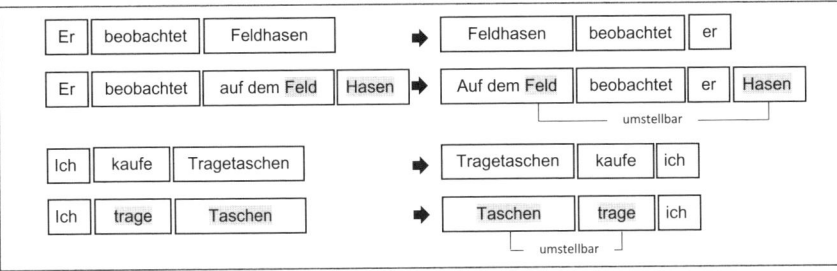

Abb. 37: GZS im Kernbereich

Zusätzlich kann mit der Erweiterungsprobe gearbeitet werden, um zwischen Wort und Syntagma zu unterscheiden: *Er beobachtet auf dem weiten Feld Hasen.* * *Er beobachtet weite Feldhasen.* Solche Beispiele knüpfen an das sprachliche Können der Lernenden an und machen bewusst, wie viel intuitives grammatisches Wissen bereits vorhanden ist. Der Umgang mit grammatischen Proben wie der Erweiterungsprobe wird an eindeutigen Fällen des Kernbereichs angebahnt und bildet die Basis, um die später zu behandelnden Zweifelsfälle mit angemessenen Strategien untersuchen zu können.

Unterrichtsvorschläge und ausgearbeitete Arbeitsmaterialien zum Kernbereich finden sich bei Borgwald & Amorocho (2013: 4 ff.), die die Struktur von Nominal- und Adjektivkomposita im Kontrast zur Wortgruppe behandeln, sowie bei Blatt & Hein (2013: 12 ff.). Müller (2017a: 202 ff.) unterbreitet verschiedene Aufgabenvorschläge und Arbeitsblätter zu Beispielen aus dem Kern- und Peripheriebereich. Mesch (2013: 30 f.) bietet einen Überblick über relevante grammatische Proben für die GZS und Noack (2013: 8 f.) thematisiert die Funktion des Leerzeichens (Spatiums) aus Leserperspektive.

Abgesehen von verfügbaren Arbeitsmaterialien lassen sich für die Arbeit am Kernbereich problemlos eigene Beispiele konstruieren. So können Lernende die Aufgabe erhalten, vorgegebene Sätze, in denen zwei wortfähige Stämme als Kompositum gebraucht werden, so zu verändern, dass die Stämme in gleichbleibender Form zwar nebeneinander erscheinen, aber getrennt geschrieben werden müssen (vice versa). Verschiedene Lösungsvorschläge bilden dann den Ausgangspunkt für das gemeinsame Nachdenken über die Angemessenheit der einzelnen Lösungsvorschläge. Beispiele:

Er mag Schweinebraten. vs. *Heute Abend wird Obelix Schweine braten.*
Ist das Gras grün? vs. *Das Auto ist grasgrün.*
Sie hat mehrere Zwischenprüfungen. vs. *Sie geht zwischen Prüfungen stets im Wald joggen.*

Die zuvor genannten Proben kommen bei der Überprüfung der Vorschläge wieder zum Einsatz.

Für den **Peripheriebereich** haben wir an ausgewählten Fällen verdeutlicht, dass die Prinzipien nicht positiv greifen bzw. zu keinem eindeutigen Ergebnis führen. Dies gilt unabhängig davon, ob Schreibungen im ARW eindeutig geregelt sind, wie z. B. *Rad fahren*, oder ob eine Variantenschreibung zugelassen ist wie bei *danksagen/Dank sagen*. Bei der Betrachtung der Zweifelsfälle sollte deshalb nicht die Norm im Zentrum des Unterrichts stehen, sondern das System. Das bedeutet: Wenn Zweifelsfälle keine normative Festlegung in Bezug auf die Getrennt- oder Zusammenschreibung erlauben, wenn also prinzipiell beides möglich ist, dann muss der Unterricht diese Offenheit zulassen, Schreibzweifel als Ressource begreifen und sie für die sprachreflexive Auseinandersetzung mit schriftgrammatischen Strukturen nutzen. Es geht also im Peripheriebereich nicht darum, normative Festlegungen zu treffen, sondern um die Einsicht, dass es sich um systemimmanente Zweifelsfälle handelt.

Grundsätzlich können an Fällen wie *Rad fahren, kopfstehen, eislaufen* usw. die genannten grammatischen Proben auch mit Lernenden ausprobiert werden. Als Ausgangspunkt dient eine Verb-Objekt-Struktur wie *...trinke Tee*, an der u. a. die Artikelfähigkeit, die Attribuierbarkeit und die Negation mit *kein* (vgl. Ossner 2010) erarbeitet werden, um Kriterien für das prototypische syntaktische Verhalten von selbständigen Substantiven in Objektfunktion zu erhalten. Bei Zweifelsfällen wie *Rad fahren, eislaufen, kopfstehen* werden anhand der erarbeiteten Kriterien Unterschiede herausgestellt und auf die Frage zugespitzt, ob das syntaktische Verhalten dem einer prototypischen Verb-Objekt-Struktur entspricht. Da es bei diesen Verbindungen um die Frage geht, ob sich das substantivische Erstglied auch in Distanzstellung substantivisch verhält, greifen Lernende auf grammatische Operationen zurück, die ihnen bereits durch den strategiebasierten Umgang mit der Großschreibung bekannt sind (s. Kap. 2.4.2). Auf dieser Grundlage kann anschließend erörtert werden, welche Gründe für die Zusammen- oder Getrenntschreibung einer Konstruktion sprechen. Letztlich geht es bei Schreibungen aus dem Peripheriebereich darum, „systeminterne Zweifelsfälle" (Bredel 2006b: 12) als solche zu erkennen und das eigene Zweifeln als Ausdruck einer fortgeschrittenen rechtschriftlichen Kompetenz zu begreifen.

Die Erweiterungsprobe, die bereits im Kernbereich Anwendung fand, kann auch genutzt werden, um Substantiv-Partizip I-Verbindungen zu untersuchen, bei denen prinzipiell Zusammen- oder Getrenntschreibung möglich ist (z. B. *notleidend/Not leidend*). Nachdem erarbeitet wurde, welche Verbindungen im Gegensatz zu *entzündungshemmend, kraftstrotzend* eine Variantenschreibung zulassen, können unterschiedliche Erweiterungen und ihre Auswirkung auf die GZS beleuchtet werden. Mesch (2013: 30) führt folgende Beispiele an:

(14) „eine große <u>Not leidende</u> Bevölkerung"   vs.   „eine äußerst <u>notleidende</u> Bevölkerung"

(15) „die grünen <u>Tee trinkenden</u> Damen..."   vs.   „die hastig <u>teetrinkenden</u> Damen..."

Die Gegenüberstellung in den Sätzen (14) und (15) zeigt, dass dann getrennt zu schreiben ist, wenn eine Erweiterung ausschließlich den substantivischen Bestandteil betrifft und nicht die gesamte Verbindung. Die Attribuierbarkeit des Substantivs macht dessen syntaktische Selbstständigkeit kenntlich und führt neben der Getrenntschreibung zur Großschreibung. Unterrichtsvorschläge hierzu finden sich bei Fuhrhop (2006).

Weitere Aufgabenvorschläge zum Peripheriebereich stellt Müller (2017a: 202 ff.) vor. An systembedingten Zweifelsfällen wie z. B. Adjektiv-Partizip II-Verbindungen des Typs *klein geschnitten/kleingeschnitten* sowie komplexen Präpositionen des Typs *mithilfe* (vs. *mit Hilfe*) schlägt sie vor, die Lerngruppe Begründungen für die eine oder andere Variante formulieren zu lassen. Da solche Fälle nicht eindeutig zu entscheiden sind, ist zu erwarten, dass unterschiedliche Begründungen für oder gegen eine Schreibentscheidung formuliert werden. Genau darin stecke das sprachreflexive Potential solcher systembedingten Zweifelsfälle. Schließlich gehe es „weniger darum, mit solchen Aufgaben die Ausbildung eines orthographischen Normbewusstseins bei den Schülern zu unterstützen, sondern vielmehr um die Entwicklung von Sprachbewusstheit und Sprachaufmerksamkeit" (ebd.: 203). Konsequenterweise sollte dann auch bei der Textproduktion Zweifelsfällen mit einer angemessenen Fehlertoleranz begegnet werden.

■ Übungen

1. Konstruieren Sie Kontexte für den Kernbereich, sodass die folgenden Wörter einmal als Wort und einmal als Syntagma gebraucht werden: *Balkonstühle, Dorfbewohner, Lesebücher*.
2. Überprüfen Sie anhand der dargestellten Proben (Artikel-, Attributfähigkeit, k-/n-Verneinung), ob sich *Brust* in der Verbindung *brustschwimmen / Brust schwimmen* wie ein selbständiges Substantiv in Objektfunktion verhält und stellen Sie dar, welcher Wortbildungstyp bei Zusammenschreibung infrage käme. Diskutieren Sie anschließend auf dieser Grundlage die Angemessenheit der zugelassenen Variantenschreibung.
3. Konstruieren Sie einen Kontext, in dem sowohl die Schreibung *fleischfressend* als auch *Fleisch fressend* möglich ist. Konstruieren Sie anschließend einen Kontext, in dem nur Getrenntschreibung möglich ist.
4. Analysieren Sie ein zugelassenes Sprachbuch (Klassenstufe 7/8) Ihres Bundeslandes daraufhin, welche Phänomene der GZS darin behandelt werden. Belegen Sie an ausgewählten Beispielen, ob eher ein sprachreflexiver oder normativer Zugriff darin erfolgt.

Weiterführende Literatur

- **Eisenberg, P.** (2013a) *gibt einen kompakten Einblick in das System der Getrennt- und Zusammenschreibung.*
- **Fuhrhop, N.** (2007) *diskutiert umfassend Schreibungen des Kernbereichs und insbesondere des Peripheriebereichs zur Getrennt- und Zusammenschreibung.*

2.4.4 Das-/dass-Schreibung

Die *das/dass*-Unterscheidungsschreibung gilt als besonders fehleranfälliger Bereich (vgl. Pießnack & Schübel 2005: 55). Betrachtet man die Art der Fehler genauer, ergibt sich – wie bereits im einleitenden Schülertext (s. Kap. 2.4.1) – folgendes Bild: Mehrheitlich wird die Subjunktion *dass* fehlerhaft verschriftet (*das), der umgekehrte Fall – *dass anstelle von *das* – tritt hingegen vergleichsweise selten auf (vgl. Feilke 1998: 17 ff.; vgl. Betzel 2017: 137). Im Zentrum dieses Kapitels steht deshalb die *dass*-Schreibung. Neben strukturellen Grundlagen zur Subjunktion *dass* werden potentielle Fehlerursachen sowie Annahmen zum Erwerb der *dass*-Schreibung skizziert.

Ausdruck [das]
Gemäß Abbildung 38 umfasst die Lautform [das] vier grammatische Funktionen: **Artikel** <das> (a), **Relativum** <das> (a), **Demonstrativum** <das> (b) und **Subjunktion** <dass> (c).

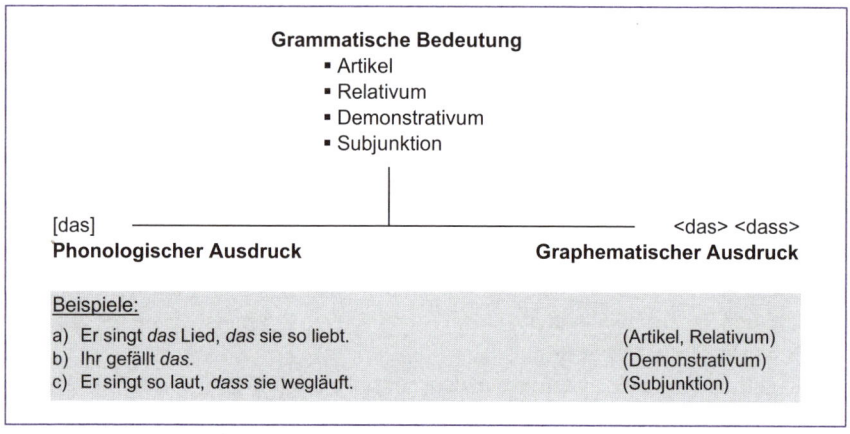

Abb. 38: Form und Funktion von das/dass (vgl. Feilke 2015: 342)

Nur die Subjunktion ist durch eine Andersschreibung (*dass*) markiert; einer Lautform entsprechen somit zwei schriftliche Formen: <das> und <dass>. Graphematisch kann die Doppelkonsonantenschreibung nicht hergeleitet werden, weil keine zweisilbige Langform existiert, die eine vererbte Silbengelenkschreibung begründen würde (s. Kap. 2.2.4 und 2.3.5). Phonographisch ist die Schreibung mit einem <s> somit systemkonform und für Schreiber/innen naheliegend. Da sich die *dass*-Schreibung weder aus der Lautung erschließt noch silbisch herleiten lässt, besteht die Herausforderung für Lernende nicht darin, ein isoliertes Wort zu erwerben, sondern eine grammatische Struktur zu erfassen, in der *dass* als Subjunktion fungiert. Im nachfolgenden Abschnitt betrachten wir deshalb zunächst prototypische Strukturen von *dass*-Nebensätzen: Subjekt-, Objekt- und Attributsätze sowie Sätze mit einem Korrelat.

Dass-Nebensätze
Subjekt-/Objektsätze: Mehrheitlich leitet die Subjunktion *dass* Subjekt- oder Objektsätze ein. Abbildung 39 verdeutlicht den grundlegenden Sachverhalt:

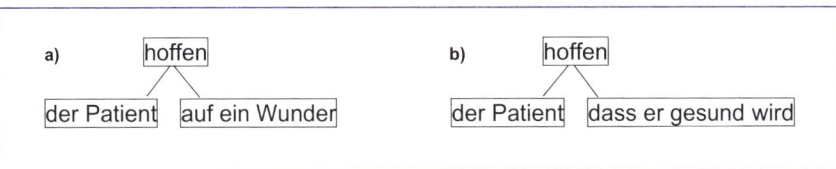

Abb. 39: Verbergänzungen

Das Verb *hoffen* ist zweistellig. Wie Beispiel a) zeigt, fordert *hoffen* eine Ergänzung im Nominativ (*der Patient*) und eine präpositionale Ergänzung im Akkusativ (*auf ein Wunder*). In Beispiel b) sättigt der *dass*-Nebensatz die Objektstelle des Verbs *hoffen*. Als Nebensatz füllt er somit syntaktisch und semantisch eine Valenzstelle, die das Verb *hoffen* des übergeordneten Satzes (Matrixsatz) eröffnet:

> *Der Patient hofft...* → ʷᵒʳᵃᵘᶠ? → *dass*-Satz als semantische und syntaktische Ergänzung.

Analog verhält es sich bei Subjektsätzen: *Dass sie die Klausur bestanden hat, freut ihn.* Man bezeichnet solche Sätze als Ergänzungs-, Komplement- oder Inhaltssätze. Sie treten typischerweise mit bestimmten Verben auf, „die inhaltlich etwas eröffnen, was in Dass-Sätzen ausgeführt wird. Es sind vor allem die Verben des Äußerns, Fühlens, Wahrnehmens, Denkens und Wollens" (Menzel 1998: 39).

Die einleitende Aussage, wonach die korrekte Schreibung der Subjunktion nicht den Erwerb eines isolierten Wortes, sondern den Erwerb einer grammatischen Struktur voraussetzt, kann nun wie folgt präzisiert werden: Erfolgreiche Schreiber/innen nehmen einerseits eine syntaktische Grenze zwischen Matrix- und *dass*-Ergänzungssatz wahr und erfassen, dass prototypische *dass*-Sätze semantisch und syntaktisch etwas füllen, was das Verb des übergeordneten Satzes eröffnet hat. Anders ausgedrückt: Erfolgreiche Schreiber/innen erfassen **semantisch-syntaktische Merkmale von *dass*-Sätzen** und haben in diesem

Sinne kein isoliertes Wort, sondern ein *dass*-Satz-Konzept erworben (vgl. Funke 1987: 38 f.). Im Unterricht kommt es deshalb darauf an, Lernenden Zugänge zu den prototypischen Merkmalen solcher *dass*-Sätze zu ermöglichen (s. Hinweise für den Unterricht).

Attributsätze: Etwas seltener kommen *dass*-Nebensätze als Attributsätze vor. Prinzipiell kann jeder *dass*-Ergänzungssatz in gleicher Form als Attributsatz auftreten (vgl. Eisenberg 2013b: 266). So fungiert der Objektsatz aus Abbildung 39b in Abbildung 40 als Attribut zum Bezugsausdruck *die Hoffnung*. Der Unterschied zum Objektsatz wird daran ersichtlich, dass Attributsätze nur gemeinsam mit ihrem Bezugsausdruck im Vorfeld erscheinen können (Satz 2).

	VF	LSK	MF	RSK	NF
(1)	*Der Patient*	*hat*	*die Hoffnung,*		*dass er gesund wird.*
(2)	*Die Hoffnung, dass er gesund wird,*	*hat*	*der Patient.*		

Abb. 40: *Dass*-Nebensatz als Attributsatz

Korrelate: Da wir unter den Unterrichtshinweisen auf Korrelate Bezug nehmen werden, gehen wir nachfolgend knapp darauf ein. Subjekt- oder Objektsätze können mit einem Korrelat auftreten. „Als Korrelate bezeichnet man Einheiten, die als Bezugseinheiten für Nebensätze [...] fungieren", hierzu gehören Pronomen, Pronominaladverbien und Adverbien (Eisenberg 2013b: 322). Bei *dass*-Sätzen kommt am häufigsten <es>[36] als Korrelat vor:

(3) *Ich bestreite (es), dass ich gestohlen habe.*

In Beispiel (3) enthält der übergeordnete Satz optional ein Korrelat, welches bewirkt, dass die Valenzstelle des Verbs *bestreiten* früher gefüllt wird. Der Matrixsatz ist damit ohne den *dass*-Satz autonom. Dass das Korrelat in (3) jedoch nicht Kern einer Attributkonstruktion ist, zeigt sich daran, dass <es> nicht wie in Abbildung 40 (2) zusammen mit einem *dass*-Satz ins Vorfeld verschoben werden kann. „Vielmehr ist **es** als Strukturelement anzusehen, das gewisse grammatische Merkmale der jeweils besetzten Position trägt" (Eisenberg 2013b: 324, Hervorhebung im Original). Andere Korrelate wie z. B. *daran* oder *darauf* können hingegen unter bestimmten Bedingungen wie Attributkonstruktionen analysiert werden.

---

36 Auf weitere Korrelate gehen wir an dieser Stelle nicht ein; ein Überblick findet sich bei Eisenberg (2013b: 322 ff.).

Dass-Schreibung: Annahmen zu den Fehlerursachen und zum Erwerb

Warum ist die *dass*-Schreibung besonders fehleranfällig? Häufig wird angenommen, **fehlerhafte *dass*-Schreibungen** seien auf eine Verwechslung mit dem strukturell ähnlichen Relativum (*das*) zurückzuführen. Als strukturelle Ähnlichkeit führt Neudeck (1983: 77) an, dass das Relativum *das* und die Subjunktion *dass* einen Nebensatz einleiten. Neben dieser Ähnlichkeit existieren aber auch strukturelle Unterschiede, die anhand der Beispiele (4) bis (6) in Tabelle 10 dargestellt werden. Beispiel (4) zeigt, dass sich der prototypische Relativsatz auf eine Nominalgruppe bezieht, wohingegen der prototypische *dass*-Satz inhaltlich etwas zum Verb des Matrixsatzes ausführt. Dass das Relativum im Gegensatz zur Subjunktion flektiert, wird an Beispiel (5) mithilfe der Pluralprobe deutlich. In Beispiel (6) wird ein struktureller Unterschied erkennbar, wenn man die Sätze umformt: Es zeigt sich, dass das Relativum als Satzglied des Nebensatzes fungiert, wohingegen die Subjunktion nicht satzgliedwertig ist.

	das-Relativsatz	*dass*-Objektsatz
(4)	Ich lese das Buch, das ich geschenkt bekam.	Ich hoffe, dass ihr das Buch gefällt.
(5)	Wir lesen die Bücher, die ich geschenkt bekam.	Wir hoffen, dass ihr das Buch gefällt.
(6)	Ich lese das Buch: Das bekam ich geschenkt.	Ich hoffe: Das Buch gefällt ihr. → dass

Tab. 10: Strukturelle Unterschiede zwischen Relativum und Subjunktion

Abgesehen von solchen strukturellen Ähnlichkeiten und Differenzen fand Feilke (1998, 2015) in Schülertexten Belege, die die weithin angenommene Verwechslung von Relativum und Subjunktion als Fehlerursache fraglich erscheinen lassen: Demnach trete vor einer falsch geschriebenen Subjunktion (*das) so gut wie nie ein Komma auf, wohingegen vor einem korrekten *dass* fast immer ein Komma stehe. Läge also tatsächlich eine Verwechslung mit einem Relativum vor, wäre vor einer falsch geschriebenen Subjunktion ein Komma zu erwarten, da Schreiber/innen dann einen vermeintlichen Relativsatz erfasst haben müssten (vgl. Feilke 1998: 21 ff.). Dies trifft jedoch kaum zu. Vielmehr wird als Fehlerursache angenommen, „dass Schreiber […] keine syntaktische Grenze [zwischen Matrix- und *dass*-Nebensatz] erkennen" (Feilke 2015: 349).

Statt von einer Verwechslung mit dem Relativum geht Feilke (2015) davon aus, dass das **Demonstrativum** den Ausgangspunkt des ***dass*-Erwerbs** bildet. Sprachhistorisch ging die Subjunktion daraus hervor. Die Beispiele (7) und (8) verdeutlichen diesen Grammatikalisierungsprozess[37]: Demnach entwickelte

---

[37] Als Grammatikalisierung bezeichnet man „[d]en Prozess der Entstehung und Weiterentwicklung grammatischer Morpheme" (Szczepaniak 2011: 5).

sich durch eine Verschiebung der Satzgrenze aus dem Demonstrativum (7) die Subjunktion (8) (vgl. Szczepaniak 2011: 173 ff.).

(7) Ich weiß das: Er kommt.
(8) Ich weiß, dass er kommt.

Einen ähnlichen Weg, so Feilke, schlagen auch Kinder beim Erwerb ein. Vorwiegend zwischen dem 4. und 6. Schuljahr finden sich in Texten Belege, dass „demonstrative und konjunktionale Lesarten des <das> einander überlagern" (Feilke 2015: 349). So genügt es, in Beispiel (9) das Komma zu versetzen, damit das unterstrichene Demonstrativum als Subjunktion verwendet wird.

(9) *Ich meine das, wenn zum Beispiel eine Mathearbeit geschrieben wird, dann sind die Hausaufgaben nützlich.* (aus: Feilke 2015: 350)

Solche Satzanfänge, die sowohl demonstrative als auch subjunktionale Anschlüsse ermöglichen (z. B. *Ich finde das... /Ich finde, dass...*), forderten zum schreibenden Experimentieren mit den verschiedenen Strukturen auf. Im weiteren Verlauf komme es „zu einem Schemakonflikt von Konjunktion und Demonstrativum" (ebd.), der letztlich dazu führe, dass semantisch-syntaktische Merkmale von *dass*-Sätzen erfasst und beide Konstruktionen zunehmend sicherer unterschieden werden.

Hinweise für den Unterricht
In Unterrichtslehrwerken wird die *das-/dass*-Unterscheidung vorwiegend anhand der Ersatzprobe mit *dieses* und *welches* eingeführt und geübt (vgl. Betzel & Droll 2017). Die Annahme einer Verwechslung mit dem Relativum scheint dabei leitend zu sein. Nachfolgend gehen wir zunächst auf die Ersatzprobe ein und skizzieren anschließend Alternativen für den Unterricht.

Die mit der **Ersatzprobe** verknüpfte Regel lautet: Schreibe *das*, wenn sich das Wort durch *dieses* oder *welches* ersetzen lässt. Führt man diese Operationen an den Sätzen a) und b) aus Abbildung 38 durch, lassen sich Artikel und Demonstrativum durch *dies(es)* ersetzen, das Relativum kann hingegen nur durch *welches* substituiert werden. Daraus folgt: Schreiber/innen müssen ggf. mehrere Ersatzproben durchführen, um eine gesicherte Schreibentscheidung treffen zu können. Ein negatives Ergebnis nur eines Ersatzwortes (z. B. *welches*) lässt noch keinen gesicherten Rückschluss zu. In keinem Fall kann die Subjunktion jedoch positiv bestimmt werden, nur negative Ergebnisse bzw. Nicht-Ergebnisse führen per Ausschlussverfahren zur Schreibung *dass*. Es handelt sich deshalb um eine „einseitige Betrachtungsweise" (Funke 2017: 115), die beim Vorliegen von *dass* nie strukturerhaltend funktioniert.

Neben dieser Problematik setzt die Anwendung der Ersatzprobe ein nicht unerhebliches Maß an Sprachgefühl bei Lernenden voraus. Betzel & Droll

(2017) haben hierzu in vier Klassen einer Hauptschule einen Akzeptabilitätstest durchgeführt. Hierbei wurden unter anderem Relativsätze mit *das* und strukturgleiche Relativsätze mit *welches* kontrastiert. Die Aufgabe der Lernenden bestand darin, anzukreuzen, ob der jeweilige Satz ‚richtig' oder ‚falsch' klingt. Für knapp 50 Prozent der Lernenden klangen Relativsätze mit *welches*-Anschluss falsch, wohingegen die strukturgleichen Sätze mit *das* mehrheitlich als „richtig" beurteilt wurden (vgl. ebd.: 94). Die Ergebnisse lassen erahnen, dass insbesondere weniger sprachversierte Kinder, die jedoch den größten Unterstützungsbedarf haben, die schulisch angebotenen Ersatzproben zur *das-/dass*-Unterscheidung nicht nutzen können, weil sie nicht in ihrem Sprachgefühl verankert sind.

Unabhängig von solchen Schwierigkeiten ist die Ersatzprobe ein rein oberflächliches Verfahren, mit dem kein Verstehen der zugrundeliegenden Struktur verbunden ist. Wer sie dennoch im Unterricht einsetzt, sollte sich zumindest der Komplexität dieser vermeintlich einfachen Operation sowie der Tatsache bewusst sein, dass sie für bestimmte Lerner/innen kaum greift.

Bei den nachfolgenden Vorschlägen spielt die Ersatzprobe keine Rolle, zudem wird unter Berücksichtigung der Forschungslage keine Verwechslung von Relativum und Subjunktion angenommen. Die Vorschläge sind als Bausteine zu verstehen, mit denen bereits am Ende der Grundschulzeit begonnen werden kann und die in der Sekundarstufe fortgesetzt und vertieft werden.

Prototypische *dass*-Ergänzungssätze nach Verben des Äußerns, Fühlens, Wahrnehmens und Denkens können den Ausgangspunkt bilden. Solche sprachlichen Muster – *Ich denke, dass…, Ich glaube, dass…* – dienen textpragmatisch dazu, eine Position zu einem Sachverhalt zu beziehen. In der aktuellen Schreibdidaktik wird die Verbindung aus einem prototypischen Ausdrucksmuster (*Ich bin der Meinung, dass…*) mit einem textuellen Handlungsschema (*sich positionieren*) als **Textprozedur** bezeichnet (vgl. Feilke 2014: 23). Erhalten Lernende z. B. die Aufgabe, schriftlich Position zu einem Sachverhalt zu beziehen, ergeben sich aus solchen Schreibaufgaben, den damit verbundenen textuellen Handlungsanforderungen und den dafür notwendigen Formulierungen Anknüpfungspunkte, um die Aufmerksamkeit der Lernenden auf prototypische *dass*-Konstruktionen zu lenken. Dies kann bereits zum Ende der Grundschulzeit stattfinden, wenn in Vorbereitung auf das eigene Schreiben zunächst eine rezeptive Auseinandersetzung mit einschlägigen Textbeispielen erfolgt; entsprechende Textprozeduren können anschließend ermittelt und festgehalten werden, damit sie für den eigenen Formulierungsprozess zur Verfügung stehen. Dabei geht es nicht um eine grammatische Analyse von *dass*-Konstruktionen, sondern um den kontextgebundenen und pragmatisch bedeutsamen Erwerb eines Formulierungsmusters (*Ich glaube, dass…*) für bestimmte Texthandlungen (sich positionieren) (vgl. Feilke & Tophinke 2016: 6). Im Mittelpunkt steht also zunächst eine „gewisse Sicherheit in der Bildung von ganz bestimmten Dass-Sätzen" (Menzel 1998: 40), die als textuelle Handlungsschemata produktiv zur Anwendung kommen. Beispiele und Unterrichtsmaterialien für dieses textgebundene grammatische Lernen finden sich bei Schönenberg (2016a) und Droll (2018).

Parallel dazu und mit Beginn der Sekundarstufe werden *dass*-Satz-Strukturen beleuchtet, um Lernenden Zugänge zu den **Merkmalen von *dass*-Sätzen** zu ermöglichen und um die Wahrnehmung einer **syntaktischen Grenze** zwischen Matrix- und Ergänzungssatz zu unterstützen. Zugänge zu den semantischen und syntaktischen Merkmalen von prototypischen *dass*-Sätzen können z. B. dadurch gefördert werden, dass zunächst nur Trägerkonstruktionen wie in den Beispielen (10/11) vorgegeben werden, um Spekulationen darüber in Gang zu setzen, was jemand erzählt oder verspricht. So wird die Aufmerksamkeit der Lernenden darauf gerichtet, dass einerseits etwas Inhaltliches fehlt (Was wird erzählt?) und andererseits der Satz grammatisch nicht vollständig ist.

(10) *Dein Freund erzählt ...*   → was?   → *dass du lügst.*

(11) *Ich verspreche dir, ...*   → was?   → *dass ich die Wahrheit sage.*

Im Anschluss daran werden vorgegebene *dass*-Nebensätze ergänzt, wodurch sich die Wahrnehmung der Lernenden darauf richtet, dass der nun ergänzte *dass*-Satz semantisch und syntaktisch etwas füllt, was durch das Verb im Matrixsatz eröffnet wurde. Anschließend können formale Merkmale hervorgehoben werden: Verbzweit- und Verbletztstellung unterstreichen, Komma und *dass*-Schreibung markieren. Solche oder ähnliche Vorgehensweisen schaffen einen Zugang zu den Merkmalen von *dass*-Sätzen und werden in verschiedenen Klassenstufen wiederholt.

Auch die Tatsache, dass die meisten Subjekt- und Objektsätze mit einem **Korrelat** auftreten können, lässt sich für didaktische Zwecke nutzen.

(12)   *Ich weiß (es), dass du lügst.*

Durch die Ergänzung von <es> wird der übergeordnete Satz autonom, weil die Valenzstelle des Verbs bereits vor dem *dass*-Satz gefüllt wird. Für Lernende kann diese Autonomie dazu beitragen, eine Satzgrenze besser wahrzunehmen. Ein solcher Pronominalisierungstest kann aber auch dazu verwendet werden, das Vorliegen eines *dass*-Satzes grundsätzlich zu ermitteln: „Kann man nach dem ersten Verb im Satz ein Pronomen einsetzen, sodass danach schon ein Satz abgeschlossen ist, [...] ist das *das* eine Konjunktion" (Feilke 2015: 351, Hervorhebung im Original). Im Gegensatz zur Ersatzprobe rückt damit ein positiv formuliertes Merkmal für das Auftreten von *dass* ins Blickfeld.

Relativsätze werden unabhängig und zunächst nicht kontrastierend zur Subjunktion behandelt. Eine Gegenüberstellung von *das*-Relativsatz und *dass*-Subjunktionalsatz kann in einem fortgeschrittenen Lernprozess durchaus sinnvoll sein, um tiefere Einsichten in die unterschiedliche Struktur dieser Nebensätze zu gewinnen. Nach Menzel sollte dies jedoch frühestens im 8. Schuljahr erfolgen (vgl. Menzel 2012: 99). Die in Tabelle 10 dargestellten Kriterien, die sich auf die Flexion, die Satzgliedwertigkeit und die unterschiedlichen Bedeutungsstrukturen beziehen, können auch für eine vergleichende Arbeit mit Lernenden herangezogen werden.

Abschließend: Insgesamt setzen die skizzierten Unterrichtsvorschläge wie auch die Ersatzprobe ein gewisses Sprachgefühl bei Lernenden voraus. Im Unterschied zur Ersatzprobe operieren die Vorschläge jedoch nicht an der syntaktischen Oberfläche, sondern eröffnen Zugänge zu grundlegenden Merkmalen von *dass*-Sätzen bzw. zu strukturellen Unterschieden zwischen Relativ- und Subjunktionalsätzen, wodurch ein Verstehen der zugrundeliegenden Struktur erst ermöglicht wird.

■ Übungen

1. Erläutern Sie, weshalb es sich im nachfolgenden Beispiel um einen prototypischen *dass*-Satz handelt.
   Ich denke, dass du mehr üben solltest.
2. Zeigen Sie anhand der nachfolgenden Gegenüberstellung Ähnlichkeiten und Unterschiede zwischen Demonstrativum und Subjunktion auf. Welches didaktische Potential sehen Sie in solchen Gegenüberstellungen?
   Ich sehe das, du weinst.   *Ich sehe, dass du weinst.*
3. Analysieren Sie den nachfolgenden Satz mit Blick auf die *das-/dass*-Schreibung. Arbeiten Sie anschließend strukturelle Unterschiede zwischen Relativum und Subjunktion heraus.
   Ich sprach mit einem Kind darüber, (das?/dass?) du nicht sehen kannst.
   (Funke 1987: 38)
4. Beschreiben Sie die textpragmatische Funktion von *dass*-Sätzen anhand der folgenden Stellungnahme zu einem Buch.

> Dieses Buch über die Geschichte von Samia Yusuf Omar hat mich vom ersten Bild an gefesselt und auch lange nach dem Lesen nicht mehr losgelassen. Das liegt daran, dass Samia so einen tragischen Tod erleidet. Obwohl dies schon im Vorwort verraten wird, verliert die Geschichte nicht an Spannung. Ich denke vielmehr, dass mich Samias Schicksal dadurch noch mehr gepackt hat. Sehr beeindruckt haben mich die Bilder. Mir ist aufgefallen, dass Reinhard Kleist vollkommen auf schockierende Darstellungen von Gewalt verzichtet. Stattdessen deutet er Bedrohungen und Gefahren immer nur an. Dadurch formen sich eigene Bilder im Kopf und das Leseerlebnis wird umso intensiver. Gut gefallen hat mir, dass immer wieder Facebook-Einträge zwischen den Episoden der Geschichte stehen. Somit wirkt die Handlung noch authentischer, auch wenn es nicht die echten Einträge von Samia sind, die sie auf der Flucht geschrieben hat. (Droll 2018, Arbeitsblatt, S. 25)

Weiterführende Literatur

- **Betzel, D.** (2017) *stellt Ergebnisse einer empirischen Untersuchung zur das-/dass-Schreibung in Texten von Viertklässlerinnen und Viertklässlern dar.*
- **Feilke, H.** (2015) *beleuchtet strukturelle Grundlagen zur dass-Schreibung und diskutiert Erwerbsfragen auf der Grundlage einer empirischen Untersuchung (Klassenstufen 2 bis 10).*
- **Menzel, W.** (1998) *kontrastiert dass-Satz-Strukturen und Relativsatzstrukturen und stellt Unterrichtsmaterialien zur dass-Schreibung vor.*

2.5 Interpunktion

2.5.1 Einleitung

Wenn im schulischen Kontext die Interpunktion (Zeichensetzung) behandelt wird, geht es vorwiegend um das Komma. Punkt, Ausrufe- und Fragezeichen werden hingegen seltener thematisiert, Doppelpunkt und Anführungszeichen kommen normalerweise im Rahmen der wörtlichen Rede zur Sprache. Neben den genannten Interpunktionszeichen rechnet Bredel (2008: 23) noch die folgenden Zeichen zum Interpunktionsinventar: Semikolon <;>, Klammern <()>, Divis <->, Apostroph <'>, Auslassungspunkte <…> und Gedankenstrich <–>. Dass der Fokus zumeist auf dem Komma liegt, resultiert vermutlich aus den Unsicherheiten, die es bei Schreiberinnen und Schreibern hervorruft. Sehen wir uns dazu einleitend einen Ausschnitt aus einem argumentativen Text eines Zehntklässlers an, der darin die Ansicht vertritt, dass die Gewalt unter Jugendlichen zugenommen habe.

Beispiel

[…]

Ein weiterer Punkt für die steigende Gewalt sind Familiere Probleme. Ich glaube das durch schlechte Beziehungen zu den Eltern Jugendliche aggresiver werden. Die Aggresionen die ein Jugendlicher daheim ansammelt lässt er dann an anderen aus. Ein Beispiel das ich im Fernseh gesehen hab ist, ein Junge dessen Eltern arbeitslos, alkoholkrank und aggresiv sind. Da jeden Tag geschlagen wird kennt er es schon garnicht mehr anderst und geht genauso mit den Leuten in seiner Klasse um. Alle hassen und ignorieren ihn nun. Und dadurch wird er noch aggresiver, weil er jetzt einzelgänger in der eigenen Klasse ist. Das Beispiel zeigt das der Umgang in der Familie oft eine Ursache für steigende Gewalt unter Jugendlichen ist.

[…]

(Realschule, Klasse 10, männlich)

Von den oben genannten Interpunktionszeichen kommen ausschließlich Punkte und Kommas sowie der Divis als Trennstrich im Text vor. Die Kommasetzung bereitet dem Verfasser im Gegensatz zur Punktsetzung und der Worttrennung am Zeilenende erkennbar Schwierigkeiten. Beschreibt man das Komma nach *ist* in Zeile 4 als falsch positioniertes und nicht als überflüssiges Komma (zusätzlich in Klammern vermerkt), kommt man zu folgender Zusammenstellung:

Anzahl der kommarelevanten Stellen: 10
Anzahl der richtig gesetzten Kommas: 2
Anzahl der fehlenden Kommas: 7 (8)
Anzahl der falsch positionierten Kommas: 1 (0)
Anzahl der überflüssigen Kommas: 0 (1)

Dieses allgemeine Fehlerprofil entspricht den Ergebnissen einschlägiger Untersuchungen, wonach Kommafehler überwiegend darin bestehen, dass obligatorische Kommas nicht gesetzt werden (vgl. Afflerbach 1997; vgl. Müller 2007; vgl. Krafft 2016).

Die beiden korrekt gesetzten Kommas beziehen sich in Zeile 5 auf die Aufzählung gleichrangiger Wörter (§ 71 ARW 2017: 79) und in Zeile 8 auf den nachgestellten Nebensatz (§ 74 ARW 2017: 81). Das Komma bei Aufzählungen scheint Lernenden generell weniger Schwierigkeiten zu bereiten. Nach den Ergebnissen Afflerbachs (1997) ist der Erwerb des Aufzählungskommas bereits in der sechsten Klassenstufe weitgehend abgeschlossen (vgl. Afflerbach 1997: 119). Auffällig sind hingegen die beiden Adverbialsätze mit kausaler Semantik in Zeile 5/6 sowie in Zeile 8. Während der nachgestellte Adverbialsatz mit der einleitenden Subjunktion *weil* kommatiert wird, fehlt das Komma beim vorangestellten Adverbialsatz mit der einleitenden Subjunktion *da*. Möglicherweise beeinflusst sowohl die Position der Adverbialsätze (vorangestellt vs. nachgestellt) als auch die Subjunktion selbst (*weil* vs. *da*) das Kommatierungsverhalten. Zumindest lassen Untersuchungen darauf schließen, dass der Subjunktion *weil* eine hohe Signalwirkung zukommt, was eine korrekte Kommatierung begünstigen könnte (vgl. Afflerbach 1997: 91 ff.).

Die fehlenden Kommas im Text betreffen zwei mit *dass* eingeleitete Nebensätze, die als Ergänzung (Objektstelle) zum übergeordneten Satz (Matrixsatz) fungieren (Z. 2 und Z. 9), sowie drei Relativsätze mit attributiver Funktion (Z. 3, Z. 4 und Z. 5), von denen zwei eingeschoben sind und deshalb ein paariges Komma erfordern (§ 74 ARW 2017: 81).

Interessant ist nun die Frage, ob es sich bei den fehlenden Kommas um einen Zufallsbefund oder um typische Schwierigkeiten von Lernenden handelt. Untersuchungen belegen, dass das Komma zwischen einem übergeordneten Satz (Matrixsatz) und einem mit *dass* eingeleiteten Ergänzungssatz (auch: Inhaltssatz/Komplementsatz) generell fehleranfällig ist und offenbar größere Schwierigkeiten hervorruft als die Kommasetzung bei anderen Nebensätzen (vgl.

Afflerbach 1997: 129). Als Gründe werden u. a. die Polyfunktionalität des Ausdrucks [das], die semantische Leere der Subjunktion *dass* sowie die enge Zusammengehörigkeit von Matrix- und Ergänzungssatz genannt (s. Kap. 2.4.4). In Bezug auf den Relativsatz kommen Untersuchungen zu unterschiedlichen Ergebnissen: Melenk (2001:182) ermittelte in seiner Studie eine weit unterdurchschnittliche Fehlerhäufigkeit. Bredel (2011) zufolge treten jedoch insbesondere dann Schwierigkeiten auf, wenn Nebensätze ohne einleitende Subjunktion vorkommen und ein paariges Komma erfordern (vgl. Bredel 2011: 69). Beides trifft auf zwei der drei im Schülertext vorkommenden Relativsätze zu.

Wir halten fest: Bislang wurden die korrekt gesetzten und fehlenden Kommas in ihrem syntaktischen Kontext beschrieben. In diesem Zusammenhang wurden eingeleitete vs. uneingeleitete Nebensätze unterschieden, Sätze als Ergänzungs-, Adverbial- oder Attributsatz klassifiziert, zusätzlich wurden semantische Untergruppen (z. B. Kausalsatz) gebildet. Die Beschreibung diente zur linguistischen Kategorisierung der Kommafehler. Ist aber eine solche Klassifikation auch für Schüler/innen hilfreich, um die Interpunktion zu erlernen und Sicherheit im Bereich Zeichensetzung zu gewinnen? Zumindest für die traditionelle Interpunktionsdidaktik gilt, dass solche oder ähnliche Klassifikationen die Grundlage für die Vermittlung der Kommasetzung bilden. Es kann jedoch bezweifelt werden, dass derartiges grammatisches Wissen zur Kommasetzungskompetenz beiträgt (vgl. Müller 2016: 245 f.; vgl. Bredel 2007: 97 ff.), zumal die sukzessiv in verschiedenen Klassenstufen zu behandelnden Einzelphänomene den Blick auf das Gesamtsystem versperren können (vgl. Lotze et al. 2016: 53). Im nachfolgenden Kapitel zur Zeichensetzung spielt diese Form der Klassifikation keine Rolle, stattdessen werden in Anlehnung an Primus (1993, 2010) drei Typen von kommarelevanten Stellen diskutiert.

Einleitend wurde angemerkt, dass im schulischen Kontext eine Beschäftigung mit der Interpunktion vorwiegend eine Auseinandersetzung mit dem Komma meint. Auch in den nachfolgenden Kapiteln liegt der Schwerpunkt auf dem Komma, weil es schüler- und lehrerseitig die größte Verunsicherung hervorruft. Kapitel 2.5.2 handelt deshalb ausschließlich vom Komma. In Kapitel 2.5.3 skizzieren wir einen rezeptionsorientierten Interpunktionsansatz in Anlehnung an Bredel (2008, 2011). In diesem Zusammenhang wird das Komma erneut aufgegriffen, allerdings aus Lesersicht, bevor Punkt und Doppelpunkt als weitere syntaktische Zeichen behandelt werden. Danach kommen Frage- und Ausrufezeichen als kommunikative Zeichen sowie – in einem abschließenden Exkurs – der Trennstrich zur Worttrennung am Zeilenende als defektives Zeichen im Rahmen des rezeptionsorientierten Ansatzes zur Sprache. Diese Auswahl beinhaltet Interpunktionszeichen, die traditionell eine gewisse Berücksichtigung im Unterricht erfahren. Damit verbindet sich aber kein Plädoyer dafür, eine interpunktionssensitive Orthographiedidaktik auf diese Auswahl zu beschränken.

2.5.2 Das Komma

Das amtliche Regelwerk (ARW 2017: 79 ff.) enthält neun Paragraphen zur Kommasetzung (§71 – §79). Im Gegensatz dazu stellt Primus (1993, 2010) drei Typen von kommarelevanten Stellen für das Deutsche heraus, die sie aus drei Bedingungen ableitet. Wir orientieren uns an der Darstellung von Primus (2010), stellen die Bedingungen zunächst dar und beschreiben die daraus hervorgehenden Kommatypen anschließend im Einzelnen:

> Ein Komma steht zwischen zwei (einfachen oder komplexen) sprachlichen Ausdrücken genau dann, wenn (a) und (b) oder (a) und (c) zutreffen:
> (a) Die Ausdrücke stehen in derselben kommunikativen Einheit (demselben „Satz" im weitesten Sinn).
> (b) Die Ausdrücke sind nicht-subordinativ miteinander verknüpft.
> (c) Die Ausdrücke sind durch eine Satzgrenze getrennt.
> (Primus 2010: 35/36)

Mit Bedingung (a), die stets gegeben sein muss, wird das Komma von satzschließenden Interpunktionszeichen wie dem Punkt abgegrenzt und als „satzinternes Vorkommen" ausgewiesen (ebd.: 36). Die Einheit „Satz" wird in Bedingung (a) als orthographischer Satz verstanden, der mit einem Großbuchstaben beginnt und in der Regel durch einen Punkt abgeschlossen ist (vgl. Glinz 1993: 18). Tritt also ein Komma unter der in (a) genannten Bedingung auf und es handelt sich dabei um keine subordinative Verknüpfung von Ausdrücken (Bedingung b), zeigt das Komma entweder eine Koordination (*Peter, Louise* und *Silke frieren*) oder eine Herausstellung an: *Ich mag ihn, den Kay*. Mit der unter Bedingung (c) genannten Satzgrenze erfasst Primus das Komma bei subordinativen Verknüpfungen: *Ich glaube, dass er lügt*. Aus diesen drei Bedingungen ergeben sich für das Deutsche drei Kommatypen: das Komma bei **satzinterner Satzgrenze**, das Komma bei **Koordination** (auch: Aufzählung) und das Komma bei **Herausstellung**.

Nachfolgend betrachten wir zunächst das Komma bei satzinterner Satzgrenze und das Komma bei Koordination. Es handelt sich dabei um die Kommatypen, die am häufigsten in Texten vorkommen, wie sich bereits am einleitenden Schülertext zeigte. Abschließend wird das Komma bei Herausstellung beleuchtet.

Komma bei satzinterner Satzgrenze

Eine **satzinterne Satzgrenze** (Bedingung c) liegt dann vor, wenn innerhalb eines (orthographischen) Satzes (Bedingung a) zwei verbale Kerne (auch: Köpfe) mit ihren Ergänzungen und Angaben aufeinanderfolgen. Das Komma grenzt die Verbalgruppen (= verbale Kerne mit Ergänzungen und Angaben) voneinander ab. Sowohl finite als auch infinite verbale Kerne (s. Exkurs auf S. 126) können ein Komma bedingen. Wir erläutern den Sachverhalt zunächst am Beispiel *finiter* Verben.

(1) Till *packt* heute seinen Rucksack, weil er am Donnerstag eine Wanderung *unternimmt*.
(2) Da jeden Tag *geschlagen* *wird*, *kennt* er es schon gar nicht mehr anderst [...]. (Beispiel: Schülertext)
(3) Das Beispiel *zeigt*, dass der Umgang in der Familie oft eine Ursache für steigende Gewalt unter Jugendlichen *ist*. (Beispiel: Schülertext)

Satz (1) enthält zwei finite Verben. Jedes Finitum „ist der strukturelle Ausgangspunkt eines eigenen Teilsatzes" (Boettcher 2009: 50). Finite Verben stecken also mit ihren jeweiligen Ergänzungen und Angaben Rahmen ab, die Boettcher anschaulich als „Prädikats-Territorien" bezeichnet (ebd.: 50). In Anlehnung an Glinz kann man auch von Propositionen oder **Verbalgruppen** sprechen (vgl. Glinz 1993: 18). Abbildung 41 verdeutlicht diesen Sachverhalt: Satz (1) besteht demnach aus zwei Verbalgruppen:

a) Verb *packen* mit den Ergänzungen *Till, seinen Rucksack* sowie der Angabe *heute*;
b) Verb *unternehmen* mit den Ergänzungen *er, eine Wanderung* und der Angabe *am Donnerstag*.

Die Verbalgruppen werden durch ein Komma voneinander abgegrenzt. Das ist das Komma bei **satzinterner Satzgrenze**.

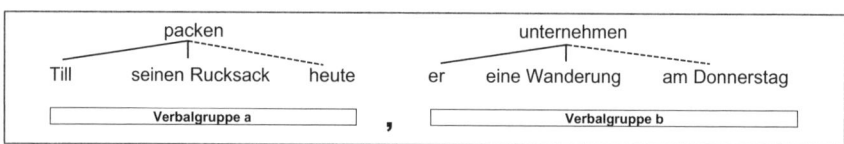

Abb. 41: Komma bei satzinterner Satzgrenze (Verbalgruppen)

Damit wird zugleich deutlich, dass unterschiedliche Satzbegriffe eine Rolle spielen. Als orthographischer Satz beginnt Beispiel (1) mit einem Großbuchstaben und endet mit einem Punkt. Die darin enthaltenen Verbalgruppen bilden syntaktische Sätze, also syntaktisch geschlossene Einheiten mit einem Verb im Zentrum (vgl. Bredel & Müller 2015: 6). Es handelt sich also in Beispiel (1) um einen orthographischen Satz und zwei syntaktische Sätze (Verbalgruppen).
Gleichermaßen verhält es sich bei Satz (2), auch hier werden zwei Verbalgruppen durch ein Komma abgegrenzt. Zugleich wird an Satz (2) deutlich, dass *geschlagen + wird* einen Verbalkomplex bilden und gemeinsam einen Verbrahmen eröffnen. In Satz (3) ist die Verbalgruppe des übergeordneten Satzes (*Das Beispiel zeigt, ...*) zwar syntaktisch nicht vollständig, weil das fehlende Objekt

erst durch den *dass*-Satz (Ergänzungssatz) ergänzt wird (s. Kap. 2.4.4), für die Kommasetzung ist dies jedoch unerheblich, weil zwei finite verbale Kerne vorhanden sind.

Mit dem topologischen Modell kann die Struktur der jeweiligen Verbalgruppen verdeutlicht werden. Zu diesem Zweck werden die Nebensätze in einer gesonderten Zeile analysiert, alternativ könnten sie auch im Nachfeld bzw. im Vorfeld (Satz 2) stehen. Das Komma markiert die satzinterne Satzgrenze zwischen den Gruppen.

	VF	LSK	Mittelfeld	RSK	NF
(1)	Till	packt	heute seinen Rucksack,		
		weil	er am Donnerstag eine Wanderung	unternimmt.	
(2)		Da	jeden Tag	geschlagen wird,	
		kennt	er es schon gar nicht mehr anderst.		
(3)	Das Beispiel	zeigt,			
		dass	der Umgang [...] unter Jugendlichen	ist.	

Abb. 42: Topologisches Modell und satzinterne Satzgrenze

Mit diesem Vorgehen ist die traditionelle Klassifikation von komplexen Sätzen, wie sie einleitend am Beispiel des Schülertextes vorgenommen wurde, für die Kommasetzung überflüssig. Die Unterscheidung von Haupt- und Nebensätzen entfällt ebenso wie die Unterscheidung zwischen Adverbial-, Attribut-, Subjekt- oder Objektsatz. Unerheblich ist auch, ob ein Nebensatz vorangestellt oder nachgestellt ist, mit welcher Subjunktion er eingeleitet wird oder ob es sich um einen uneingeleiteten Nebensatz handelt. Der Fokus liegt ausschließlich auf den Verben: Zwei (oder mehrere) finite Verben innerhalb eines orthographischen Satzes sind ein eindeutiger Hinweis für das Auftreten eines (oder mehrerer) Kommas.

Das bisher Dargestellte gilt gleichermaßen bei einer eingeschobenen Verbalgruppe (umrahmt), die durch ein paariges Komma markiert wird:

(4) Der Laden, der letzten Monat erst eröffnet wurde, schließt schon wieder.
(5) Silke geht zur Schule, die meist um 14 Uhr endet, und anschließend eilt sie zum Sport.

Oberflächlich betrachtet konfligiert in Beispiel (5) die Regelung, eine eingeschobene Verbalgruppe durch Kommas abzugrenzen, mit der Regelung, dass bei Reihungen mit einer echt koordinierenden Konjunktion[38] kein Komma gesetzt werden muss. Die Abgrenzung einer eingeschobenen Verbalgruppe ist jedoch stärker zu gewichten als die Nichtkommatierung bei einer echt koordinierenden Konjunktion. Eine solche Regelgewichtung müssen auch Lernende sukzessive aufbauen (vgl. Lotze et al. 2016: 57).

Mit dem Komma bei satzinterner Satzgrenze ist bereits ein zentraler Bereich der Kommasetzung erfasst. Die Mehrheit der schulisch vermittelten Kommaregeln kann damit abgedeckt werden. Bislang standen ausschließlich finite Verben im Fokus. Satzinterne Satzgrenzen können allerdings auch bei infiniten Verben auftreten. Die Grundlagen hierzu werden im nachfolgenden Exkurs erläutert, daran anschließend wird das Komma bei Koordination beschrieben.

Exkurs: Satzinterne Satzgrenze bei infiniten Verben

Auch **infinite Verben** können eine kommarelevante Satzgrenze bedingen: Dies betrifft den Infinitiv und das Partizip. Wir beleuchten nachfolgend ausschließlich den Infinitiv. Relevant für die Kommasetzung sind Infinitivgruppen. Darunter versteht man einen „Infinitiv mit *zu* und seinen Ergänzungen oder adverbialen Bestimmungen", wohingegen „der Infinitiv mit *zu* allein (*zu lesen, zu gewinnen*) [...] nicht zu den Infinitivgruppen" gehört (Eisenberg 2017: 105, Hervorhebung im Original). Ausschlaggebend für die Kommasetzung ist, ob die Infinitivgruppe satzwertig[39] (= **inkohärent**) oder nicht satzwertig (= **kohärent**) ist. Hierzu ein Beispiel:

(6) Michael hofft*(,)* die Klausur (am morgigen Freitag) zu bestehen.

In Satz (6) hat der *zu*-Infinitiv eine Ergänzung (*die Klausur*) und kann mit Ausnahme des Subjekts prinzipiell alle Ergänzungen und Angaben (*am morgigen Freitag*) bei sich haben, die Verben auch sonst regieren. Für die Satzwertigkeit der Infinitivkonstruktion spricht, dass sie durch einen bedeutungsähnlichen Nebensatz ersetzt werden kann (s. Abb. 43). Die Infinitivgruppe ist wie der Nebensatz eine Ergänzung zu *hoffen*, sie erfüllt die gleiche syntaktische Funktion und kommt somit einem Nebensatz nahe. Wir sprechen deshalb von einer inkohärenten (satzwertigen) Infinitivgruppe, die eine Satzgrenze induziert und durch ein Komma abgegrenzt werden kann (bzw. sollte), auch wenn das Komma hier amtlich freigestellt ist.

---

38 Zu den echt koordinierenden Konjunktionen zählen z. B. *und/oder*; im Abschnitt zum Komma bei Koordination wird die Bezeichnung ‚echt koordinierende Konjunktion' erläutert.

39 Infinite verbale Kerne können Ergänzungen und Angaben bei sich haben, sie bilden also eine eigenständige syntaktische Einheit, jedoch fehlt im Unterschied zu einem vollständigen syntaktischen Satz das Subjekt und somit die Finitheit des Verbs. In Bezug auf die Kommasetzung spricht man von **satzwertigen** Konstruktionen, um erfassen zu können, dass auch infinite verbale Kerne eine kommarelevante Satzgrenze induzieren können.

VF	LSK	Mittelfeld	RSK	NF
Michael	hofft₍,₎			die Klausur zu bestehen.
Michael	hofft,			dass er die Klausur besteht.

Abb. 43: Infinitivgruppe und Nebensatz

Ob eine kommarelevante Satzgrenze vorliegt, hängt jedoch nicht nur von der Infinitivgruppe ab, sondern von der gesamten Konstruktion, in der sie vorkommt. In Satz (7) ist die Infinitivgruppe mit dem Nebensatz verschränkt, sie ist zwischen der Subjunktion *weil* und dem finiten Verb *hofft* eingeschlossen. Im Unterschied zu (6) verhält sich die Infinitivgruppe in (7) also nicht wie ein Nebensatz. Es liegt somit eine kohärente Konstruktion vor, die nicht satzwertig ist und kein Komma verlangt.

(7) Michael ist guter Dinge, weil er die Klausur zu bestehen hofft.

Stets kohärent (nicht satzwertig) sind Infinitivkonstruktionen bei Verben, die Eisenberg (2013b: 359) als Halbmodalverben bezeichnet. Dazu gehört insbesondere das Verb *scheint* (8); aber auch die Verben *versprechen* oder *drohen* (9) können ähnlich wie *scheint* gebraucht werden:

(8) Michael scheint die Klausur zu bestehen.
(9) Die Hitzewelle droht die Ernte zu zerstören.

In den Sätzen (8/9) ist die Infinitivkonstruktion nicht satzwertig, „weil sie als Ergänzung eines anderen Verbs dient und mit diesem eine Art komplexes Verb bildet" (Primus 2019: 39). Eisenberg (2013b) bezeichnet Verben wie *scheint* (8) und *droht* (9) deshalb als Halbmodalverben, da die „enge Bindung des Inf[initivs] an das Verb [...] an die Modalverben" erinnert (Eisenberg 2013b: 359), die jedoch im Unterschied zu den Halbmodalverben den reinen Infinitiv regieren: *Michael will die Klausur bestehen*. Wird aber *droht* wie in Beispiel (10) im wörtlichen Sinne gebraucht, ist der Infinitiv inkohärent (satzwertig):

(10) Der Bankräuber droht (,) eine Geisel zu nehmen.

Bislang wurden neben kohärenten Infinitivkonstruktionen ausschließlich inkohärente Infinitivkonstruktionen mit fakultativem Komma betrachtet. Daneben sind Konstruktionen zu unterscheiden, die nie kohärent sind und ein obligatorisches Komma verlangen. Es handelt sich dabei um Infinitivgruppen, die mit den Subjunktionen *um, ohne, statt, anstatt* eingeleitet werden (11), sowie Infinitivgruppen, die von einem Verweiswort (12) oder einem Korrelat (13) abhängen.

(11) Michael schreibt mit, um die Klausur zu bestehen.
(12) Michael unternimmt den Versuch, die Klausur zu bestehen.
(13) Michael hasst es, die Klausur nicht zu bestehen.

Aus Bredel (2015a: 137) übernehmen wir – in gekürzter Form – die nachfolgende Übersicht, in der kohärente/inkohärente Strukturen bei Infinitivkonstruktionen zusammenfassend dargestellt werden.

nur kohärent	nie kohärent	kohärent und inkohärent
Konstruktion mit Halbmodalverben	Korrelat	Kontrollkonstruktion
weil das Boot zu kentern droht	Er wagte es, zum Streik aufzurufen.	weil Max versuchte, den Schaden zu beheben (= inkohärent)
*weil das Boot droht, zu kentern	*weil er es zum Streik aufzurufen wagte.	weil Max den Schaden zu beheben versuchte (= kohärent)
ist-zu/hat-zu-Konstruktion	Verweiswort	
weil er ihm zu gehorchen hat	Der Versuch, ihn zu bestechen, schlug fehl.	
*weil er hat, ihm zu gehorchen	um/ohne/statt zu	
	Er trainierte, um das Spiel zu gewinnen.	
ohne Komma	mit Komma	mit oder ohne Komma

Abb. 44: Kohärente und inkohärente zu-Infinitive (vgl. Bredel 2015a: 137)

Komma bei Koordination

Koordination (Nebenordnung) liegt vor, wenn „alle in der Aufzählung vorkommenden Glieder im Prinzip die gleiche syntaktische Funktion" erfüllen (Fuhrhop 2015a: 90). Boettcher (2009: 101 f.) verwendet hierfür den Begriff „Mehrfachbesetzung". Koordinierte Ausdrücke können unterschiedlich komplex sein und werden durch ein Komma abgegrenzt, wenn zwischen den Ausdrücken keine echt koordinierende Konjunktion steht (vgl. Primus 1993: 246 f.). Was damit gemeint ist, erläutern wir anhand der Beispiele (14) bis (17):

(14) Er hatte eine <u>neue, hervorragende</u> Idee.
(15) Er hatte eine neue hervorragende Idee.
(16) <u>Die Nachbarn, die Verwandten</u> und <u>ein Pflegedienst</u> versorgen die ältere Dame.
(17) <u>Peter spielt Klavier, Ina spielt Gitarre</u> und <u>Franziska singt.</u>

In Beispiel (14) handelt es sich um eine Mehrfachbesetzung des Attributs. Das Komma zwischen den nebengeordneten Ausdrücken macht deutlich, dass *neu* und *hervorragend* Attribute zu *Idee* sind; beide erfüllen somit die gleiche syntaktische Funktion. In Beispiel (15) liegt keine Koordination vor: Das fehlende

Komma zeigt an, dass nur *hervorragend* Attribut zu *Idee* ist, während sich das Attribut *neue* auf die Nominalgruppe *hervorragende Idee* bezieht. Die Lesart verändert sich entsprechend. In Beispiel (16) liegt eine Mehrfachbesetzung des Subjekts vor, es handelt sich somit um eine Koordination auf Satzgliedebene. In Beispiel (17) werden Hauptsätze nebengeordnet, sie enthalten alle einen finiten verbalen Kern, weshalb das Komma zwischen nebengeordneten Hauptsätzen sowohl unter Koordination (Bedingung (a) und (b)) als auch unter satzinterner Satzgrenze (Bedingung (a) und (c)) erfasst werden kann.

Die Beispielsätze (16) und (17) zeigen, dass vor einer **echt koordinierenden Konjunktion** wie z. B. *und* kein Komma steht. Diese Tatsache wird durch Bedingung (b) nicht erfasst und muss entsprechend ergänzt werden (vgl. Primus 2010: 36). Daran schließt sich unmittelbar die Frage an, was unter einer echt koordinierenden Konjunktion zu verstehen ist. Die Beispiele (18) und (19) geben darüber Aufschluss:

(18) …*das neue und teure und sparsame Auto*
(19) …*das neue, aber teure (*, aber sparsame) Auto*

In Beispiel (18) kann die Konjunktion *und* wiederholend verwendet werden. Echt koordinierende Konjunktionen zeichnen sich dadurch aus, dass sie „mehrfach nacheinander verwendet werden können" (Eisenberg 2017: 101), das Komma entfällt. Zu dieser Gruppe zählen z. B. *und, oder* als besonders häufig verwendete Konjunktionen. Unter §72 (ARW 2017: 80) werden weitere echt koordinierende Konjunktionen aufgezählt, ohne jedoch ein Kriterium zu ihrer Identifizierung anzuführen. Beispiel (19) gibt zu erkennen, dass die Konjunktion *aber* nicht mehrfach nacheinander verwendet werden kann, weshalb sie nicht zur Gruppe echt koordinierender Konjunktionen zählt. Gleiches gilt z. B. auch für *sondern* und *jedoch*. Sind Ausdrücke durch eine Konjunktion dieser Gruppe nebengeordnet, muss ein Komma zwischen den koordinierten Ausdrücken stehen. Bei nebengeordneten Hauptsätzen wie in Beispiel (17) kann jedoch auch vor echt koordinierenden Konjunktionen ein Komma gesetzt werden (§ 73 ARW 2017: 81). Es handelt sich um ein fakultatives Komma.

Mit dem Komma bei **satzinterner Satzgrenze** und dem Komma bei **Koordination** ist, bezogen auf die quantitativen Verhältnisse, das zentrale Feld der Kommasetzung erfasst. Abschließend beleuchten wir das Komma bei Herausstellung.

Komma bei Herausstellung

Herausstellungen ergeben sich aus den von Primus (2010) genannten Bedingungen (a) und (b). Bredel rechnet folgende Herausstellungsstrukturen zu den wichtigsten (Bredel 2011: 76, Hervorhebung D. B. & H. D.):

(20) Linksversetzung: *Die Helga, die habe ich noch nie gemocht.*
(21) Freies Thema: *Apropos Bücher, ich hab noch eins von dir.*
(22) Interjektion: *Ach, das weiß ich nicht.*
(23) Vokative: *Helga, komm jetzt. Franz steht auf, Vera.*
(24) Rechtsversetzung: *Ich mag ihn, den Peter.*
(25) Nachtrag: *Peter ist im Urlaub, und zwar in Berlin.*
(26) Augmente: *Wir gehen doch ins Kino, oder?*

Traditionell werden Links- (20) und Rechtsversetzungen (24) zu den Herausstellungen gezählt. Mit Blick auf die Systematik des Kommas ist es jedoch sinnvoll, einen weiten Begriff von Herausstellungen zu verwenden. Die herausgestellten Elemente in den Beispielen (20) bis (26) unterscheiden sich zwar hinsichtlich ihrer semantischen und syntaktischen Funktion (vgl. Primus 1993: 250 ff.), ihr gemeinsames und gleichsam wichtigstes Merkmal ist jedoch „die [grammatische] Herauslösung aus dem Trägersatz" (Primus 2010: 37). Im Unterschied zur Koordination, die als grammatische Parallelkonstruktion aufgefasst werden kann, zeichnen sich Herausstellungen durch ihre syntaktische Desintegration aus (vgl. Dauberschmidt 2016: 176). Sie unterbrechen gewissermaßen den Satz. Wir definieren deshalb mit Bredel Herausstellungen als „Elemente, die syntaktisch zu einem Satz gehören, nicht aber in ihn integriert und häufig auch nicht integrierbar sind" (Bredel 2011: 76).

Das Merkmal „Herauslösung aus dem Trägersatz" zeigt sich nach Primus (2010: 37) häufig an einem „syntaktische[n] Doppelgänger". In Beispiel (24) ist das Pronomen *ihn* syntaktischer Doppelgänger zur Nominalgruppe *den Peter*. Da die beiden Ausdrücke nicht nebengeordnet sind, fungiert das Pronomen *ihn* als Objekt des Satzes „und verhindert die Unterordnung des herausgestellten Materials" (ebd.). Ohne diesen syntaktischen Doppelgänger wäre die Herausstellung *den Peter* in den Trägersatz integriert und Objekt zu *mögen: Ich mag den Peter*. Gleiches gilt für die Linksversetzung in Beispiel (20). Im Gegensatz dazu sind die übrigen Herausstellungen nicht in den Trägersatz integrierbar. Beispielsweise lässt sich an Satz (23) erkennen, dass zwischen *Helga* und der Imperativform *komm* keine Subjekt-Prädikat-Struktur vorliegt. Es handelt sich hierbei also um eine nicht integrierbare Herausstellung.

Das Merkmal „syntaktische Desintegration" trifft auch auf Parenthesen zu (vgl. Glück & Rödel 2016: 496). Sie können deshalb als Herausstellungen erfasst werden, die jedoch im Gegensatz zu den bisher besprochenen satzintern auftreten:

(27) Den Studierenden, _darunter zahlreiche Erstsemester,_ wurde ein Preis verliehen.

Das Komma bei Parenthesen konkurriert mit dem Gedankenstrich und den Klammern. Bredel (2011) macht darauf aufmerksam, dass je nach Wahl eines Interpunktionszeichens „eine spezifische Eigenschaft der Parenthese" herausgestellt wird (ebd.: 76). Uns kommt es hier jedoch ausschließlich auf die Darstellung einer Struktur an.

Mit dem Komma bei satzinterner Satzgrenze (1), dem Komma bei Koordination (2) und dem Komma bei Herausstellung (3) sind die Kommatypen des Deutschen erfasst.

Hinweise für den Unterricht

Das Komma bei satzinterner Satzgrenze und das Komma bei Koordination bilden den Schwerpunkt der Kommasetzung, weil damit der größte Teil schulisch vermittelter Kommaregeln abgedeckt werden kann. Die nachfolgenden Unterrichtshinweise beziehen sich deshalb ausschließlich auf diese beiden Bereiche.

In Unterrichtslehrwerken spielt das Verb zur Identifizierung kommarelevanter Strukturen eine eher untergeordnete Rolle, stattdessen wird die Kommasetzung mit einer Analyse von komplexen Sätzen nach formalen, funktionalen und/oder semantischen Kriterien verknüpft (s. Kap. 2.5.1). Im vorangegangenen Kapitel wurde argumentiert, dass solch eine grammatische Klassifikation von Sätzen für die Kommasetzung nicht erforderlich sei; zudem versperre sie durch eine Vielzahl von Einzelregeln den Blick auf das Gesamtsystem. Wird die Kommasetzung zusätzlich an das Auftreten bestimmter Signalwörter gekoppelt, gemeint sind Subjunktionen wie _als_, _da_, _dass_, _weil_, tritt mitunter die Schwierigkeit auf, dass uneingeleitete Nebensätze nicht kommatiert werden (28) oder vermeintliche Subjunktionen ein Komma auslösen (29), weil der Fokus ausschließlich auf Signalwörtern ohne Bezug zum Kontext liegt:

(28) *Ich hoffe_ du kommst zur Party.
(29) *Er hat in der Klausur besser abgeschnitten, _als_ wir.

Mit Lindauer & Sutter (2005) liegt ein Unterrichtsmodell vor, bei dem die traditionelle grammatische Klassifikation von Sätzen keine Rolle spielt. Stattdessen rückt das Verb ins Zentrum. Die Autor/innen verwenden hierfür eine Metapher und bezeichnen **Verben als Könige**. Ergänzungen und Angaben, die sich um das Verb gruppieren, werden als **Untertanen** bezeichnet. Die Verbalgruppe, bestehend aus König nebst Untertanen, wird **Königreich** genannt (ebd.: 29). Daraus folgt die Strategie: **Königreiche werden durch ein Komma (oder andere Satzzeichen) abgegrenzt.** Die Königreich-Metapher umfasst also das Komma bei satzinterner Satzgrenze.

Abb. 45: Königreich-Modell (vgl. Lindauer 2015: 603)

Eine Unterscheidung der Königreiche in Haupt- und Nebensatz ist ebenso wenig erforderlich wie eine funktionale Bestimmung der Untertanen. Die Kernaufgabe der Lernenden besteht darin, die Untertanen dem jeweiligen König zuzuordnen und die so erfassten Königreiche durch ein Komma voneinander abzugrenzen.[40] Wenn im Unterricht mit dem topologischen Modell gearbeitet wird, kann es zur Abgrenzung der Königreiche herangezogen werden.

Abb. 46: Abgrenzung von Königreichen im topologischen Modell

Lindauer & Sutter (2005) weisen darauf hin, dass die Metapher von König und Untertan bei Subjekt- oder Objektsätzen aufgrund der Abhängigkeitsverhältnisse nicht stimmig ist: *Ich glaube, dass du die Klausur bestehen wirst*. In der Praxis sei dies jedoch unproblematisch (ebd.: 29). Eingeschobene Königreiche werden als Enklave bezeichnet, weil ein Königreich in einem anderen Königreich liegt: *Der Hund, der gestern laut bellte, ist heute ruhig*. Auf diese Weise werden die jeweiligen Grenzen der Enklave als kommarelevante Stellen erfasst. Zweiteilige Prädikate (Verbklammer), z. B. bei Modalverben (*will...gehen*) oder bestimmten Zeitformen (*hat...gespielt*), werden König und Königin genannt, die gemeinsam ein Königreich regieren. Damit soll deutlich werden, dass Hilfs- und Modalverben keinen eigenen Verbrahmen eröffnen, sondern gemeinsam mit dem Hauptverb einen Verbund bilden (vgl. Lindauer & Schönenberg 2012: 15). In einer späteren Veröffentlichung erweitert Lindauer das Modell, indem nun auch infinite Verbformen einbezogen werden; finite und infinite Verben können somit (Satz-)König sein (vgl. Lindauer 2015: 606). Dies hat den Vorteil, dass auch das Komma bei Infinitiv- und Partizipialgruppen erfasst werden kann. Eine Unterscheidung kohärenter (nicht satzwertiger) und inkohärenter (satzwertiger) Konstruktionen ist damit allerdings nicht möglich (s. Exkurs).

---

40 Dass auch dieses Modell für Schülerinnen und Schüler voraussetzungsreich ist, diskutiert Metz (2016: 269 ff.).

Einen Unterrichtsvorschlag zum Komma bei Infinitivsätzen unterbreitet Mesch (2018: 31 ff.). Sie knüpft dabei an das Modell von Lindauer & Sutter (2005) an und schlägt vor, Ergänzungssätze (a) in Infinitivkonstruktionen (b) umzuformen, sodass Lernende zunächst die Satzwertigkeit von Infinitivkonstruktionen entdecken: (a) *Ich hoffe, dass ich dann schlafe.* (b) *Ich hoffe, dann zu schlafen.* Anschließend findet eine Auseinandersetzung mit besonderen Infinitivsätzen (Verweiswort, Korrelat, eingeleitet mit einer Subjunktion) statt.

Unterrichtsmaterialien zu den drei Kommapositionen Satzgrenze, Koordination und Herausstellung stellt Dauberschmidt (2018: 26 ff.) vor. Es handelt sich dabei um Material für die oberen Klassen der Sekundarstufe I. Einen praxisnahen Überblick zur Kommasetzung ermöglichen die Grundlagenbeiträge von Noack (2018: 4 ff.), Bredel & Müller (2015) und Schönenberg (2012a: 31 ff.).

Das Komma bei **Aufzählung** (Koordination) bereitet Lernenden insgesamt weniger Schwierigkeiten. Für die in einer Aufzählung vorkommenden Glieder wurde in Anlehnung an Boettcher (2009) der Begriff „Mehrfachbesetzung" verwendet. Um den Begriff „Mehrfachbesetzung" zu veranschaulichen, kann es für Lernende hilfreich sein, die aufgezählten Glieder zunächst untereinander zu schreiben (s. Abb. 47). Anschließend wird dargestellt, dass in der Schrift die nebengeordneten Ausdrücke zwar horizontal und nicht vertikal angeordnet werden, dass aber das Komma solche Mehrfachbesetzungen in ähnlicher Weise transparent macht wie die Untereinanderschreibung von Ausdrücken (vgl. Noack 2018: 5 f.). Das Komma entfällt, sobald eine echt koordinierende Konjunktion in der Aufzählung verwendet wird.

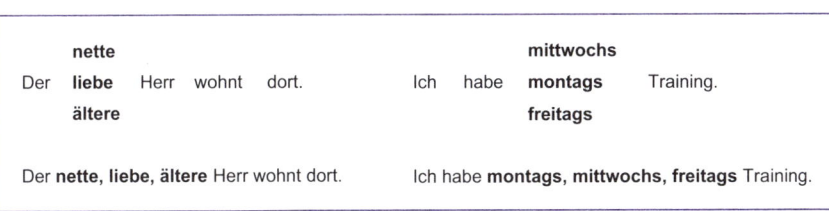

Abb. 47: Komma bei Koordination (Mehrfachbesetzung)

■ Übungen

1. In der nachfolgenden Textpassage aus „Der Untertan" von Heinrich Mann fehlen die Kommas.
   a) Setzen Sie die fehlenden Kommas.
   b) Ordnen Sie die gesetzten Kommas den drei Kommatypen Satzgrenze, Koordination und Herausstellung zu.
   c) Begründen Sie fakultative Kommas ggf. gesondert.

> „Er legte das Billet in einen Umschlag in den er nichts weiter legte und schrieb die Adresse um sich nicht zu verraten mit Schönschrift. Wie er dann am Briefkasten stand kam Mahlmann daher und lachte höhnisch. Diederich fühlte sich durchschaut er besah die Hand die er aus dem Kasten zurückgezogen hatte. Aber Mahlmann bekundete nur die Absicht sich Diederichs Bunde anzusehen. Er fand es sähe drinnen aus wie bei einer älteren Dame. Sogar die Kaffeekanne hatte Diederich von zu Hause mitgebracht! Diederich schämte sich heiß. Als Mahlmann die Chemiebücher verächtlich auf- und zuklappte schämte Diederich sich seines Faches."
>
> Aus: Heinrich Mann: Der Untertan (S. 19, Kommas und ein Semikolon wurden entfernt, D. B. & H. D.)

2. Analysieren Sie die Kommasetzung im Schülertext von Kapitel 2.5.1 anhand der folgenden Kriterien:
   a) satzinterne Satzgrenze (Verbalgruppe) beachtet/nicht beachtet (analysieren Sie eingeschobene Verbalgruppen gesondert),
   b) Koordination beachtet/nicht beachtet,
   c) Herausstellung beachtet/nicht beachtet.
3. Nehmen Sie auf der Grundlage des unten angeführten Satzes zu folgender Aussage Stellung: Vor einer echt koordinierenden Konjunktion wie z. B. *und* steht nie ein Komma.
   Er goss die Blumen, die er erst kürzlich gepflanzt hatte _ (?) und freute sich über ihre Schönheit.
4. Erläutern Sie, ob die nachfolgenden Infinitivkonstruktionen ein obligatorisches, ein fakultatives oder kein Komma verlangen.
   a. *Die Kinder freuen sich darauf das Schulfest nächste Woche zu gestalten.*
   b. *Das Vorhaben droht auf ganzer Strecke zu scheitern.*
   c. *Er widersetzt sich den Empfehlungen des Experten anstatt ihnen zu folgen.*
   d. *Elke glaubt den Sachverhalt zu kennen.*
   e. *Die Möglichkeit die ansonsten überfüllte Ausstellung zu besuchen nutzte er sofort.*

Weiterführende Literatur

- **Krafft, A.** (2016) *stellt Ergebnisse einer Untersuchung zur Kommasetzung in Texten von Lehramtsstudierenden dar.*
- **Primus, B.** (1993) *diskutiert die Kommatypen satzinterne Satzgrenze, Koordination und Herausstellung ausführlich.*
- **Primus, B.** (2019) *stellt einen Vergleich zwischen der Kommasetzung im Deutschen und im Englischen an.*

2.5.3 Das Komma und weitere Interpunktionszeichen aus Lesersicht

In diesem Kapitel betrachten wir das Komma noch einmal, allerdings aus einer anderen Perspektive: Wir nehmen die Sicht eines Lesers/einer Leserin ein und beschreiben das Komma und anschließend weitere Interpunktionszeichen aus dieser Perspektive. An der in Kapitel 2.5.2 dargestellten Struktur ändert sich nichts, lediglich die Blickrichtung ist eine andere; dadurch eröffnen sich auch alternative didaktische Zugriffsmöglichkeiten auf Interpunktionszeichen (s. Hinweise für den Unterricht).

Bei der Beschreibung kommarelevanter Stellen in Kapitel 2.5.2 wurde bislang konstruktionsbasiert argumentiert, d. h., eine gegebene Konstruktion wurde grammatisch erfasst und die kommarelevante Stelle identifiziert. Bredel bezeichnet dies als „Offline-Perspektive" und beschreibt im Gegensatz dazu die Interpunktion unter dem Gesichtspunkt der Sprachverarbeitungstätigkeit, die sie „Online-Perspektive" nennt (Bredel 2011: 5). Demnach haben das Komma sowie andere Interpunktionszeichen einen Sprachverarbeitungswert und instruieren Leser/innen, etwas zu tun. Diese relativ neue Sicht auf die Zeichensetzung stimmt insofern mit den bisherigen Ausführungen zum Schriftsystem überein (s. Kap. 2.1 bis 2.4), als auch hier die Funktion aus Leserperspektive an verschiedenen Stellen hervorgehoben wurde. Was damit gemeint ist, dass Interpunktionszeichen die Sprachverarbeitung steuern, bemerken Sie beim Lesen des folgenden Satzes:

(1) *Die Kinder spielen jeden Tag im Turnraum entdecken sie zahlreiche Spielmöglichkeiten.*

Wahrscheinlich sind Sie beim Lesen nach dem Wort *Turnraum* ins Stocken geraten und haben bemerkt, dass der Satz eine andere grammatische Struktur als die zunächst aufgebaute haben muss. Was ist passiert? Beim Lesen haben Sie nicht nur die Ergänzung *die Kinder* und die Angabe *jeden Tag* dem Verb *spielen* zugeordnet, sondern haben auch die nachfolgende Einheit *im Turnraum* als weitere Angabe in den Verbrahmen von *spielen* integriert.

Abb. 48: Satzkonstruktion ohne Interpunktion

Erst durch das nachfolgende Verb *entdecken* haben Sie vermutlich erkannt, dass diese Konstruktion so nicht funktioniert (s. Abb. 48) und haben daraufhin die

Angabe *im Turnraum* dem Verb *entdecken* zugerechnet, sodass folgende Struktur entsteht (hier durch ein Komma markiert):

(2) *Die Kinder spielen jeden Tag, im Turnraum entdecken sie zahlreiche Spielmöglichkeiten.*

Das Beispiel zeigt, dass es bei einer rezeptionsorientierten Interpunktionstheorie grundlegend darum geht, Interpunktionszeichen in ihrer Wirkung auf den Leser/die Leserin zu verstehen. Das Komma in Satz (2) gibt Leserinnen und Lesern zu erkennen, welche Einheiten welchem Verb zuzurechnen sind. Das Komma reguliert also die Zuordnung von Ergänzungen und Angaben zum jeweiligen Verb. Fehlt ein Interpunktionszeichen, wie im Beispiel (1), kann es zu Irritationen kommen.

Dass wir im einleitenden Satz (1) die Einheit *im Turnraum* zunächst dem Verb *spielen* zugerechnet haben, ist nicht zufällig. Leser/innen verfolgen beim Aufbau von Strukturen (hier: syntaktisches Parsing) eine Standardstrategie, indem sie „benachbarte sprachliche Einheiten durch **Subordination** (Unterordnung) zu Gruppen/Phrasen" verknüpfen (Bredel 2011: 66, Hervorhebung im Original). So wird in Beispiel (1) die neu ankommende Einheit *im* zunächst mit dem Folgeausdruck *Turnraum* zur Präpositionalgruppe *im Turnraum* verknüpft, bevor sie – wiederum gemäß Standardstrategie – dem verbalen Kern *spielen* untergeordnet wird. Infolge dieser Standardstrategie verschieben also Leser/innen die Satzgrenze möglichst weit nach rechts, wenn kein Interpunktionszeichen interveniert. Deshalb sind Sie beim Lesen von Satz (1) vermutlich ‚gestolpert'.

Tritt allerdings ein **syntaktisches Interpunktionszeichen** auf, hierzu zählen Punkt, Semikolon, Komma und Doppelpunkt, dürfen Leser/innen ihrer Standardstrategie (Subordination) nicht mehr folgen. Syntaktische Interpunktionszeichen errichten eine **Subordinationsblockade**, sodass die nachfolgende Einheit auf andere Weise als durch Subordination verrechnet werden muss. Wie stark diese Blockade ist, hängt vom Interpunktionszeichen ab. Wir betrachten zunächst die schwächste Blockade: **das Komma**. Stößt eine Leserin/ein Leser auf ein Komma, ergeben sich drei Möglichkeiten, wie die links und rechts vom Komma stehenden Einheiten aufeinander zu beziehen sind:

- **Erste Möglichkeit:** „Das Komma zeigt an, dass links und rechts die größtmögliche Projektionseinheit, also ein Satz steht" (Bredel 2011: 68). Die größtmögliche Projektionseinheit entspricht dem, was in Kapitel 2.5.2 als Verbalgruppe bezeichnet wurde. Das Komma markiert also eine **satzinterne Satzgrenze**, macht aber als temporäre Blockade zugleich deutlich, dass die Strukturbildung weiterlaufen muss, bis sie durch den Punkt beendet wird. Beispiel: *Ich frage Meike, ob sie dieses Wochenende Zeit hat.* Auch das Komma in Satz (2) kann hierunter erfasst werden.

- **Zweite Möglichkeit:** Das Komma instruiert Leser/innen, die Einheiten links und rechts vom Komma nicht untergeordnet, sondern nebengeordnet zu verrechnen. Es handelt sich um das Komma bei **Koordination** (Aufzählungskomma). Beispiel: *Maxi, Thomas und Amelie spielen Fußball*. Koordination erfasst allerdings auch das Komma in Satz (2), weil es sich um zwei nebengeordnete Hauptsätze handelt.
- **Dritte Möglichkeit:** Das Komma markiert eine Einheit, „die nicht zur syntaktischen Kernkonstruktion des Satzes gehört" (ebd.). Es handelt sich um das Komma bei **Herausstellung**. Auch hier dürfen Leser/innen nicht ihrer Standardstrategie folgen, die Einheit also nicht unterordnen. Ein bekanntes (Postkarten-)Beispiel hierzu lautet: *Wir essen jetzt, Opa* (Herausstellung) vs. *Wir essen jetzt Opa* (Unterordnung).

Die drei genannten Möglichkeiten entsprechen den Kommapositionen, die in Anlehnung an Primus (1993, 2010) zunächst konstruktionsbezogen erläutert wurden: Satzgrenze, Koordination und Herausstellung (s. Kap. 2.5.2). Sie wurden von Bredel (2008, 2011) sprachverarbeitungstheoretisch in ihrem Instruktionswert für Leser/innen rekonstruiert. Die rezeptionsorientierte Interpunktionstheorie eröffnet auch neue didaktische Zugänge zur Interpunktion, wie unter den Hinweisen für den Unterricht noch zu zeigen sein wird. Zunächst sollen aus rezeptionsorientierter Perspektive der Punkt sowie der Doppelpunkt als weitere syntaktische Interpunktionszeichen skizziert werden.

Weitere syntaktische Interpunktionszeichen: Punkt und Doppelpunkt
Wie am Beispiel des Kommas bereits deutlich wurde, errichten syntaktische Interpunktionszeichen Barrieren, weshalb Leser/innen ihrer Standardstrategie, der Unterordnung nachfolgender Einheiten, nicht folgen dürfen. Punkt, Doppelpunkt und Semikolon „stellen Verschärfungen der vom Komma errichteten Barrieren dar: Der **Punkt** markiert eine satzexterne Satzgrenze" (Bredel 2015b: 133, Hervorhebung D. B. & H. D.) und errichtet im Unterschied zum Satzgrenzenkomma keine temporäre, sondern eine **permanente Subordinationsblockade**.

(3) *Die Kinder spielen jeden Tag. Im Turnraum entdecken sie zahlreiche Spielmöglichkeiten.*

Damit kann das, was nach dem Punkt steht, syntaktisch nicht mehr mit der Vorgängerkonstruktion verrechnet werden. Der Punkt instruiert Leser/innen, die syntaktisch geschlossene Einheit an das textuelle Parsing (= „Verrechnung von Satzfolgen zu Texten") weiterzugeben (Bredel 2011: 26).
Der **Doppelpunkt** kennzeichnet links und rechts von ihm stehende Einheiten als syntaktisch voneinander unabhängige Konstruktionen. Thematisch sind

die Einheiten allerdings aufeinander bezogen. Die Konstruktion rechts nach dem Doppelpunkt gilt als thematische Weiterführung (vgl. Bredel 2015b: 134).

(4) *Heute gilt das Motto: Jeder darf mitmachen.*
(5) *Begründung: keine.*
(6) *Neugierig fragte er: „Was passiert denn jetzt?"*

In Beispiel (4) signalisiert der Doppelpunkt eine thematische Weiterführung, indem die Einheit rechts vom Doppelpunkt das konkrete Motto benennt. Ein Punkt wäre an dieser Stelle unangemessen. Möchte man die syntaktische Unabhängigkeit der links und rechts vom Doppelpunkt stehenden Einheiten auflösen, wäre eine Nebensatzkonstruktion erforderlich: *Heute gilt das Motto, dass jeder mitmachen darf.* Bei dieser Konstruktion ist der Doppelpunkt ausgeschlossen. Beispiel (5) zeigt, dass die links und rechts von Doppelpunkt stehenden Einheiten auch aus einzelnen Ausdrücken bestehen können. Typischerweise erfüllt der Doppelpunkt wie in Beispiel (6) die Funktion, direkte Redebezüge anzukündigen. Auch hierbei handelt es sich um eine Kennzeichnung syntaktisch unabhängiger Konstruktionen bei thematischer Weiterführung.

Kommunikative Interpunktionszeichen: Fragezeichen und Ausrufezeichen
Frage- und Ausrufezeichen zählen nicht zu den syntaktischen Interpunktionszeichen, sondern zusammen mit Klammern und Anführungszeichen zu den **kommunikativen Interpunktionszeichen**. „Die kommunikativen Zeichen weisen Schreibern/Lesern vom Default abweichende Rollen zu" (Bredel 2011: 49). Was bedeutet das? In der schriftlichen Kommunikation gelten normalerweise Schreibende als Wissende und Lesende, die eine Äußerung aufnehmen, als Nicht-Wissende. Das kann als die **normale Rollenverteilung** (= Default) angenommen werden. Frage- und Ausrufezeichen treten dann auf, wenn sich an dieser normalen Rollenverteilung etwas ändert.

Das **Fragezeichen** kehrt die Verhältnisse zwischen Schreiber und Leser um und instruiert den Leser, die Rolle des Wissenden einzunehmen. Mit dieser pragmatischen Funktion ist das Fragezeichen weder formal an einen Satztyp geknüpft (7), bspw. V1-Fragen oder W-Fragen, noch muss es zwingend am Satzende stehen (8).

(7) *Wir schreiben heute die Klausur?*
(8) *Wir gehen – ist es wirklich schon so spät? – nach Hause.*

In (7) handelt es sich um einen V2-Satz, der hier zum Fragesatz wird, weil sich die Rollen zwischen Schreiber und Leser umkehren. Der Schreiber macht damit den Leser zum Wissenden darüber, ob die Klausur heute geschrieben wird oder nicht. In Beispiel (8) ist der Einschub mit einem Fragezeichen versehen, ohne dass nach dem Fragezeichen ein neuer Satz beginnen muss. Daran, so

Bredel (2016), zeige sich die pragmatisch-kommunikative Funktion des Fragezeichens.

Das **Ausrufezeichen** steht dann, wenn ein Schreiber davon ausgeht, dass ein Leser erwartungswidrig handelt. Das Ausrufezeichen hat also die Funktion, den Leser von seinem Plan abzubringen, damit dieser den Plan des Schreibers verfolgt (vgl. Bredel 2016: 36 f.).

(9) *Löse die Aufgabe.*
(10) *Löse die Aufgabe nicht!*

In Schulbüchern stehen viele Imperativsätze des Typs (9). Zumeist werden sie nicht mit einem Ausrufezeichen versehen. Das ist mit der hier eingenommenen Perspektive gut vereinbar, denn schließlich kann der Autor eines Schulbuchs davon ausgehen, dass der Leser erwartet, zum Lösen von Aufgaben aufgefordert zu werden. Demnach ist ein Ausrufezeichen in Beispiel (9) überflüssig, weil der Leser keinen erwartungswidrigen Handlungsplan verfolgt. Im Umkehrschluss wird der Imperativsatz (10) mit einem Ausrufezeichen versehen, wenn ein Leser von seinem Plan abzubringen ist. Somit ist auch das Ausrufezeichen pragmatisch motiviert und nicht an formale Satztypen geknüpft. Ohne Schwierigkeiten kann auch Beispiel (7) mit einem Ausrufezeichen versehen werden (*Wir schreiben heute die Klausur!*), wenn davon auszugehen ist, dass der Leser nicht damit rechnet, dass heute eine Klausur geschrieben wird.

Auf weitere Interpunktionszeichen gehen wir an dieser Stelle nicht ein. Im Unterschied zu den Ausführungen in Kapitel 2.5.2 sollte jedoch deutlich geworden sein, dass es sich hierbei um einen anderen Zugang zur Interpunktion handelt, bei dem das Lesen die Funktion der Interpunktion definiert. Interpunktionszeichen erscheinen aus dieser Perspektive als Mittel, die die Sprachverarbeitung steuern (vgl. Bredel & Hlebec 2019: 4). Dass ein rezeptionsorientierter Blick auf die Interpunktion auch mit einer veränderten Interpunktionsdidaktik einhergeht und Schüler/innen einen anderen Zugang zur Zeichensetzung ermöglicht, stellen wir unter den Hinweisen für den Unterricht dar. Vorab gehen wir in einem abschließenden Exkurs auf ein weiteres Interpunktionszeichen ein. Wir nutzen den hier aufgespannten Rahmen des rezeptionsorientierten Interpunktionsansatzes, um anhand des Divis' (<->) in seiner Funktion als Defektzeichen die Worttrennung am Zeilenende zu thematisieren.

Exkurs: Der Divis als Trennstrich zur Worttrennung am Zeilenende

Der Divis als Trennstrich zur Worttrennung am Zeilenende zählt zu den „Defektzeichen" (Bredel 2016: 40). Defektzeichen „indizieren Inkohärenz oder Unvollständigkeit von Wörtern (Divis, Apostroph) oder Textpassagen (Gedankenstrich, Auslassungspunkte)" (ebd.: 40). In diesem Sinne kann der Divis drei Funktionen erfüllen: den eines Bindestrichs (*Baden-Württemberg*), eines Ergänzungsstrichs (*Ein- und Ausfahrt*) sowie eines Trennstrichs zur Worttrennung am Zeilenende (*freund-*[Zeilenende]*lich*) (vgl. ebd.: 40). Wir beschränken uns auf den Funktionsbereich der Worttrennung am Zeilenende.

Am Ende einer Zeile reicht der Platz bisweilen nicht aus, um ein Wort ganz auszuschreiben. Mit dem Trennstrich am Zeilenende ist es möglich, Rezipient/innen anzuzeigen, dass das betreffende Wort auf dieser Zeile nicht endet, sondern zu Beginn der folgenden Zeile weitergeführt wird. Weil das Wort damit nicht in seiner regulären Form erscheint, benötigen Rezipient/innen den Hinweis, die Bedeutungsentnahme auf Wortebene nicht zu unterbrechen. Der Trennstrich verdeutlicht, dass die über den Zeilensprung hinweg notierte Graphemfolge bis zum nächsten Wortzwischenraum als ein Wort aufzufassen ist.[41]

Im Folgenden soll zunächst geklärt werden, von welcher Worteinheit eine konsistente Beschreibung der Worttrennung am Zeilenende auszugehen hat. Anschließend folgt die Beschreibung der Regularitäten zur Bestimmung der Trennstelle. Traditionell wird davon ausgegangen, dass es sich bei den besagten trennbaren Einheiten um Silben handle. Von diesem Ansatz geht u. a. auch die amtliche Regelung aus:

Mehrsilbige Wörter kann man am Ende einer Zeile trennen. Dabei stimmen die Grenzen der Silben, in die man die geschriebenen Wörter bei langsamem Vorlesen zerlegen kann, gewöhnlich mit den Trennstellen überein (§ 107 ARW 2017: 104).

Diese Regelformulierung mag in Einklang mit einem intuitiven Verständnis der Worttrennung stehen, denn unmarkierte Wortformen wie <lo-ben> und <wen-den> verhalten sich konform mit der zitierten orthographischen Norm, die Silbengrenze und die Trennstelle sind identisch. Wer sich aber die in Kapitel 1.1 enthaltenen Aussagen zum Verhältnis von gesprochener und geschriebener Sprache in Erinnerung ruft, misstraut der Bezugnahme auf die Sprechsilbe. Geschriebene Sprache liefert kein Abbild der gesprochenen Sprache, sondern folgt einer inhärenten leserorientierten Systematik. Beim Trennstrich in einer Wortform am Zeilenende handelt es sich um ein graphisches Mittel, das keine Entsprechung in der gesprochenen Sprache hat. Insofern erscheint die Orientierung an einer verlangsamten Aussprache beim Vorlesen fragwürdig. Offensichtlich liegt die Überzeugung zugrunde, ein langsames Sprechen führe zu einer eindeutigen Segmentierung des Wortes in voneinander trennbare Silben. Wie in den Kapiteln 2.2.2 und 2.2.3 ausgeführt, ist die Silbengrenze in phonologischen Wortformen aber in vielen Fällen weniger eindeutig bestimmbar als in graphematischen Wortformen. Deutlich wird dies bei der Silbengelenkschreibung (s. Kap. 2.2.4). Ein verlangsamtes Sprechen einer phonologischen Wortform wie [kɔmən] führt möglicherweise

---

41 Dieser Vorgang des Strukturaufbaus von Graphemfolgen zu Wörtern wird in Bredel (2011: 26) als „lexikalisches Parsing" bezeichnet.

zu einer überdehnten Artikulation:*[koːmən]. Diese kann kein lautliches Korrelat zur Trennung der Doppelkonsonantgrapheme in der geschriebenen Wortform darstellen. Wer hingegen *kom-men* artikuliert, geht nicht von der Lautung aus, sondern von der ihm bereits bekannten Silbengelenkschreibung.

Diese Hinweise sollen genügen, um zu zeigen, dass das amtliche Regelwerk keine geeignete Grundlage bietet, um die Regularitäten der Worttrennung am Zeilenende schriftsystematisch konsistent zu beschreiben[42]. Möglich ist dies hingegen, wenn primär auf die morphologische Struktur graphematischer Wortformen Bezug genommen wird statt auf die Sprechsilbe. Die nachfolgende Darstellung orientiert sich dementsprechend an den Ausführungen in Bredel (2011). Unterschieden werden **morphologische** und **morpheminterne Trennungen** (vgl. Bredel 2011: 38). Tabelle 11 enthält entsprechende Beispiele, die unten kommentiert werden.

Morphologische Trennungen	Morpheminterne Trennungen
(1) <Tisch-bein>,	(3) <Ei-er>,
(2) <Ver-rat>, <Un-fall>	(4) <lo-ben>, <wen-den>, <wid-rig>, <Karp-fen>
(5) <hin-auf>	(5') <hi-nauf>
(6) <Syn-onym>	(6') <Sy-nonym>

Tab. 11: Morphologische und morpheminterne Worttrennung

Bei Komposita und präfigierten Wörtern ((1) und (2)) liegt die Trennstelle an der Morphemgrenze. In allen anderen Fällen wird morphemintern zwischen Diphthong- bzw. Vokalgraphemen getrennt (s. (3)). Stehen zwischen den Vokalgraphemen Konsonantgrapheme, gilt, dass stets nur das letzte Graphem auf die neue Zeile gesetzt wird. „Mehrgraphen [...] werden wie Eingraphen behandelt" (Bredel 2011: 39). Die Beispiele unter (4) zeigen: Die ‚Ein-Konsonantgraphem-Regel' erfasst auch die eingangs aufgeführten Wörter mit unmarkierter Schreibung von offener und geschlossener betonter Silbe, wie <lo-ben> und <wen-den>. Bei ihnen entspricht die Silbengrenze jeweils der Stelle, an der die Worttrennung am Zeilenende aufgrund dieser Regel vorgenommen wird. Dass nicht die Silbenstruktur für diese Trennstelle ausschlaggebend ist, zeigt sich an den beiden weiteren Beispielen <wid-rig> und <Karp-fen>, bei denen Silbengrenze und Trennstelle konfligieren (vgl. Eisenberg 2013a: 308).

Zusätzlich zu beachten ist, dass ein einzelnes Graphem nicht alleine auf einer Zeile stehen darf. Entsprechend ist ein zweisilbiges Wort wie <Abend> nicht trennbar.

---

42 Systematisch entfaltet wird dieser Sachverhalt in Geilfuß-Wolfgang (2007) und Neef (2007).

Außerdem sind in Wörtern, deren morphologische Struktur nicht ohne Weiteres zu erkennen ist, alternative Trennstellen zugelassen. Hierunter fallen verblassende Wortbildungsprodukte wie in (5) und (5') sowie Fremdwörter, für deren morphologische Analyse es besonderer Kenntnisse bedarf (s. (6) und (6')) (vgl. Primus 2010: 19f.).

Ein weiterer Regelapparat ist nicht erforderlich, um im Kernwortschatz die Worttrennung am Zeilenende systematisch zu erfassen. Silbengelenkschreibungen wie <ret-ten>, <Kat-ze>, <hän-gen>, <wa-schen> lassen sich damit ebenso erklären wie die Trennung bei silbeninitialem <h>: <se-hen>. Auch die Abtrennung von Suffixen, die mit einem Vokalgraphem beginnen, wie <-ung> und <-ig>, gehen konform mit der Ein-Konsonanten-Regel: <Hei-zung>, <wen-dig>.

Beide Domänen der Worttrennung am Zeilenende erscheinen aus Leserperspektive funktional. Wird an Morphemgrenzen getrennt, bleiben ganze Morpheme als Bedeutungseinheiten erhalten. Bei der morpheminternen Trennung entstehen auf der zweiten Zeile silbische Strukturen aus einem einfach besetzten Silbenanfangsrand vor vokalischem Kern. So entstehen „optimale Silben" (Bredel 2011: 39). In beiden Fällen erhalten die Lesenden beim Sprung auf die nächste Zeile visuelle Einheiten dargeboten, die vergleichsweise einfach rekodierbar sind und damit die Orientierung erleichtern.

Hinweise für den Unterricht
In Kapitel 2.5.2 wurden bereits unterrichtsbezogene Ideen zur Behandlung des Kommas skizziert. Es handelte sich dabei um konstruktionsbasierte Vorschläge, in denen durch die Analyse einer syntaktischen Struktur (zwei Königreiche vorhanden?) auf das Vorliegen einer kommarelevanten Stelle geschlossen wurde. Mit Bredel (2015a) kann bei diesem Vorgehen grundsätzlich hinterfragt werden, ob nicht etwas vorausgesetzt wird, was eigentlich erst erreicht werden soll:

> Wer sprachliche Konstruktionen auf ihre kommarelevanten Strukturen hin analysieren kann, verfügt wahrscheinlich bereits über diejenige Sprachbewusstheit, die für die korrekte Kommasetzung erforderlich ist, und das heißt: Er kann das Komma bereits setzen. (Bredel 2015a: 144)

Nicht zuletzt aufgrund der kaum zufriedenstellenden Ergebnisse zur Kommasetzung werden aus fachdidaktischer Perspektive seit Längerem mögliche Vorteile einer rezeptionsorientierten Kommadidaktik diskutiert. Hierbei nehmen Lernende die Rolle des Lesers/der Leserin ein, um die lesersteuernde Funktion eines Interpunktionszeichens, seinen Instruktionswert, zu erkunden. Im Gegensatz zum konstruktionsbasierten Vorgehen wird hierbei z. B. vom Komma auf die Konstruktion geschlossen (vgl. ebd.). Ob eine rezeptionsorientierte Kommadidaktik tatsächlich erfolgversprechender ist, ist empirisch bislang nicht belegt.

Zudem liegt eine ausgearbeitete rezeptionsorientierte Kommadidaktik bislang nicht vor. Veröffentlicht sind jedoch Unterrichtsanregungen zu verschiedenen Interpunktionszeichen, die das didaktische Potential des rezeptionsorientierten Ansatzes erkennen lassen.

Beispielsweise schlägt Dreschinski (2016: 411) vor, mit sogenannten „Holzwegsätzen" (Beispiele (11/12)) zu arbeiten, um die Funktion des Punktes bereits in den ersten beiden Schuljahren zu thematisieren:

(11) „*Meine Katze frisst jeden Morgen Fleisch aus der Dose mag sie aber nicht.*"
(12) „*Unser Hund schwimmt gerne in der Badewanne ist es ihm zu eng.*"

Die Lernenden werden auf den ‚Holzweg' geführt, „indem sie den ersten Satz unzulässig erweitern" (ebd.). Mit entsprechenden Fragen (Frisst die Katze das Dosenfleisch? Schwimmt der Hund in der Badewanne?) wird anschließend die Funktion des Punktes aus Lesersicht erarbeitet (vgl. ebd.).

Elsässer & Volz (2012) erarbeiten die Wirkung des Punktes mit „Aufdecksätzen im Schieber". Bei diesem Vorgehen werden Sätze sukzessiv aus einem Schieber gezogen und jeweils mit und ohne Punkt präsentiert: *Der Kuchen schmeckt (.) schrecklich (.) süß*. Die Kinder entdecken so, dass man bei Sätzen ohne Punkt Erweiterungen erwartet, welche die bisherige Bedeutung des Satzes stark verändern können.

Krafft (2018) stellt ebenfalls Unterrichtsmaterialen vor, um die Funktion von Punkt, Ausrufezeichen und Fragezeichen mit Grundschulkindern zu erarbeiten. Leitend dabei ist die Orientierung am Leseprozess. Der Punkt wird als Stoppsignal im Leseprozess eingeführt; mit zeitlichem Abstand folgen Frage- und Ausrufezeichen als weitere Stoppsignale, die jedoch eine zusätzliche kommunikative Funktion für den Leser/die Leserin erfüllen (vgl. Krafft 2018: 31).

Um die Funktion des Kommas für die Sprachverarbeitung zu thematisieren, arbeitet Schönenberg (2012b: 24 ff.) mit Beispielen, bei denen ein fehlendes oder anders positioniertes Komma zu Doppeldeutigkeiten führt.

(13) „*Jana rät ihrer Freundin, nicht immer alles zu erzählen.*"
(14) „*Jana rät, ihrer Freundin nicht immer alles zu erzählen.*"

Bei Konstruktionen dieses Typs kann die Wortgruppe im Dativ (*ihrer Freundin*) je nach Komma entweder als Dativergänzung zu *rät* wahrgenommen werden oder als Teil der Infinitivgruppe. Die Position des Kommas macht also den inhaltlichen Unterschied, ob Jana ihrer Freundin etwas rät oder ob sie einer anderen Person rät, ihrer Freundin nicht alles zu erzählen. Neben Sätzen mit Infinitivgruppen eigenen sich auch Sätze mit möglichen Einschüben (15) oder möglichen Anreden (16), um Doppeldeutigkeiten zu erzeugen.

(15) „Nila sagt, Lara ist nicht eingeladen." „Nila, sagt Lara, ist nicht eingeladen."
(16) „Peter heiratet bald Vera." „Peter heiratet bald, Vera". (ebd.)

Die unterschiedlichen Interpretationen können mit Schüler/innen thematisiert werden. Für die Beschreibung solcher Strukturen müssen Lernende erkennen, dass das Komma als Subordinationsblockade Leserinnen und Lesern verdeutlicht, welche Einheiten einem Verb zugeordnet werden. Das Komma als Leserinstruktion wird so erfahrbar. Im Prinzip werden dazu die syntaktischen Grundlagen benötigt, die auch im Modell von Lindauer & Sutter (2005) zum Erkennen von ‚Königreichen' erforderlich sind, allerdings kehrt sich der Zugang hier um: Nicht die Konstruktion bildet den Ausgangspunkt für das Komma, sondern das Leseverstehen, ausgelöst durch das Komma, führt zur Satzanalyse. Vorschläge, wie eine rezeptionsorientierte Kommadidaktik weiter ausgebaut werden könnte, skizziert Esslinger (2016: 162 ff.).

Einzelne Schulbücher arbeiten bereits mit Beispielen, die die Perspektive von Lesenden bei der Interpunktion berücksichtigen. Ein gängiges Mittel dabei ist, Texte ohne Interpunktionszeichen zu präsentieren. Schönenberg (2016b) verdeutlicht anhand einer Analyse verschiedener Sprachbücher, dass nicht jedes Beispiel geeignet ist, diesem Anspruch gerecht zu werden. Teilweise sind die Aufgaben nicht so angelegt, dass Schüler/innen in die Lage versetzt werden, die Leserrolle einzunehmen, teilweise entstehen durch die verwendeten (Text-/Satz-)Strukturen keine geeigneten Stolperstellen, mit denen eine sinnvolle Reflexion über die Funktion der Interpunktionszeichen initiiert werden kann (vgl. Schönenberg 2016b: 300 ff.). Mit Blick auf eine rezeptionsorientierte Kommadidaktik hält die Autorin unter anderem Satzkonstruktionen für sinnvoll, die durch fehlende Kommas Mehrdeutigkeiten und somit Diskussionsbedarf hervorrufen. Rezeptionsorientierte Aufgaben sollten aber nicht nur als motivierende Einstiege in das Thema Interpunktion (miss)verstanden werden, „sondern […] integraler Bestandteil der gesamten Interpunktionsthematisierung sein" (ebd.: 323).

■ Übungen

1. Erklären Sie, an welcher Stelle und weshalb Leser/innen bei folgendem Satz ins ‚Stolpern' geraten könnten. Konstruieren Sie anschließend zwei eigene Beispiele nach diesem Muster.
   Die Kinder freuen sich auf ihren Klassenausflug mit der Parallelklasse mochten sie jedoch nicht verreisen.
2. Erläutern Sie am nachfolgenden Beispiel, weshalb der Satz ohne Komma(s) doppeldeutig ist und skizzieren Sie anschließend, wie Sie daran das Komma mit Lernenden rezeptionsorientiert thematisieren könnten:
   „Der Lehrer sagt Bart sei frech." (Schönenberg 2016b: 318)

3. Erläutern Sie die jeweilige Rollenverteilung zwischen Schreiber/in und Leser/in anhand der Gegenüberstellung von Satz a) und b).
   a) *Die Mensa hat heute geöffnet!*   b) *Die Mensa hat heute geöffnet?*

Weiterführende Literatur

- **Bredel, U.** (2011) *erläutert das Interpunktionssystem aus rezeptionsorientierter Perspektive.*
- **Esslinger, G.** (2014) *stellt Ergebnisse einer empirischen Untersuchung zur leserseitigen Verarbeitung syntaktischer Interpunktionszeichen dar.*

3. Rechtschreibdiagnostik

In Kapitel 2 wurden regelhafte Strukturen des Schriftsystems beschrieben und mit allgemeinen Unterrichtshinweisen verknüpft. Auf dieser Grundlage baut das Kapitel zur Rechtschreibdiagnostik auf. Rechtschreibdiagnostik – im hier verstandenen Sinne – hat das Ziel, individuelle Lernstände zu ermitteln, um darauf abgestimmte Lernangebote entwickeln zu können. Es geht in diesem abschließenden Kapitel also darum, das schriftsystematische Wissen diagnostisch zu nutzen, um Schüler/innen angemessen zu fördern.

Nach einem allgemeinen Überblick zur Rechtschreibdiagnostik (s. Kap. 3.2.1) wird in Kapitel 3.2.2 ein Raster zur qualitativen Rechtschreibfehleranalyse vorgeschlagen, das auf den in Kapitel 2 beschriebenen graphematischen Grundlagen aufbaut. Im darauffolgenden Kapitel 3.2.3 werden Möglichkeiten skizziert, wie weitere Facetten von Rechtschreibkompetenz diagnostisch in den Blick genommen werden können. Zu Beginn erfolgt eine Auseinandersetzung mit dem Begriff ‚Heterogenität' sowie mit verschiedenen ‚Differenzkategorien', die in aktuellen Studien im Zusammenhang mit Rechtschreibleistungen von Lernerinnen und Lernern diskutiert werden.

3.1 Heterogenität im (Rechtschreib-)Unterricht

Der Begriff **Heterogenität** erscheint nicht erst seit der Inklusionsdebatte in zahlreichen Publikationen, um „Verschiedenheit, Ungleichartigkeit oder Andersartigkeit bezogen auf Individuen, Gruppen oder pädagogische Organisationen" zum Ausdruck zu bringen (Walgenbach 2017: 13). Im didaktischen Kontext wird der Begriff häufig zur Beschreibung individueller Leistungsunterschiede (Leistungsheterogenität) verwendet und gleichzeitig als Herausforderung verstanden, Schüler/innen mit unterschiedlichen Lernausgangslagen durch einen adaptiven Unterricht angemessen zu fördern. Verschiedene Studien belegen ausgeprägte Leistungsunterschiede innerhalb vergleichbarer sozialer Gruppen (vgl. u. a. Stanat et al. 2016, Stanat et al. 2017). Solche Ergebnisse entsprechen der alltäglichen Erfahrung von Lehrkräften, die vor der anspruchsvollen Aufgabe stehen, ihren Unterricht auf individuelle Leistungsunterschiede abzustimmen.

Bezogen auf die Rechtschreibung lässt sich Leistungsheterogenität quantitativ und qualitativ präzisieren: In quantitativer Hinsicht können Leistungsunterschiede oberflächlich anhand der Anzahl der Rechtschreibfehler beschrieben werden. Hingegen verweist die Art der ermittelten Rechtschreibfehler auf den qualitativen Aspekt: So können Lerner/innen unterschiedliche orthographische Fehlerschwerpunkte aufweisen, die sich – bei grober Betrachtung – einem der in Kapitel 2 dargestellten graphematischen Prinzipien zuordnen lassen. Es liegt nahe, dass ein Lerner mit einem Fehlerschwerpunkt bei morphologisch bedingten Schreibungen andere Lernaufgaben benötigt als z. B. eine Schülerin, die hauptsächlich Schwierigkeiten mit der satzinternen Großschreibung hat. Nach diesem Verständnis von Heterogenität geht es um individuelle Leistungsunterschiede und letztlich um die Passung von individueller Lernausgangslage und neu zu erwerbendem Wissen.

Neben dieser auf individuelle Unterschiede abzielenden Bestimmung kann Heterogenität auch anhand „überindividueller Differenzen" beschrieben werden (Budde 2017: 14). Gemeint sind Differenzkategorien wie z. B. **Geschlecht**, **sozioökonomischer Status** oder **Zuwanderungshintergrund**, die in Studien wie dem IQB-Bildungstrend herangezogen werden, um zu beleuchten, ob festgestellte Kompetenzunterschiede damit im Zusammenhang stehen. Auf der Grundlage des aktuellen IQB-Bildungstrends für die Primarstufe (vgl. Stanat et al. 2017) sowie für die Sekundarstufe I (vgl. Stanat et al. 2016) skizzieren wir zu den genannten Differenzkategorien Ergebnisse für den Bereich Orthographie, gehen dabei auf das Merkmal Zuwanderungshintergrund ausführlicher ein und ziehen daraus Schlussfolgerungen für die Rechtschreibdiagnostik.

In Bezug auf die Kategorie **Geschlecht** belegen die IQB-Ergebnisse einen deutlichen Vorsprung der Mädchen gegenüber den Jungen. Von den rund 30 000 untersuchten Viertklässlerinnen und Viertklässlern erreichen oder übertreffen rund 60% der Mädchen den Regelstandard,[43] 11% erreichen den Optimalstandard. Der Anteil unter den Jungen in diesen Kategorien liegt hingegen bei nur 48% bzw. 6%, gleichzeitig erreichen 27% der Jungen nur den Mindeststandard; im Vergleich dazu fällt der Anteil der Mädchen mit 10% gering aus (vgl. Stanat et al. 2017: 194). Solche geschlechtsbezogenen Disparitäten im Bereich Rechtschreibung werden mit zunehmendem Lernalter nicht etwa geringer, sondern verstärken sich tendenziell bis zum Ende der Sekundarstufe I (vgl. Stanat et al. 2016: 387).

Spätestens seit der Veröffentlichung der ersten PISA-Ergebnisse ist der Zusammenhang zwischen dem schulischen Lernerfolg von Kindern und dem **sozioökonomischen Status** ihrer Eltern wieder stärker in den Fokus gerückt. Die Ergebnisse der IQB-Studie für die Primarstufe belegen einen solchen Zusammenhang auch für den Orthographieerwerb: Demnach haben Kinder aus Familien mit hohem sozioökonomischem Status gegenüber Kindern aus Familien mit niedrigerem sozioökonomischem Status einen Kompetenzvorsprung, der etwa dem Lernzuwachs von zwei Dritteln eines Schuljahres entspricht (vgl. Sta-

---

43 Die IQB-Studie arbeitet im Bereich Orthographie mit einem fünfstufigen Kompetenzmodell. Stufe I: *unter Mindeststandard*, Stufe II: *Mindeststandard*, Stufe III: *Regelstandard*, Stufe IV: *Regelstandard plus*, Stufe V: *Optimalstandard* (vgl. Stanat et al. 2017: 65).

nat 2017: 226 f.). Diesen Zusammenhang von Lernerfolg und sozialer Herkunft führen die Autorinnen und Autoren darauf zurück,

> dass Kinder und Jugendliche in unterschiedlichen sozialen, kulturellen und ökonomischen Verhältnissen aufwachsen. Damit verbunden unterscheiden sich auch die bildungsbezogenen Ressourcen und häuslichen Lerngelegenheiten, die ihnen zur Verfügung stehen. Diese Unterschiede in den Ausgangsvoraussetzungen können zu sozialen Ungleichheiten im weiteren Kompetenzerwerb und Bildungsverlauf führen. (Stanat et al. 2017: 213)

Einen Zusammenhang von sozialer Herkunft und Rechtschreibleistung konnten auch Steinig & Betzel (2014) in einer diachron angelegten Untersuchung von Viertklässlertexten aus den Jahren 1972, 2002 und 2012 nachweisen. Insbesondere für die Stichprobe aus den Jahren 2002 und 2012 zeigte sich ein signifikanter Zusammenhang von Rechtschreibfehleranzahl und sozialer Herkunft, wobei Kinder aus der oberen Mittelschicht die wenigsten Rechtschreibfehler machten (ebd.: 364). Nach den Ergebnissen der IQB-Studie sind solche sozialbedingten Disparitäten auch in der neunten Klasse der Sekundarstufe I noch feststellbar, wenngleich sie im Bereich Rechtschreibung geringer ausfallen als z. B. im Kompetenzbereich Lesen.

Neben dem Geschlecht und der sozialen Herkunft wurde in der IQB-Studie auch das Merkmal **Zuwanderungshintergrund**[44] erfasst und wie folgt differenziert (vgl. Stanat et al. 2017: 239):

a) in Deutschland geborene Kinder mit einem im Ausland geborenen Elternteil
b) in Deutschland geborene Kinder mit im Ausland geborenen Eltern
c) im Ausland geborene Kinder und Eltern

Insgesamt lag der Anteil der Viertklässler/innen mit Zuwanderungshintergrund 2016 bei knapp 34% (vgl. Stanat et al. 2017: 242) bzw. bei 29% im Jahr 2015 unter den Neuntklässlerinnen und Neuntklässlern (vgl. Stanat et al. 2016: 437). Den IQB-Ergebnissen zufolge hatten Kinder und Jugendliche mit Zuwanderungshintergrund sowohl in der Primar- als auch in der Sekundarstufe einen signifikanten Kompetenznachteil im Bereich Orthographie. Der Anteil der im Ausland geborenen Kinder (siehe c) ist mit 3,8% zwar gering, erwartungsgemäß ist ihr Kompetenznachteil jedoch am stärksten ausgeprägt (ebd.).

Mit der vielschichtigen Kategorie Zuwanderungshintergrund ist zwar meistens, aber nicht zwingend das Merkmal Deutsch als Zweitsprache (DaZ) verbunden. Dementsprechend gibt es auch Kinder und Jugendliche, die nach der oben genannten Definition keinen Zuwanderungshintergrund haben, aber dennoch mehrsprachig aufwachsen. Unabhängig von solchen definitorischen

---

44 Wir übernehmen an dieser Stelle den in der IQB-Studie verwendeten Begriff ‚Zuwanderungshintergrund'. In anderen Studien ist der Begriff ‚Migrationshintergrund' gebräuchlich.

Schwierigkeiten ist aus rechtschreibdiagnostischer Sicht die Frage relevant, ob DaZ-Lerner/innen grundsätzlich andere orthographische Schwierigkeiten aufweisen als Kinder mit Deutsch als Erstsprache. Denkbar wären bspw. Interferenzfehler,[45] also Transfers aus der Erstsprache, die „nicht aus dem System der deutschen Schreibung erklärt werden können oder bei deutschen Schülern nicht vorkommen" (Thomé 1987: 175).

Beim Vergleich einschlägiger Untersuchungen für den Primarbereich (Becker 2011; Betzel & Steinig 2013; Jeuk 2012) wird deutlich, dass L2-Lerner/innen wie auch in der zuvor erwähnten IQB-Studie zwar durchschnittlich mehr Rechtschreibfehler machen als einsprachig deutsche Kinder, interferenzbedingte Fehler scheinen jedoch eher selten aufzutreten. Jeuk (2012) wertete insgesamt 63 Texte von Kindern aus ersten Klassen mit türkischer Erstsprache aus und kommt zu dem Ergebnis, dass „Normabweichungen, die eventuell auf Interferenzen zurückgeführt werden können, […] mit 4,7% denkbar gering" ausfallen (Jeuk 2012: 119). Betzel & Steinig resümieren nach Auswertung von 437 Texten aus dem vierten Schuljahr:

> Orthographische Probleme mehrsprachiger Kinder betreffen grundsätzlich dieselben Fehlerkategorien, die auch für einsprachige Kinder eine erkennbare Herausforderung darstellen, d. h., es werden strukturell dieselben Fehler gemacht. (Betzel & Steinig 2013: 188)

Dieser Befund bestätigt sich auch für die Sekundarstufe I. So kommt Thomé (1987) in einer älteren Untersuchung mit 61 zweisprachigen Jugendlichen (türkisch/deutsch) und 28 einsprachig deutschen Jugendlichen aus der achten Klassenstufe zu dem Ergebnis, dass die zweisprachigen Jugendlichen zwar mehr Rechtschreibfehler machen, die sechs häufigsten Fehlertypen seien jedoch in beiden Gruppen identisch (ebd.: 102 ff.). Interferenzfehler haben lediglich einen Anteil von 2,7% bei türkischen Jugendlichen, bei großzügiger Auslegung maximal 4,8%.

Auf der Grundlage von 356 Texten aus dem achten Schuljahr (77 L2- und 279 L1-Lerner/innen) kommt Fix (2002) zu einer ähnlichen Einschätzung. Bei L2-Lernenden lassen sich zwar durchschnittlich mehr Rechtschreibfehler nachweisen, dies gelte insbesondere für syntaktisch fundierte Fehlerkategorien wie die Großschreibung, dennoch unterscheiden sich

> Schüler mit Deutsch als langjähriger Zweitsprache – anders, als dies oft in der Schulpraxis angenommen wird – in ihrer orthografischen Kompetenz in den meisten Fehlerkategorien nicht wesentlich von Schülern mit deutscher Muttersprache. (Fix 2002: 54)

---

45 So könnte die Schreibung *Birif (Brief)* bei einem Schreiber mit türkischer L1 als Interferenzfehler interpretiert werden, wenn man annimmt, dass ein Sprossvokal zwischen <b> und <r> eingefügt wurde, um die Aussprache des Konsonantenclusters zu erleichtern (vgl. Becker 2019: 286). Es ist allerdings auch möglich, dass die Schreibung andere Ursachen hat.

Fix schließt daraus, dass eine spezifische Förderung von L2-Lernenden für den Kompetenzbereich Rechtschreibung nicht notwendig sei, stattdessen komme es darauf an, individuelle Förderschwerpunkte zu ermitteln (ebd.). Zieht man zudem in Betracht, dass das Merkmal Zuwanderungshintergrund in Deutschland tendenziell mit einem niedrigeren sozioökonomischen Status im Zusammenhang steht (vgl. Becker 2019), ist fraglich, ob Mehrsprachigkeit tatsächlich für die ermittelten Kompetenznachteile ausschlaggebend ist. Ergebnisse der DESI-Studie zeigen, dass unter Berücksichtigung des sozialen Hintergrunds sowie des Geschlechts „für das *Rechtschreiben* nicht mehr von einem Leistungsrückstand der Jugendlichen mit nicht-deutscher Erstsprache gesprochen werden" kann (Klieme 2006: 4, Hervorhebung im Original).

In eine ähnliche Richtung weisen auch die Ergebnisse der aktuellen IQB-Studie für den Primarbereich, denn bei statistischer Kontrolle konfundierender Merkmale sinkt der Kompetenznachteil zugewanderter Kinder deutlich. Allerdings gilt dies nicht für Kinder, „deren Familien aus der Türkei, aus dem ehemaligen Jugoslawien oder einem arabischen Land zugewandert sind" (Stanat 2017: 272). Zusätzlich seien Kompetenzunterschiede bei solchen Kindern stärker ausgeprägt, die in ihrer Familie entweder nur „manchmal Deutsch" oder „nie Deutsch" sprechen (ebd.). In diesem Zusammenhang machen auch Dahmen & Weth (2018: 187 ff.) sowie Becker (2019) auf besondere Schwierigkeiten und Unterstützungsbedarfe solcher L2-Lerner/innen aufmerksam, die die Schriftsprache erwerben müssen, ohne dabei auf ausgebaute Strukturen der gesprochenen L2 zurückgreifen zu können (vgl. Becker 2019: 285).

Geist & Krafft (2017) merken mit Bezug auf die oben genannten Studien an, dass mehrheitlich frühe L2-Lerner/innen[46] in den Blick genommen wurden. Sie gehen davon aus, dass bei späten L2-Lernenden, die bereits in ihrer L1 alphabetisiert wurden, „deutlichere Auswirkungen der Unterschiede zwischen den Schriftsystemen auftreten" (ebd.: 79). Einzelbeobachtungen stützten diese Annahme, wenngleich umfangreichere empirische Studien zu dieser im deutschen Schulsystem eher kleinen Gruppe bislang nicht vorliegen (vgl. Jeuk 2018: 55).

<u>Zusammenfassend bleibt festzuhalten:</u> Individuelle Kompetenzunterschiede in der Rechtschreibung können mit überindividuellen Differenzkategorien wie z. B. Geschlecht, sozialem Milieu oder Zuwanderungshintergrund im Zusammenhang stehen. Dieses Hintergrundwissen kann Lehrkräfte für ungünstige Lernvoraussetzungen sensibilisieren. Für die konkrete Unterrichtsarbeit sind solche Differenzkategorien jedoch sekundär, da sich die Art der Fehler zwischen den Gruppen strukturell kaum unterscheidet.[47] Primär kommt es also da-

---

46 Von frühem Zweitspracherwerb wird häufig dann gesprochen, wenn der Zweitspracherwerb etwa zwischen dem 3. und 5. Lebensjahr stattfindet. Man grenzt damit einen frühen Zweitspracherwerb von einem bilingualem Erstspracherwerb und von späteren Phasen des Zweitspracherwerbs ab (vgl. Kniffka & Siebert-Ott 2009: 30).

47 Wie oben bereits angemerkt bezieht sich diese Aussage nicht auf solche L2-Lerner/innen, die noch nicht über ausreichende Strukturen in der gesprochenen L2 verfügen. Diese Lerner/innen benötigen sowohl mit Blick auf Strukturen der

rauf an, individuelle Förderschwerpunkte zu ermitteln und darauf abgestimmte Lernangebote zu konzipieren.

Ein Unterricht, der an den individuellen Lernausgangslagen der Schüler/innen ansetzt, erfordert von den Unterrichtenden diagnostische Kompetenz. Diagnostische Kompetenz ist eng mit dem fachlichen Wissen verknüpft und zählt zu den wichtigsten Kompetenzen von Lehrkräften (vgl. Ossner 2006: 24). Dies gilt in besonderer Weise für einen inklusiven Rechtschreibunterricht, in dem die Bandbreite der individuellen Lernausgangslagen und erforderlichen Fördermaßnahmen noch einmal erheblich größer ausfällt (vgl. Betzel 2019: 402 ff.).

3.2 Rechtschreibdiagnostik

3.2.1 Überblick

Im Unterricht diagnostizieren Lehrkräfte fortlaufend, z. B. wenn sie nach einer zuvor gestellten Aufgabe durch den Klassenraum gehen, Schwierigkeiten bei der Bearbeitung registrieren und sich daraufhin entscheiden, die Aufgabe noch einmal zu erklären. Es handelt sich dabei um eine implizite Form der Diagnostik, die kein ausdrückliches Urteil verlangt und „auf der Grundlage eingeübter Denkroutinen mit einem vergleichsweise geringen Grad an bewusster Aufmerksamkeit und Kontrolle" erfolgt (Schrader & Helmke 2014: 46). Von einer expliziten Form der Diagnostik spricht man, wenn sie vom unmittelbaren Unterrichtsgeschehen abgehoben ist, ein ausdrückliches Urteil hervorbringt und der Urteilsvorgang gründlich reflektiert werden kann (vgl. ebd.). Die letztgenannte Form ist gemeint, wenn nachfolgend von Diagnostik die Rede ist.

Wer ein diagnostisches Urteil abgibt, setzt gewonnene Informationen mit einem Vergleichsmaßstab, einer Norm, in Beziehung. Man unterscheidet mindestens drei Bezugsnormen: Setzt man die Leistung von Personen in Bezug zur durchschnittlichen Leistung einer sozialen Gruppe, z. B. der Klasse, handelt es sich um eine **soziale Bezugsnorm**. Eine **individuelle Bezugsnorm** liegt zugrunde, wenn eine Leistung mit einer zuvor erbrachten Leistung derselben Person verglichen wird. Die **kriteriale Bezugsnorm** bezieht sich auf die Sache, z. B. wenn eine Leistung mit einem vorgegebenen Mindeststandard abgeglichen wird (vgl. Rheinberg 2014: 59 ff.). Welche Bezugsnorm jeweils im Mittelpunkt steht, hängt u. a. davon ab, wozu und wie diagnostiziert wird. Wir diskutieren dies anhand der folgenden Abbildung.

---

gesprochenen Sprache als auch mit Blick auf Strukturen der geschriebenen Sprache gezielte Unterstützung, um Regelhaftes erkennen und für den Erwerb der Schriftsprache nutzen zu können. Für eine ausführliche Diskussion verweisen wir auf den Band von Dahmen & Weth (2018), darin insbesondere auf Kapitel 9, sowie auf Berkemeier (2019: 19 ff.).

3.2 Rechtschreibdiagnostik

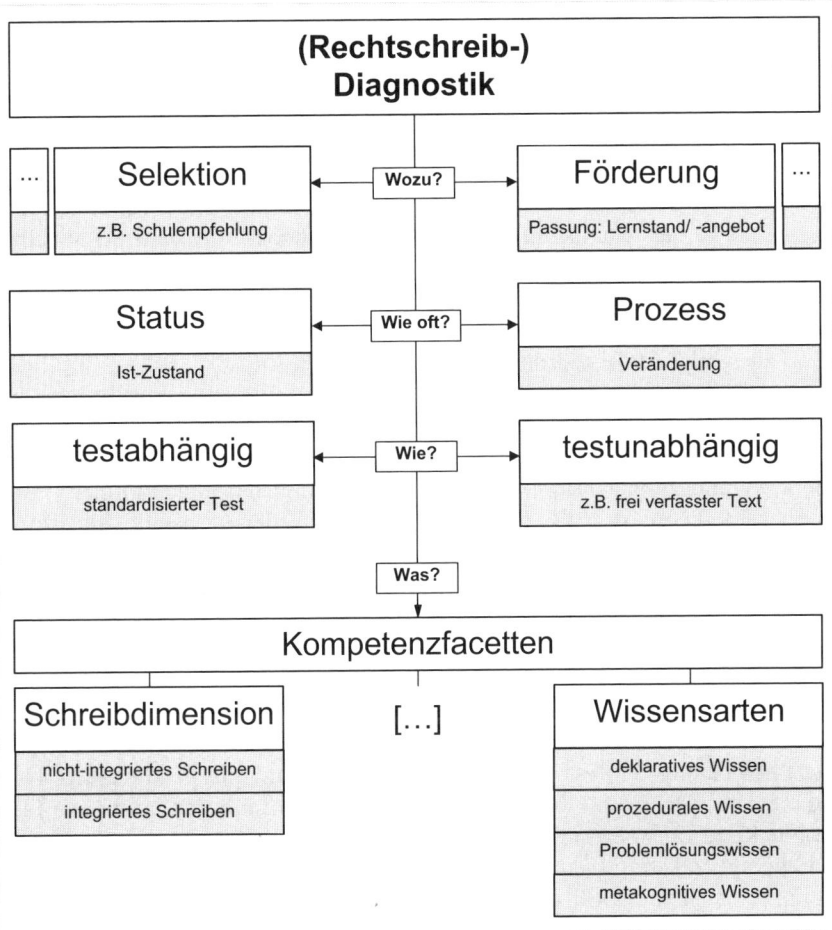

Abb. 49: Rechtschreibdiagnostik

Mit der Frage nach dem Zweck unterscheiden wir grundlegend zwischen Selektions- und Förderdiagnostik. Die seitlichen Auslassungspunkte in Abbildung 49 deuten an, dass Diagnostik durchaus auch andere Funktionen haben kann, z. B. die Evaluation des eigenen Unterrichts. **Selektionsdiagnostik**[48] bedeutet, gewonnene Informationen zu verwenden, um Personen einer Kategorie zuzuordnen. Dies ist z. B. der Fall, wenn Rechtschreibleistungen für Schullauf-

---

48 Die Gegenüberstellung von Selektions- und Förderdiagnostik ist eine Vereinfachung. Eine anfängliche Selektion (z. B. leistungsstarke/-schwache Lerner/innen) kann selbstverständlich die Grundlage für eine entsprechende Förderung sein.

bahnentscheidungen oder zur Eignung für bestimmte Berufe herangezogen werden. Soziale oder kriteriale Bezugsnormen stehen hierbei im Zentrum. Hingegen orientiert sich **Förderdiagnostik**[49] an einer individuellen Bezugsnorm und zielt darauf ab, den individuellen Lernstand zu ermitteln, um im Sinne eines adaptiven Unterrichts Lernangebote anpassen zu können. Damit geht zugleich eine veränderte Sicht auf Rechtschreibfehler einher, die nicht defizitorientiert betrachtet werden, sondern als Hinweise auf den individuellen Lernstand zu verstehen sind. Förderdiagnostik ist somit der erste Schritt eines dreistufigen Prozesses: a) Feststellung des aktuellen Lernstandes, b) Planung nächster Schritte und c) Bereitstellung geeigneter Mittel der Unterstützung (vgl. Breitenbach 2017: S 110). Rechtschreibdiagnostik verstehen wir nachfolgend ausschließlich als Förderdiagnostik.

Im Weiteren kann zwischen Status- und Prozessdiagnostik unterschieden werden. **Statusdiagnostik** erfasst punktuell den Ist-Zustand und trifft prognostische Aussagen, während ein **prozessdiagnostisches Vorgehen** dazu dient, Veränderungen festzustellen und Entwicklungen zu dokumentieren (vgl. Lenhard & Lenhard 2017: 177). Zwar wird mit jeder Lernstandsfeststellung zunächst ein Ist-Zustand erfasst, um auf dieser Grundlage Förderplanungen vorzunehmen, zwischen Förder- und Prozessdiagnostik besteht allerdings ein enger Zusammenhang, weil nur eine prozessbegleitende Diagnostik darüber Aufschluss gibt, ob eine Förderung Wirkung zeigt.

Die bislang unterschiedenen Arten der Diagnostik können entweder testabhängig oder testunabhängig erfolgen. **Standardisierte Tests** zeichnen sich dadurch aus, dass die Gütekriterien Objektivität, Reliabilität und Validität „bei der Entwicklung der Testverfahren berücksichtigt und überprüft werden" (Mischo & Wahl 2015: 327). Neben diesen Gütekriterien sind standardisierte Tests in der Regel normiert, d. h., sie wurden an einer repräsentativen Stichprobe durchgeführt. Damit bieten sie Vergleichswerte, um Leistungen mit einer größeren sozialen Gruppe als normalerweise der Schulklasse in Beziehung setzen zu können. Sie gehen dabei üblicherweise von einer Normalverteilung aus und ordnen die Leistungen dann in die Normalverteilungskurve ein. Zu den gängigen standardisierten Rechtschreibtests zählen u. a.:

- die Hamburger Schreibprobe (HSP, vgl. May 2010)
- der Weingartener Grundwortschatz Rechtschreibtest (WRT, vgl. Birkel 2007)
- der Diagnostische Rechtschreibtest (DRT, vgl. Müller 2003)
- der Deutsche Rechtschreibtest (DERET, vgl. Stock & Schneider 2008)

---

[49] Der Begriff Förderdiagnostik wird in neueren Arbeiten zum Teil durch den Begriff pädagogische Diagnostik ersetzt, weil der Begriff Förderung vorwiegend Aktivitäten der Lehrenden und nicht der Lernenden nahelege (vgl. Schiefele et al. 2019: 16).

Einen Überblick über verschiedene Rechtschreibtests geben u. a. Frahm & Blatt (2015), Mischo & Wahl (2015) sowie Lenhard & Lenhard (2017). Im Unterricht wird die Rechtschreibleistung häufiger **testunabhängig** diagnostiziert, z. B. anhand von frei verfassten Texten. Förderdiagnostisch ist dies sinnvoll, wenn nicht nur Fehler gezählt werden (quantitativer Aspekt), sondern wenn auch die Art der orthographischen Phänomene in den Blick genommen wird (qualitativer Aspekt). Auch bestimmte standardisierte Tests bieten die Möglichkeit einer qualitativen Fehlerdiagnostik. Bei testunabhängigen Verfahren können vorhandene Fehlerschlüssel verwendet werden, um Fehler systematisch zu erfassen, z. B. AFRA[50] (vgl. Herné & Naumann 2005) oder OLFA[51] (vgl. Thomé & Thomé 2017). In Kapitel 3.2.2 wird die qualitative Fehleranalyse ausführlich besprochen.

Bislang war von der Rechtschreibleistung oder der Rechtschreibkompetenz die Rede. In Kapitel 1.3 wurde bereits dargestellt, dass das Konstrukt Rechtschreibkompetenz vielschichtig ist. Dementsprechend kann Rechtschreibdiagnostik nicht die Rechtschreibkompetenz erfassen, sondern lediglich Facetten von Rechtschreibkompetenz (vgl. Fay & Berkling 2013: 88). Abbildung 49 verdeutlicht dies, indem ausgewählte Kompetenzfacetten angeführt sind. Grundsätzlich stellt sich die Frage, in welchen Schreibsituationen Rechtschreibkompetenz erfasst werden soll (vgl. Huneke 2010: 304). Ist es sinnvoll, Rechtschreibkompetenz eher anhand von Lückentexten oder Diktaten (nicht-integriertes Schreiben) zu messen, weil bei der Bearbeitung die Aufmerksamkeit der Schreibenden vorwiegend auf der Rechtschreibung liegt? Oder ist es sinnvoll, Rechtschreibkompetenz eher anhand von frei verfassten Texten (integriertes Schreiben) zu erheben, wenn sich die Aufmerksamkeit der Schreibenden u. a. auf inhaltliche Aspekte sowie auf Fragen der Textorganisation richtet? Diese Unterscheidung betrifft die Kompetenzfacette Schreibdimension (vgl. Ludwig 1995). Am Beispiel silbischer Schreibungen konnte Fay (2010a) nachweisen, dass die „Rechtschreibleistung […] beim nicht-integrierten Schreiben eines Rechtschreibtests […] schlechter als beim integrierten Schreiben eines frei verfassten Textes [ausfällt], da die ‚Dichte der Fehlerfallen' im Rechtschreibtest wesentlich höher ist" (Fay 2010a: 31). Zieht man frei verfasste Texte zur Einschätzung der Rechtschreibleistung heran, liegt der Fokus vorwiegend auf prozeduralem Wissen, da, sieht man von Schreibanfängern ab, die Rechtschreibung bei der Textproduktion überwiegend automatisiert abläuft. Zur Rechtschreibkompetenz zählt jedoch auch, über geeignete Problemlösestrategien zu verfügen (Problemlösungswissen), sich seiner Stärken und Schwächen bewusst zu sein (metakognitives Wissen) und ggf. Ausnahmeregeln für bestimmte Schreibungen des Peripheriebereichs zu kennen (deklaratives Wissen). Somit stellen die in Abbildung 49 unterschiedenen Wissensarten Facetten von

---

50 AFRA steht für **A**achener **F**örderdiagnostische **R**echtschreibfehler-**A**nalyse
51 OLFA steht für **O**ldenburger **F**ehler**a**nalyse.

Rechtschreibkompetenz dar, die durch bestimmte Formen der Diagnostik in den Blick genommen werden können. Daraus folgt: Mit der Entscheidung, bestimmte Daten zur Messung von Rechtschreibkompetenz heranzuziehen, wird nicht die Rechtschreibkompetenz erfasst, sondern höchstens ein Ausschnitt davon.

Zusammenfassend lässt sich festhalten: Diagnostische Kompetenz verlangt von Lehrkräften ein hohes Maß an diagnostischem Wissen und Können. Dazu gehört, aus verschiedenen Methoden zur Einschätzung von Schülerleistungen die für die Fragestellung angemessene auszuwählen (z. B. testabhängige/-unabhängige Verfahren), sich über Urteilstendenzen und -fehler sowie der Tatsache bewusst zu sein, dass mit bestimmten Daten lediglich Kompetenzfacetten erfasst werden. Zur diagnostischen Kompetenz im Bereich Rechtschreibung zählt insbesondere schriftsystematisches Wissen (s. Kap. 2). Es bildet die fachliche Grundlage, um anhand von frei verfassten Texten diagnostische Urteile abzugeben, vorhandene Rechtschreibtests und Fehlerschlüssel in ihrer orthographietheoretischen Ausrichtung einzuschätzen und Wortmaterial daraufhin zu überprüfen, ob es dem orthographischen Kern- oder Peripheriebereich zuzurechnen ist. Diagnostische Kompetenz beinhaltet zudem Wissen über angenommene Erwerbsprozesse, um bspw. Übergeneralisierungen (s. Kap. 3.2.2) als Indikatoren für begonnene Lernprozesse verstehen zu können (vgl. Huneke 2010: 312). Nicht minder zählt die Reflexion des eigenen Unterrichts dazu. Das bedeutet, diagnostische Ergebnisse nicht nur schülerseitig zu betrachten, sondern sie auch als Resultat des angebotenen Unterrichts zu verstehen: „Die Ermittlung von Kompetenzen sagt etwas über Leistungen der Schüler in Relation […] zu dem Unterricht, den sie erfahren haben, aus" (Röber 2015: 524). Diagnostische Kompetenz setzt sich somit aus verschiedenen in sich wiederum komplexen Bausteinen zusammen.

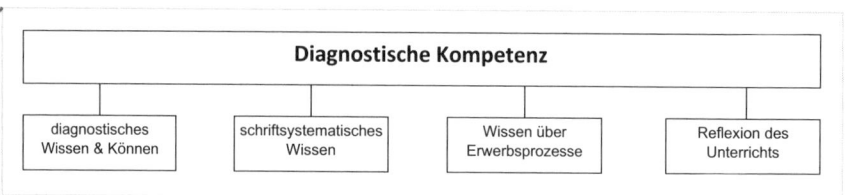

Abb. 50: Diagnostische Kompetenz

3.2.2 Qualitative Fehleranalyse bei frei verfassten Texten

Alltägliches Schreiben ist fast immer integriertes Schreiben, bspw. wenn wir beruflich oder privat eine E-Mail, einen Brief, einen Bericht, ein Protokoll oder Ähnliches verfassen. Selten oder nie schreiben wir hingegen im Alltag nach Diktat. Die Nähe zur alltäglichen kommunikativen Schreibpraxis ist ein Argument dafür, dass frei verfasste Texte zur Rechtschreibdiagnostik herangezogen werden sollten. Nach Thomé & Thomé (2017: 11) sind frei verfasste Texte „ab einem gewissen Umfang in Hinsicht auf die Validität eindeutig im Vorteil." Förderdiagnostisch genügt es allerdings nicht, nur Rechtschreibfehler zu zählen, vielmehr nimmt man bei einer qualitativen Fehleranalyse

> die orthographischen Besonderheiten des Wortmaterials und der gemachten Fehler derart in den Blick, dass sowohl nach dem zahlenmäßigen Auftreten als auch nach der Art der orthographischen Phänomene geschaut wird. (Fay & Berkling 2013: 86)

Fehleranalyseraster können hierfür eine Hilfe sein. In Kapitel 3.2.1 wurde bereits auf bestehende Raster wie die OLFA oder die AFRA verwiesen. Hinter solchen vorwiegend systematisch-deskriptiven Rastern stehen bestimmte schrifttheoretische Annahmen: So werden bspw. in der AFRA die Phänomene Dehnung und Schärfung vokalquantitativ mit Bezug zum Wortstamm erfasst, wohingegen im vorliegenden Buch mit der graphematischen Silbe gearbeitet wird. Aufgrund solcher und weiterer schrifttheoretischer Unterschiede wird nachfolgend ein eigenes Fehleranalyseraster vorgestellt, das zwar auf einige Kategorien der AFRA[52] zurückgreift, insgesamt jedoch so aufgebaut ist, dass es mit der in Kapitel 2 erläuterten Schrifttheorie weitgehend übereinstimmt.

Von weitgehender Übereinstimmung sprechen wir deshalb, weil mit Blick auf die unterrichtspraktische Handhabbarkeit des Rasters Vereinfachungen vorgenommen wurden. Das Raster ist somit als **unterrichtsbezogene Orientierung** für Lehrkräfte zu verstehen, um Fehler aus frei verfassten Texten systematisch erfassen zu können. Wie wir im Anschluss noch erläutern werden, ist die Kategorisierung von Fehlern nicht immer eindeutig, sie setzt schriftsystematisches Wissen voraus und ersetzt nicht die eigenständige, varietätenbezogene Beurteilung von Fehlern.

Wir stellen das Raster zunächst vor, erläutern in einem anschließenden Exkurs die angeführten Fehlerkategorien ausführlich und gehen danach auf vorgenommene Vereinfachungen und mögliche Schwierigkeiten ein. Eine Beispielanalyse eines Schülertextes schließt das Kapitel ab.

---

52 Die folgenden Kategorien des Fehleranalyserasters wurden – z. T. modifiziert – aus der AFRA übernommen: GA (= Graphemauswahl), GF (= Graphemfolge), GM (= gebundene Morpheme), GRS (= Großschreibung) und KS (= Kleinschreibung).

Phonographische Schreibungen

1	GA	**Graphemauswahl** „Auswahl eines Graphems, das keine lauttreue Verschriftung des betreffenden Phonems darstellt" (aus: AFRA)	*Prot (Brot), *schlümm (schlimm), *Manner (Männer), *maren (machen)
2	GF	**Graphemfolge** „Auslassung, Hinzufügung eines Graphems oder Vertauschung der Reihenfolge von Graphemen" (aus AFRA) (wenn keine andere Kategorie greift!)	*Kust (Kunst), *Gilraffe (Giraffe), *Fabirk (Fabrik)
3	SG	**Spezielle Grapheme** fehlerhafte Schreibung bei einem speziellen Graphem: <f>, <v>, <s>, <ß>, <x>, <qu> (wenn keine andere Kategorie greift!)	*vallen (fallen), *Fater (Vater), *Gräßer (Gräser), *Strase (Straße), *Hechse (Hexe), *Kwark (Quark)
4	SGV	**Spezielle Graphemverbindungen** fehlerhafte Schreibung bei einer speziellen Graphemverbindung: <ai>, <ei>, <eu>, <chs>, <pf>, <ng>, <nk>, <sch>	*Keiser (Kaiser), *Raise (Reise), *Froide (Freude), *Fux (Fuchs), *Ferd (Pferd), *Rin (Ring), *Ongkel (Onkel), *Sule (Schule)

Silbische Schreibungen

5	GVU	**Gespannte Vokale unmarkiert** fehlerhafte Schreibung bei einem gespannten Vokal in betonter offener Silbe ohne Markierung → auch morphologisch konservierte (komplexe) Formen	*lohben (loben), *tooben (toben), *ratten (raten), → *lohbt (lobt), *Rattschlag (Ratschlag)
6	GVM	**Gespannte Vokale markiert** fehlerhafte Schreibung bei einem gespannten Vokal mit Markierung: Dehnungs-<h>, Doppelvokal → auch morphologisch konservierte (komplexe) Formen	*wonen (wohnen), *Sele (Seele) → *wont (wohnt), *Wonung (Wohnung)
7	GI	**Gespanntes [i:]** fehlerhafte Schreibung bei gespanntem [i:] in betonter offener Silbe; gilt auch für Ausnahmeschreibungen: [i:] → <i>, [i:] → <ih> → auch morphologisch konservierte (komplexe) Formen	*Libe (Liebe), *miten (mieten), *fligen (fliegen), *Tieger (Tiger), *ire (ihre) → *fligt (fliegt), *Mitshaus (Mietshaus),
8	UVU	**Ungespannte Vokale unmarkiert** fehlerhafte Schreibung bei einem ungespannten Vokal in betonter geschlossener Silbe ohne Markierung → auch morphologisch konservierte (komplexe) Formen	*Hunnde (Hunde), *Kiender (Kinder), *Wolcke (Wolke), *Printzen (Prinzen) → *Wanndfarbe (Wandfarbe), *hällt (hält)
9	SIG	**Silbengelenkschreibung** fehlerhafte Silbengelenkschreibung einschließlich besonderer Formen: <ck>, <tz>, <ch>, <sch>, <ng>, <pf> → auch morphologisch konservierte (komplexe) Formen	*Waser (Wasser), *Bäker (Bäcker), *Kaze (Katze), *waschschen (waschen) → *rent (rennt), *Balspiel (Ballspiel)
10	SH	**Silbeninitiales <h>** fehlendes silbeninitiales <h> → auch morphologisch konservierte (komplexe) Formen	*geen (gehen), *Ree (Rehe) →*get (geht), *Flo (Floh), *Geweg (Gehweg)
11	RS	**Reduktionssilbe** fehlerhafte Verschriftung einer Reduktionssilbe (außer SH): <e>, <er>, <ern>, <el>, <eln>, <en> oder	*geh (gehe), *Kinda (Kinder), *Männan (Männern), *Klingl (Klingel), *schlafn (schlafen)

		Morphologische Schreibungen	
12	MG	**Morphemgrenze** fehlerhafte Verschriftung an der Morphemgrenze beim Aufeinandertreffen gleicher oder ähnlicher Laute	*Fahrad (Fahrrad), *Laubaum (Laubbaum), *endecken (entdecken), *Bebaung (Bebauung)
13	GM	**Gebundene Morpheme** fehlerhafte Verschriftung eines gebundenen Morphems	*ealeben (erleben), *ferraten (verraten), *Wirtschafft (Wirtschaft), *gehsd (gehst)
14	AS	**Auslautverhärtung und Spirantisierung** fehlerhafte Schreibung bei Auslautverhärtung (<b/p>, <d/t>, <g/k>, <s/ß>) und g-Spirantisierung → auch im Wortinneren komplexer Formen und bei flektierten Formen	*Kint (Kind), *Graß (Gras), *Könich (König) → *Waltweg (Waldweg), *Klukheit (Klugheit), *lopst (lobst)
15	ÄE	<ä/e>-<äu/eu>-Schreibung fehlerhafte Schreibung bei <ä/e> oder <äu/eu>	*helt (hält), *Heuser (Häuser), *Läute (Leute)
		Syntaktische Schreibungen	
16	GRS	**Großschreibung** fälschliche Kleinschreibung eines großzuschreibenden Ausdrucks	*lärm (Lärm), das *kochen (Kochen)
17	KS	**Kleinschreibung** fälschliche Großschreibung eines kleinzuschreibenden Ausdrucks	das *Schnelle Auto (schnelle)
18	GS	**Getrenntschreibung** fälschliche Zusammenschreibung	er streicht am *Haustüren (...Haus Türen)
19	ZS	**Zusammenschreibung** fälschliche Getrenntschreibung	er klingelt an der *Haus Tür (Haustür)
20	DS	<das>-/<dass>-Schreibung fehlerhafte Schreibung von <das> oder <dass>	ich glaube, *das du... (dass), das Auto, *dass... (das)
		Sonstige Phänomene	
21	SON	**Sonstige Phänomene** alle Fehler, die keiner Kategorie (1-20) zugeordnet werden können	*imm (im), *wehn (wen)

Tab. 12: Fehleranalyseraster (s. auch im Onlinespeicher)

Exkurs: Erläuterungen zu den Fehlerkategorien

Phonographische Schreibungen

1) **GA** erfasst fehlerhafte Graphem-Phonem-Zuordnungen (*schlümm statt schlimm). Das ausgewählte Graphem stellt in Bezug auf die Standardlautung keine lauttreue Verschriftung des Phonems dar (vgl. hierzu Anmerkungen zu Varietäten im Anschluss).

2) **GF**: Wird ein Graphem ausgelassen (*Kust statt Kunst), hinzugefügt (*Gilraffe statt Giraffe) oder vertauscht (*Fabirk), wird es unter GF erfasst. Nicht unter GF fallen Auslassungen oder Hinzufügungen, wenn sie der silbi-

schen oder morphologischen Ebene zugeordnet werden können: z. B. *seen (SH), *Muter (SIG), *lohben (GVU), *Pinsl (RS), *Laubaum (MG), *Hunt (AS).

3) **SG**: Zu den speziellen Graphemen zählen **<f> und <v>**, weil beide das Phonem [f] repräsentieren können. Unter SG werden alle Verstöße gegen die Schreibung [f] → <f> (*vallen) erfasst sowie Verstöße gegen [f] → <v>, wenn es sich um Merkwörter wie Vater, Vogel, vier usw. handelt. Nicht unter SG fallen Verstöße gegen die morphologisch bedingte <v>-Schreibung bei den Morphemen ver- oder vor- (→ GM).
Fehler bei der **<s/ß>-Schreibung** werden ebenfalls unter SG erfasst. Dies betrifft die Unterscheidungsschreibung von <s> für stimmhaften und <ß> für stimmlosen intervokalischen s-Laut: *Gräßer, *Strase. Ebenfalls fallen hierunter Schreibungen wie *Knoßpe, wenn <s> für stimmlosen s-Laut steht (nicht intervokalisch). Nicht unter SG fallen folgende Fälle der s-Schreibung:
- es liegt Auslautverhärtung vor, d. h., ein stimmhaftes /z/ wird im Silbenendrand entstimmt und fehlerhaft verschriftet: *Graß (→ AS),
- es handelt sich um eine Silbengelenkschreibung (*Waser, *Waßer), auch bei morphologisch konservierten (komplexen) Formen wie *gehast (→ SIG).

Ebenfalls unter SG fallen fehlerhafte Schreibungen der Grapheme <x> (*Hechse) und <qu> (*Kwark).

4) **SGV** erfasst spezielle Graphemverbindungen. Darunter fallen Fehler bei den Diphthongschreibungen <ai> (*Keiser), <ei> (*Raise) und <eu> (*Froide) sowie bei weiteren speziellen Graphemverbindungen: <chs> (*Fux), <pf> (*Ferd), <ng> (*Rin), <nk> (*Ongkel), <sch> (*Sule).

Silbische Schreibungen
In die Kategorien 5) bis 10) werden auch morphologisch konservierte silbische Regularitäten eingeordnet: z. B. *Balspiel (→ SIG), *get (→ SH).

5) **GVU** erfasst fehlerhafte Schreibungen bei gespanntem Vokal in betonter offener Silbe ohne besondere Markierung: *lohben (fälschliches Dehnungs-<h>), *tooben (fälschlicher Doppelvokal) oder *ratten (fälschlich als ungespannter Vokal markiert).

6) **GVM**: Darunter fallen fehlerhafte Schreibungen bei einem gespannten Vokal mit besonderer Markierung: Dehnungs-<h> (*wonen) oder Doppelvokal (*Bot). Dies gilt nicht für <ih>-Schreibungen (→ GI).

7) **GI** erfasst fehlerhafte Schreibungen bei gespanntem [i:] in betonter offener Silbe (*Libe). Auch von dieser Regularität abweichende Schreibungen werden darunter erfasst: [i:] → <i> (*Tieger, *Biebel). Zusätzlich fallen darunter fehlerhafte <ih>-Schreibungen bei Pronomen wie ihn, ihm usw.

8) **UVU** erfasst fehlerhafte Schreibungen bei ungespanntem Vokal in betonter geschlossener Silbe ohne besondere Markierung, z. B. *Hunnde* (überflüssiger Doppelkonsonant), *Kiender* (fälschliche Markierung als gespannter Vokal) oder *Printzen* (<t> silbisch überflüssig).
9) **SIG** erfasst fehlerhafte Silbengelenkschreibungen, z. B. *Muter* (Doppelkonsonant fehlt), aber auch besondere Silbengelenkschreibungen wie z. B. bei *Kaze* oder *Bäker* sowie weitere besondere Formen: <ch>, <sch>, <ng>, <pf>.
10) **SH** erfasst das Fehlen eines silbeninitialen <h> (*geen*). Das silbeninitiale <h> steht zwar im Anfangsrand der Reduktionssilbe, Fehler in diesem Bereich werden jedoch aus förderdiagnostischen Gründen in einer eigenständigen Kategorie erfasst und nicht unter ‚RS'.
11) **RS**: Die fehlerhafte Verschriftung einer Reduktionssilbe (z. B. *Kinda*, *Kling l*) wird unter dieser Kategorie erfasst, sofern es sich nicht um das silbeninitiale <h> handelt.

Morphologische Schreibungen
12) **MG** erfasst die fehlerhafte Verschriftung an der Morphemgrenze beim Aufeinandertreffen gleicher oder ähnlicher Laute, z. B. *Laubaum*, *Fahrad*, *Bebaung*, *endecken* usw. Fehler dieses Typs werden ausschließlich unter der Kategorie MG erfasst, weil davon ausgegangen wird, dass die morphologische Struktur nicht transparent ist (*Laub + Baum* oder *ent + decken*). Nicht unter MG fallen Schreibungen wie *Balspiel*, *Geweg*, *kent* usw. Zwar tritt der Fehler hier auch an der Morphemgrenze auf, es handelt sich jedoch um eine konservierte silbische Regularität, die ausschließlich unter den entsprechenden silbischen Fehlerkategorien notiert wird.
13) **GM** erfasst die fehlerhafte Verschriftung von gebundenen Morphemen (Präfixe, Suffixe). Darunter fallen Derivationsmorpheme (*verlässlich*) und Flexionsmorpheme (*gehst*). Mit Herné & Naumann (2005: 15) gehen wir davon aus, dass gebundene Morpheme „als rechtschreibliche Einheit aus dem orthografischen Langzeitspeicher ganzheitlich abgerufen werden". Eine Schreibung wie *ferfahren* wird ausschließlich unter GM erfasst. Dies gilt auch für trennbare Partikeln wie <ab> (*abspielen*) oder <vor> (*vorspielen*), da sie sich hinsichtlich der orthographischen Fehlererfassung (zumindest in Kontaktstellung) nicht von Präfixen unterscheiden.
14) **AS** erfasst Fehler im Bereich Auslautverhärtung und g-Spirantisierung. Die richtige Schreibung kann in der Regel durch Verlängern ermittelt werden (*Hunt* → *Hun-de*, *Könich* → *Köni-ge*). Auch Ausnahmen (*Jugent*, *unt*) werden unter dieser Kategorie erfasst.
Unter AS fällt auch die Auslautverhärtung im Wortinneren komplexer Wörter (*Waltweg*) oder bei flektierten Formen (*lekt*).

15) **ÄE** erfasst Fehler bei der <ä/e>-Schreibung (z. B. **Beche, *Bächer, *zehlen*) und der <äu/eu>-Schreibung (z. B. **Beume*). Die richtige Schreibung kann in der Regel von einer morphologisch verwandten Form mit <a> bzw. <au> abgeleitet werden (*Bäche/Bach, zählen/Zahl, Bäume/Baum*).
Unter ÄE fallen auch solche Schreibungen, bei denen die Umlautschreibung synchron nicht auf eine morphologisch verwandte Form mit <a> oder <au> zurückgeführt werden kann (*Lärm/?, räuspern/?*).

Syntaktische Schreibungen

16) **GRS** erfasst die fälschliche Kleinschreibung eines großzuschreibenden Ausdrucks. In der Regel handelt es sich um Verstöße gegen die satzinterne Großschreibung bei einem attribuierbaren Ausdruck. Unter ‚GRS' wird auch die fälschliche Kleinschreibung nicht attribuierbarer Ausdrücke (z. B.* im allgemeinen*) erfasst, die wir zu den Ausnahmen rechnen. Auch eher selten auftretende Verstöße zu weiteren Regelungsbereichen der Großschreibung (Überschriften, Satzanfänge, Großschreibung von Anredepronomen in der Höflichkeitsform) werden hierunter notiert.
17) **KS** erfasst die fälschliche Großschreibung eines kleinzuschreibenden Ausdrucks.
18) **GS** erfasst die fälschliche Zusammenschreibung von Wörtern im Kern- und Peripheriebereich.
19) **ZS** erfasst die fälschliche Getrenntschreibung eines Wortes im Kern- und Peripheriebereich.
20) **DS** erfasst fehlerhafte Schreibungen von <das> (Artikel, Demonstrativum, Relativum) oder <dass> (Subjunktion).

Sonstige Phänomene

21) **SON:** Alle Fehler, die keiner der Kategorien 1) bis 20) zugeordnet werden können, fallen unter diese Sammelkategorie.

Die 21 Fehlerkategorien ermöglichen eine qualitative Fehleranalyse auf der Grundlage der in Kapitel 2 erarbeiteten Schriftstruktur. Einleitend wurde bereits angemerkt, dass einige **Vereinfachungen** vorgenommen wurden, zudem wurde auf mögliche **Schwierigkeiten** hingewiesen. Hierzu einige Erläuterungen:

Vereinfachungen und mögliche Schwierigkeiten

- Innerhalb der Fehlerkategorien wird nicht zwischen **Kern- und Peripheriebereich** unterschieden. Beispielsweise werden in der Kategorie ‚IE' nicht nur regelhafte Schreibungen erfasst, bei denen ein gespanntes [iː] in betonter offener Silbe mit <ie> wie in *Liebe* verschriftet wird, sondern auch Ausnahmeschreibungen wie bspw. *Tiger* oder *Bibel*, bei denen ein gespanntes [iː] als <i> geschrieben wird.

Erläuterung: Zunächst kommt es darauf an, sämtliche Verstöße eines Fehlerbereichs in der entsprechenden Kategorie zu sammeln. Es obliegt anschließend der fachlichen Expertise der Lehrkraft, Schreibungen des Kern- und Peripheriebereichs zu unterscheiden und damit das Fehlerprofil genauer zu bestimmen. Förderperspektivisch müssen ohnehin zuerst die Regularitäten zur <ie>-Schreibung erarbeitet bzw. wiederholt werden, um anschließend auf dieser Grundlage periphere Fälle als von der Regularität abweichende Merkwörter behandeln zu können. Dies gilt auch für andere Kategorien, z. B. Großschreibung, Getrennt- und Zusammenschreibung usw.

- **Morphologisch konservierte silbische Schreibungen** werden ausschließlich unter silbischen Schreibungen erfasst. In Kapitel 2 wurde die Konservierung silbisch bedingter Schreibungen – z. B. die Silbengelenkschreibung in Wortbildungsprodukten (*Ball*spiel) und flektierten Formen (*rennt*) – unter dem morphologischen Prinzip behandelt. Solche morphologisch konservierten silbischen Regularitäten werden im vorliegenden Raster ausschließlich auf silbischer Ebene erfasst, jedoch nicht zusätzlich auf morphologischer Ebene. Das mehrteilige Vorgehen, bestehend aus morphologischer Segmentierung und silbischer Herleitung durch Langformbildung, wird durch das Raster somit nicht abgebildet.
Erläuterung: Wir nehmen hier eine unterrichtsbezogene Perspektive ein. Es kommt zunächst darauf an, den Fehler als silbisch bedingten zu erfassen, denn eine anschließende Förderung setzt an den silbischen Strukturen der Wortschreibung an, um darauf aufbauend die Beibehaltung silbischer Merkmale in allen Wortformen zu erarbeiten. Folgt man dem „zweischrittigen Konstruktionsmuster der Wortschreibung" (Hinney 2010: 70), wird die Morphemkonstanzschreibung stets mitbehandelt (s. Kap. 2.3.5).
- Aus dem letztgenannten Punkt wird deutlich, dass **Fehler** in der Regel **nicht mehrfach signiert** werden. Eine Schreibung wie *Laubaum* wird somit ausschließlich unter ‚MG' (Morphemgrenze) erfasst, nicht jedoch zusätzlich unter ‚GF' (hier: Auslassung eines Graphems) und ‚AS' (Auslautverhärtung). Ebenso wird eine Schreibung wie *Pinsl* ausschließlich als fehlerhafte Verschriftung einer Reduktionssilbe (RS) erfasst und nicht zusätzlich unter ‚GF' (hier: Auslassung eines Graphems).
Erläuterung: Durch diese Vereinfachung sollen sich Fehlerschwerpunkte innerhalb bestimmter Ebenen (z. B. Silbe, Morphem) deutlicher abbilden und die Anwendung des Rasters erleichtert werden. Diese Setzung führt mitunter zu **Unschärfen**; Bspw. könnte die fehlerhafte Schreibung der Wortform *entdecken* sowohl unter ‚MG' (Morphemgrenze) als auch unter ‚GM' (gebundene Morpheme) erfasst werden. Das Beispiel verdeutlicht, dass das **Raster als unterrichtspraktische Orientierung** zu betrachten ist und nicht die kontextbezogene Einschätzung der Lehrkraft ersetzt. So kann letztlich erst im Kontext weiterer Verschriftungen von *ent-* beurteilt werden, ob das gebundene Morphem *ent-* nur beim Aufeinandertreffen gleicher und ähnlicher

Laute an der Morphemgrenze falsch verschriftet wird oder ob dieser Fehler auch bei anderen Morphemanschlüssen auftritt: z. B. *ent/führen, ent/wenden*.
Mehrfachsignierungen werden im vorliegenden Raster vorgenommen, wenn es sich eindeutig um unterschiedliche Fehlertypen handelt. Dies tritt v. a. im Zusammenhang mit der Groß-/Kleinschreibung auf:

Schreibung	Kategorien
*este (Äste)	→ Verstoß gegen die Großschreibung, Zuordnung zur Fehlerkategorie ‚GRS'
	→ Verstoß gegen die Umlautschreibung (Ableitungsstrategie), Zuordnung zur Fehlerkategorie ‚ÄE'

- Aus den oben angeführten Vereinfachungen resultiert zusätzlich die Herausforderung, dass vermeintlich gleiche Fehlertypen in **unterschiedliche Fehlerkategorien** einzuordnen sind. So ist die Schreibung *Fater (<f> statt <v>) unter ‚SG' einzuordnen, hingegen die Schreibung *Ferbindung (ebenfalls: <f> statt <v>) unter ‚GM', weil es sich im Gegensatz zu *Fater um einen Fehler bei einer morphologisch bedingten Schreibung handelt. In ähnlicher Weise gilt es, das fehlende <t> in den Schreibungen *Kane (statt *Kante*) und *Kaze (statt *Katze*) differenziert zu behandeln. Im ersten Fall handelt es sich tatsächlich um einen phonographischen Verstoß (‚GF': Auslassung eines Graphems), im zweiten Fall um eine silbische Regularität (‚SIG').
Erläuterung: Die beiden Beispiele genügen, um zu zeigen, dass sich eine naive 1:1-Zuordnung von Fehler und Fehlerkategorie verbietet. Stattdessen muss auf der Basis schriftstruktureller Überlegungen für jeden Fehler entschieden werden, welcher Kategorie er zuzuordnen ist. Die zielführende Anwendung des Rasters steht somit in enger Verbindung zur diagnostischen Kompetenz einer Lehrkraft und damit zu ihrer fachlichen Expertise (s. Abb. 50).
- Eine weitere Schwierigkeit ergibt sich durch die im Raster vorgeschlagene Zuordnung von Schreibungen wie z. B. *schlümm (statt *schlimm*) als Verstoß gegen die phonographische Schreibung. „Linguistisch und didaktisch ist diese Interpretation fragwürdig, weil es die entsprechende Lautung in bestimmten Regionen gibt [...]. Didaktisch ist die Klassifizierung problematisch, weil sie impliziert, dass das Kind ‚falsch hört'" (Eisenberg & Fuhrhop 2007: 28). In diesem Sinne läge also kein phonographischer Fehler vor, weil ein Kind in einer bestimmten Region durchaus – entsprechend seiner **Varietät** – phonographisch korrekt geschrieben haben könnte. Ähnliches lässt sich – regional bedingt – in Bezug auf die unter ‚SG' vorgenommene Unterscheidung von stimmhaftem [z] und stimmlosem [s] anführen.
Erläuterung: Die Bezugsgröße für die Kategorisierung von Fehlern wie z. B. *schlümm als Verstoß gegen die phonographische Schreibung ist die Standardvarietät. Dies ist eine Vereinfachung, denn „Kinder lernen nicht eine

Varietät schreiben, die sie als gesprochene schon beherrschen, sondern sie lernen mit dem Schreiben das Standarddeutsche" (ebd.: 28/29). Damit wird ersichtlich, dass die Zuordnung von Fehlern in vorgegebene Fehlerkategorien von Lehrkräften eine kontext- und varietätenbezogene Reflexion auf der Grundlage ihrer fachlichen Expertise erfordert (s. Abb. 50), welche die individuellen und regionalen Besonderheiten der jeweiligen Lerngruppe berücksichtigt. Insbesondere darf jedoch aus solchen zunächst abstrakten Zuordnungen nicht der einfache Schluss gezogen werden, ein Kind höre falsch.

Anwendungsbeispiel
Prinzipiell ist zu beachten, dass für diagnostische Zwecke herangezogene Texte eine ausreichende Wortanzahl aufweisen sollten, um verlässliche Aussagen über Fehlerschwerpunkte treffen zu können. Siekmann & Thomé (2012: 164) empfehlen eine Datengrundlage im Umfang von mindestens 350 Wörtern. Um auf diesen Umfang zu kommen, können durchaus verschiedene Texte eines Schreibers/einer Schreiberin einbezogen werden, wenn sie in einem vergleichbaren Zeitraum verfasst wurden. Der nachfolgende Text eines Sechstklässlers verfehlt mit 139 Wörtern diesen Richtwert, er genügt jedoch, um die Anwendung des Analyserasters grundsätzlich zu demonstrieren.

Beispiel

Das Bootsunglück 1
An einem sonigen Sonntagmorgen wollten Hr. Jakob und sein Hund Pfiffi zum rudern. Sie wollten zum See. Dort angekomen gingen sie zum Bootsferlei; Sie konnten zwichen Ruder- und Trettboot entscheiden sie nahmen ein Ruderboot. Pfiffi sprang hinein und Hr. Jakob kleterte hinterher. Hr. Jakob ruderte 5
los. Bald darauf hate er nasse Füße. Sie fanden kein Loch. Pfiffi war Wasserscheu, und sprang auf eine sitz Bank vor Hr. Jakob. Sie wollten wieder zurückrudern, aber das ging nicht den sie waren zu weit draußen und nach ein paar metern standen sie ca. 15 cm im Wasser. Plötzlich kipt das Bot um und dem Hr. Jakob auf den Kopf er wurde ohnmechtig und ertrank. Nur Pfiffi war recht- 10
zeitig abgesprungen und brachte sich in sicherheit. Und bis heute weiß keiner, außer der Hund, Pfiffi, von dem Dragischen unglück im See.
Ende

(Gesamtschule, Klasse 6, männlich)

In Tabelle 13 sind die fehlerhaften Schreibungen den betreffenden Kategorien des Rasters zugeordnet. Hierzu einige Erläuterungen: Die Schreibungen *Bootsferlei, *sitz Bank und *Dragischen wurden jeweils zwei Kategorien zugeordnet: Bei *Bootsferlei ist das gebundene Morphem ver- falsch verschriftet (GM), überdies fehlt das silbeninitiale <h> (SH). Bei *sitz_Bank handelt es sich um einen Fehler im Kernbereich der Zusammenschreibung (ZS), zusätzlich wurde die fälschliche Kleinschreibung von *sitz(bank) unter ‚GRS' erfasst. Die Wortform *Dragischen weist sowohl eine falsche Graphemauswahl (GA) als auch einen Verstoß wider die Kleinschreibung (KS) auf. Bei den Wörtern *Trettboot, *kipt und *Bootferlei handelt es sich um morphologisch konservierte silbische Regularitäten, die, wie oben erläutert, ausschließlich unter silbischen Fehlerkategorien erfasst werden.

Phonographische Schreibungen	
GA	Dragischen
SGV	zwichen
Silbische Schreibungen	
GVU	Trettboot
GVM	Bot
SIG	sonigen, angekomen, kleterte, hate, kipt
SH	Bootsferlei_
Morphologische Schreibungen	
GM	Bootsferlei
ÄE	ohnmechtig
Syntaktische Schreibungen	
GRS	rudern, sitz_Bank, metern, sicherheit, unglück
KS	Wasserscheu, Dragischen
ZS	sitz_Bank
Sonstige Phänomene	
SON	den_

Tab. 13: Fehlerkategorien

Tabelle 13 macht den Unterschied zwischen einer quantitativen Erfassung von Normverstößen und einer qualitativen Fehleranalyse deutlich. Die Einordnung der Rechtschreibfehler in entsprechende Fehlerkategorien erlaubt eine Einschätzung von individuellen Fehler- und zukünftigen Förderschwerpunkten, die auf der Grundlage des vorliegenden Textes im Bereich der Silbengelenkschreibung sowie der Großschreibung zu verorten wären. Das diagnostische Urteil lässt sich präzisieren, wenn Basisraten ermittelt werden, um Fehlerquotienten zu berechnen (s. Exkurs auf S. 168). Außerdem wird deutlich, dass mit diesem Vorgehen eine veränderte Sicht auf orthographische Fehler verbunden ist: Rechtschreibfehler geben nicht nur Hinweise auf individuelle Förderschwerpunkte, sondern dienen auch dazu, „Strategien und Hypothesen der Lerner/innen, die sich hinter Fehlern verbergen," zu verstehen (Bredel et al. 2017: 136). Sieht man sich die Schreibungen der Fehlerkategorie Großschreibung (GRS) aus Tabelle 13 noch einmal genauer an, fällt auf, dass bis auf das Wort *sitz_Bank ausschließlich Abstrakta (*Meter, Sicherheit, Unglück*) und eine sog. Substantivierung (*zum Rudern*) fälschlich kleingeschrieben wurden. Konkreta (*Hund, Wasser, Kopf, Bank, Tretboot* usw.) bereiten dem Schreiber offensichtlich keine Schwierigkeiten. Mit dieser Beobachtung kann vermutet werden, dass er großzuschreibende Ausdrücke – vorwiegend semantisch orientiert – mit der Wortart Substantiv verbindet und syntaxbezogene Strategien (Attribuierbarkeit) noch nicht zielführend nutzt. Die fälschliche Großschreibung des Ausdrucks *Wasserscheu* stützt diese Annahme zusätzlich. Analysiert man Rechtschreibfehler auf diese Weise, erfordert dies gleichsam eine Reflexion des Unterrichtsangebots. Im genannten Fall wäre bspw. zu überlegen, ob die Großschreibung vorwiegend anhand lexikalisch-semantischer Strategien unterrichtet wurde bzw. ob syntaxbasierte Strategien im Unterricht zukünftig verstärkt eine Rolle spielen sollten.

Dass Fehler auch Hinweise auf Lernfortschritte sein können, ist in der Rechtschreibdidaktik unstrittig. Eine Schülerin, die bspw. neu erkannt hat, dass [iː] in betonter offener Silbe als <ie> verschriftet wird (*Bie-ne*), schreibt möglicherweise Wörter, die sie zuvor richtig geschrieben hat, falsch: *Biebel, *Bieber, *Tieger. Dieser vermeintliche Rückschritt ist jedoch als Lernfortschritt zu werten, weil ein prototypisches Muster erkannt wurde, das bis auf wenige Ausnahme- und Fremdwortschreibungen zielführend ist. Solche Fehler bezeichnet man als **Übergeneralisierungen** und meint damit, dass eine neu erworbene Struktur auch auf Fälle übertragen wird, auf die sie nicht zutrifft. Bredel et al. (2017: 145) sprechen von „u-kurvenförmigen Lernverläufen" und machen damit deutlich, dass durch den Erwerb neuer Strukturen bisheriges Wissen überprüft und mitunter destabilisiert wird. „Es wird dann zusammen mit dem neuen Wissen zu neuen Wissensformen transformiert und kehrt stabiler als zuvor zurück" (ebd).

Abschließend bleibt festzuhalten: Fehler sind Teil des Lernprozesses und können von Lehrkräften genutzt werden, das Lernangebot auf individuelle Förderschwerpunkte abzustimmen. Fehler geben zudem Einblicke in mögliche Strategien und Hypothesen der Lerner/innen. Mit Siekmann & Thomé (2012) betrachten wir deshalb

> Fehler als Hinweise und Hilfen, mit denen in einer Gesamtschau das System der inneren Regeln, die der Rechtschreibkompetenz eines bestimmten Lerners zu einem gegebenen Zeitpunkt zugrunde liegen, rekonstruiert werden kann. (Siekmann & Thomé 2012: 13)

Exkurs: Berechnung eines Fehlerquotienten

Zieht man frei verfasste Texte zur Rechtschreibdiagnostik heran, ist ein Vergleich zwischen Schülerinnen und Schülern nur eingeschränkt möglich, da sich Texte hinsichtlich des verwendeten Wortmaterials und des orthographischen Schwierigkeitsgrades erheblich unterscheiden können. Förderdiagnostisch ist dies relativ unproblematisch, weil eine individuelle Bezugsnorm zugrunde liegt. Möchte man jedoch Vergleiche zwischen Lernenden anstellen (soziale Bezugsnorm), kann ein **Fehlerquotient für entsprechende Kategorien** berechnet werden, um die Vergleichbarkeit auf quantitativer Ebene zu präzisieren (vgl. Fay & Berkling 2013: 90). Hierzu werden die **Fehlerrohwerte** einer Kategorie (z. B. Fehler im Bereich ‚GRS') ins Verhältnis zur jeweiligen **Basisrate** (z. B. alle Fehlermöglichkeiten der Kategorie ‚GRS') gesetzt. Am Beispiel des Schülertextes ergibt sich für die Fehlerkategorie Großschreibung (‚GRS') folgende Auszählung/Berechnung:

Fehlerrohwert (‚GRS')	Alle ermittelten Fehler im Bereich Großschreibung (‚GRS')	= 5
Basisrate (Kategorie ‚GRS')	Alle Fehlermöglichkeiten des Textes im Bereich Großschreibung. Nicht berücksichtigt wurden Satzanfänge sowie Eigennamen (Pfiffi, Herr Jakob) als Sonderbereich.	= 20
Fehlerquotient (Kategorie ‚GRS')	Der Fehlerquotient drückt das prozentuale Verhältnis eines Fehlerrohwertes zur entsprechenden Basisrate aus: Fehlerrohwert multipliziert mit 100, dividiert durch die Basisrate.	= 25%

Tab. 14: Berechnung eines Fehlerquotienten

Je höher der Fehlerquotient für eine Kategorie ausfällt, desto größer sind die Schwierigkeiten im entsprechenden Bereich. Allerdings kommt es auch hier darauf an, dass eine ausreichend hohe Basisrate vorhanden ist, um verlässliche Aussagen treffen zu können.

■ Übungen

1. Ordnen Sie die fehlerhaften Schreibungen den entsprechenden Kategorien des Fehleranalyserasters zu:
   a) *Schuhle (Schule),   b) *Hantuch   (Handtuch), c) *fliet   (flieht),
   d) *Hacken (Haken),   e) *Sak   (Sack),
   f) *Falschirm (Fallschirm), g) *schümpfen (schimpfen),
   h) *ferlaufen (verlaufen), i) *Raßen   (Rasen),   j) *fier   (vier),

k) *Heusa (Häuser),   l) *bolizei (Polizei),   m) *Bot (Boot),
n) *wenich (wenig),   o) *libe (Liebe).

2. Geben Sie für die Schreibungen b), c), e) und f) an, weshalb aus unterrichtsbezogener Perspektive ein zweischrittiges Vorgehen zur Herleitung der korrekten Schreibung erforderlich ist, obwohl die Fehler im Raster nur einfach signiert werden.
3. Analysieren Sie den Einleitungstext aus Kapitel 2.3.1 mithilfe des hier vorgestellten Fehleranalyserasters und berechnen Sie anschließend den Fehlerquotienten für die Kategorie ‚GRS' (= fälschliche Kleinschreibung eines Wortes) ohne Berücksichtigung der Großschreibung am Satzanfang.
4. Beurteilen Sie die folgenden Schreibungen eines Drittklässlers im Gesamtkontext: *sieben, *Biebel, *Tieger, finden, spielen, *legel, Winter, fliegen.*

3.2.3 Weitere Möglichkeiten der Rechtschreibdiagnostik

In den Kapiteln 1.3 und 3.2.1 wurde dargestellt, dass das Konstrukt Rechtschreibkompetenz facettenreich ist. Rechtschreibdiagnostik sollte dieser Vielschichtigkeit möglichst gerecht werden. Neben der Analyse von Schreibprodukten mit dem Fokus auf prozeduralem Wissen kann es aufschlussreich sein, metakognitives Wissen und verfügbares Problemlösungs- oder Regelwissen von Lernenden diagnostisch zu beleuchten, um Einblicke in gelungene oder fehlgeleitete Konstruktionsprozesse zu erhalten.

Eine Möglichkeit, verfügbares Problemlösungswissen zu ermitteln, besteht in der mündlichen **Befragung** von Lernenden (vgl. Fay & Berkling 2013: 91). Sowohl korrekte als auch fehlerhafte Schreibungen können Gegenstand der Befragung sein. Im nachfolgenden Beispiel wurde eine Siebtklässlerin (S) mit einem Satz konfrontiert, in dem ein Fehler enthalten war: *Ich wollte eigentlich nichts *böses.* Nachdem sie den Fehler entdeckt hatte, fand der folgende Dialog mit einem Interviewer (I) statt (Betzel 2015a: 281):

Beispiel

S: Ähm *Böses* wird großgeschrieben, [weil ähm]
I: [Schreibt] man Wiewörter nicht klein?
S: Ja, Wiewörter schreibt man klein, aber ähm *Bös* (.) ähm *ich wollte ja nichts Böses*, das ist genauso wie ich wollte eigentlich keinen Kuchen, sozusagen. Ähm und das ist eben ein substantiviertes Adjektiv.
I: Hm (..) und warum hast du das Beispiel mit keinen Kuchen gebracht? Was äh steckt da dahinter?
S: Also es ist eben auch ein Substantiv und wird auch großgeschrieben.
I: Hm.
S: Ja, wenn es da reinpasst, dann ist es wahrscheinlich ein äh substantiviertes Adjektiv.

Die Schülerin ersetzt im gegebenen Kontext die Wortgruppe *nichts Böses* durch die Wortgruppe *keinen Kuchen*, die im Gegensatz zur Ausgangskonstruktion ein lexikalisches Substantiv enthält. Daraus schließt die Befragte vermutlich, dass die Substantivierung *Böses* in dieser Satzposition ebenfalls großgeschrieben werden muss. Die Schülerin wendet also eine Ersetzungsprobe an, verbalisiert eine Problemlösestrategie und gibt damit zu erkennen, wie sie im Zweifelsfall eine Schreibung (hier bezogen auf die Großschreibung) ggf. kontrollieren könnte.

Befragungen dieser Art können für die Förderplanung aufschlussreich sein, insbesondere auch dann, wenn Schwierigkeiten von Lernenden dabei zum Vorschein kommen, auf die in anschließenden Unterrichtsstunden gezielt reagiert werden kann. Allerdings sind so erhobene Daten mit Zurückhaltung zu interpretieren: Zum einen lässt explizit verfügbares Problemlösungswissen keinen Rückschluss zu, ob es im Modus des Schreibens auch zur Anwendung kommt oder ob nicht andere Wege zur korrekten Schreibung führen. Verbalisierte Strategien und tatsächliches Handeln in konkreten Schreibsituationen divergieren möglicherweise. Zum anderen kann angenommen werden, dass Befragte zwar implizit über Strategien verfügen, dass sie diese jedoch in einer Befragungssituation nicht oder nicht angemessen verbalisieren können. Die Aufgabe, eine potentiell vorhandene Strategie im Interview zu verbalisieren, stellt Lernende vor besondere Herausforderungen und beeinträchtigt das Ergebnis mitunter erheblich.

Neben solchen Befragungen kann auch durch bestimmte **Aufgabenformate** Problemlösungswissen von Lernenden ermittelt werden:

Aufgabenstellung zur Diagnose von Problemlösungswissen am Beispiel von morphologisch begründeten Schreibungen:
Diese Wörter enthalten ‚Aufpassstellen'. Schreibe das Wort dahinter, das dir hilft, richtig zu schreiben. Achte dabei auf die Groß- und Kleinschreibung!
die Häuser _____
das Schreibheft _____
er flog _____
der Wandschrank _____
endlich _____
sie fällt _____
Denke an das ‚Hilfswort' und setze richtig ein: d oder t?
eiskal_, kugelrun_, bil_schön, Wal_bran_, Har_platz

Abb. 51: Aufgaben zur Diagnose von Problemlösungswissen (Geist & Krafft 2017: 92)

Der Vorteil im Vergleich zur mündlichen Befragung besteht darin, dass erforderliche Strategien nicht verbalisiert werden müssen. Es genügt, wenn Lernende die Ableitungsbasis *Haus* hinter *Häuser* notieren, woraus sich die Schreibung des Diphthongs [ɔi] mit <äu> herleiten lässt. In ähnlicher Weise sind Aufgaben aus VERA 8 (Durchgang 2012) aufgebaut. Allerdings sind die Strategien hier benannt und sollen entsprechend angekreuzt werden.

	Methode	Man verlängert das Wort.	Man sucht den Wortstamm.	Man zerlegt das Wort.	Man muss sich das Wort merken.
Beispiel	*artig* *artik*	☒	☐	☐	☐

Abb. 52: VERA 8, Deutsch Orthographieaufgaben (www.iqb.hu-berlin.de/vera/aufgaben; letzter Zugriff: 07.10.19)

Zwar kann auch bei dieser Form der Datenerhebung nicht auf das geschlossen werden, was tatsächlich im Modus des Schreibens abläuft, möglicherweise kommt es jedoch dem näher, was Schreiber/innen tun, wenn sie bei bestimmten Wortformen in Zweifel geraten.

Zweifel zu haben und dadurch den Prozess des weitgehend automatisierten Rechtschreibens an bestimmten Stellen zu unterbrechen, um mit geeigneten Strategien Schreibungen kontrollieren zu können, zeichnet kompetente Rechtschreiber/innen aus (vgl. Müller 2014: 8; vgl. Bredel 2006: 7). Neben der Fähigkeit, sich seiner Schwächen bewusst zu sein, zählt auch die Einschätzung eigener Stärken und erzielter Lernfortschritte zum **metakognitiven Wissen**. Letztgenannter Aspekt ist für den weiteren Lernprozess von Bedeutung, damit kein negatives Selbstkonzept entsteht, welches die Motivation zur Weiterarbeit erschwert. Selbsteinschätzungsbögen, auf denen Schüler/innen eintragen, in welchen Bereichen sie sich sicher oder eher unsicher fühlen, sind eine Möglichkeit, Selbsteinschätzungen von Schülerinnen und Schülern diagnostisch in den Blick zu nehmen. Eine Vorlage hierzu findet sich bei Schrader (2005: 22). Solche Selbstreflexionen können von Lehrkräften genutzt werden, um sie mit Lernenden im Gespräch abzugleichen, erzielte Lernfortschritte aufzuzeigen und zukünftige Arbeitsschwerpunkte abzustimmen.

Eine andere Möglichkeit, die Einschätzung eigener Stärken und Schwächen von Lernenden im Bereich Rechtschreibung zu unterstützen, besteht in der Durchführung von **Rechtschreibgesprächen**. Bei Rechtschreibgesprächen schließen sich Schüler/innen z. B. zu Vierergruppen zusammen. Einzelne Gruppenmitglieder verbalisieren nach bestimmten Regeln und in abwechselnder Reihenfolge Herleitungsstrategien für bestimmte Schreibungen, helfen und korrigieren sich gegenseitig, lernen so voneinander und reflektieren in diesem Prozess eigene Stärken und Schwächen. Gesprächsbegleitend wird ein Protokollbogen ausgefüllt, auf den die verbalisierten Strategien (z. B. Verlängern, Ableiten), aufgetretene Unsicherheiten und Fragen für die anschließende Besprechung im Plenum eingetragen werden. Ein solcher Protokollbogen hilft Lehrkräften, auf Fragen der jeweiligen Gruppen gezielt einzugehen und ermöglicht zudem diagnostische Einblicke, welche Rechtschreibphänomene von Lernenden sicher oder weniger sicher beherrscht werden. Droll (2014) sowie Betzel & Schöler (2016) beschreiben exemplarisch den möglichen Ablauf eines Rechtschreibgesprächs und bieten entsprechende Unterrichtsmaterialien dazu an. Einen Musterprotokollbogen sowie Arbeitsmaterial für Schüler/innen zum Ablauf und zur Durchführung von Rechtschreibgesprächen finden Sie im Onlinespeicher.

■ Übungen

1. Ergänzen Sie die Aufgabe aus VERA 8 (s. Abb. 52), indem Sie je zwei Beispielwörter für die angegebenen Strategien (bzw. Methoden) hinzufügen.
2. Erstellen Sie eine Aufgabe nach dem Muster von Abbildung 51, um Problemlösungswissen zum Bereich Auslautverhärtung zu diagnostizieren. Integrieren Sie auch Beispiele zur Auslautverhärtung im Wortinneren komplexer Wortformen, bei denen eine simple Verlängerung zur Herleitung der Schreibung nicht ausreicht (s. Kap. 2.3.3).
3. Die folgende Aufgabe stammt aus VERA 3 (Durchgang 2014). Reflektieren Sie aus diagnostischer Perspektive Chancen und Schwierigkeiten dieses Aufgabentyps.

Teilaufgabe 1:
Warum wird das Wort **Sträucher** mit **äu** und nicht mit **eu** geschrieben? Begründe.
✎ _____

Teilaufgabe 2:
Warum wird das Wort **bunt** mit **t** und nicht mit **d** geschrieben? Begründe.
✎ _____

Teilaufgabe 3:
Warum wird das Wort **Handwerkszeug** mit **ks** und nicht mit **x** geschrieben? Begründe.
✎ _____

(www.iqb.hu-berlin.de/vera/aufgaben; letzter Zugriff: 07.10.19)

Weiterführende Literatur

- **Fay, J. & Berkling, K.** (2013) *beleuchten im Rahmen der Rechtschreibdiagnostik standardisierte Tests sowie Fehlerschlüssel zur Analyse von frei verfassten Texten und geben Einblicke in weitere Möglichkeiten der Rechtschreibdiagnostik.*
- **Frahm, S. & Blatt, I.** (2015) *stellen verschiedene Rechtschreibtests vor und vergleichen abschließend die vorgestellten Testinstrumente.*

Literaturverzeichnis

Afflerbach, S. (1997): Zur Ontogenese der Kommasetzung vom 7. bis zum 17. Lebensjahr. Frankfurt/Main: Lang.

ARW = Die amtliche Regelung der deutschen Orthographie; s. Rat für deutsche Rechtschreibung (2017).

Augst, G. & Dehn, M. (2013): Rechtschreibung und Rechtschreibunterricht. 5., aktualisierte Auflage. Seelze: Friedrich.

Autorengruppe Bildungsberichterstattung: Bildung in Deutschland 2018. Bielefeld: wbv. [https://www.bildungsbericht.de/de/bildungsberichte-seit-2006/bildungsbericht-2018/pdf-bildungsbericht-2018/bildungsbericht-2018.pdf] (letzter Zugriff: 19.12.2019).

Bangel, M. (2018): Wortbildungsstrukturen als Wegweiser beim Dekodieren. Eine empirische Untersuchung zum Erschließen komplexer Wörter in Jahrgang 5. Stuttgart: Metzler.

Bangel, M. (2015): Von „gefelt" zu „gefällt" – morphologischen Schreibungen auf der Spur. Mit Till Eulenspiegel-Texten den Sinn von Konstantschreibung erforschen. In: Deutschunterricht, H. 5/2015, 12-17.

Bangel, M., Bredel, U., Hinney, G., Müller, A., Reißig, T. & Schröder, E. (2017): Wir lernen lesen – vom Wort zum Satz zum Text. Hamburg: Rohr.

Bangel, M. & Müller, A. (2018): Wörtern und Sätzen auf der Spur. Seelze: Kallmeyer.

Bangel, M. & Müller, A. (2014): Zur Entwicklung morphologischer Bewusstheit und basaler Lesefähigkeiten durch die Arbeit an Wort-(bildungs)strukturen – Erste Ergebnisse einer Interventionsstudie. In: Didaktik Deutsch, H. 36, 42-63.

Becker, T. (2019): Orthographie. In: S. Jeuk & S. Settinieri (Hrsg.): Sprachdiagnostik Deutsch als Zweitsprache. Berlin: De Gruyter, 277-298.

Becker, T. (2011): Spracherwerb in der Zweitsprache. Eine qualitative Längsschnittstudie. Baltmannsweiler: Schneider.

Bergmann, R. & Nerius, D. (1998): Die Entwicklung der Großschreibung im Deutschen von 1500 bis 1700 – Unter Leitung von R. Bergmann, P. Ewald, J. Förtsch, U. Götz, D. Nerius, B. Ruf & R. Tippe. 2 Bände. Heidelberg: Winter.

Berkemeier, A. (2019): Schrift- und Orthographievermittlung in vielfältigen Lerngruppen. Ein Theorie-Praxis-Band mit kompatiblen Instrumenten für alle Schulstufen. Baltmannsweiler: Schneider.

Berkemeier, A. (2007): Zur Bedeutung der Silbe in der neueren rechtschreibdidaktischen Diskussion: Versuch einer Synopse. In: Osnabrücker Beiträge zur Sprachtheorie (OBST), H. 73, 81-96.

Betzel, D. (2019): Rechtschreibunterricht. In: C. Hochstadt & R. Olsen (Hrsg.): Handbuch Deutschunterricht und Inklusion. Weinheim u. a.: Beltz, 402-420.

Betzel, D. (2017): Beobachtungen zur das/daß/dass-Schreibung in Texten von Viertklässlerinnen und Viertklässlern. In: I. Rautenberg & S. Helms (Hrsg.): Der Erwerb schriftsprachlicher Kompetenzen. Empirische Befunde – didaktische Konsequenzen – Förderperspektiven. Baltmannsweiler: Schneider, 121-144.

Betzel, D. (2015a): Zum weiterführenden Erwerb der satzinternen Großschreibung. Eine leistungsgruppendifferenzierte Längsschnittstudie in der Sekundarstufe I. Baltmannsweiler: Schneider.

Betzel, D. (2015b): Kombinationsmöglichkeiten qualitativer und quantitativer Analysen am Beispiel einer sprachdidaktischen Untersuchung zur satzinternen Großschreibung. In: Glottotheory, H. 6/2015, 139-168.

Betzel, D. (2012): Großschreibung: eine andere Perspektive. In: Deutschunterricht, H. 65, 8-13.

Betzel, D. & Steinig, W. (2020): Zum Komma in frei verfassten Texten von Grundschülerinnen und Grundschülern. In: I. Rautenberg (Hrsg.): Evidenzbasierte Forschung zum Schriftspracherwerb. Baltmannsweiler: Schneider, 105-127.

Betzel, D. & Schönenberg, S. (2019a): Wortbildung an der Schnittstelle verschiedener Lernbereiche. In: Deutsch 5 bis 10, H. 60, 32-34.

Betzel, D. & Schönenberg, S. (2019b): *Ferechnungstelle – komplexe Wörter richtig schreiben. In: Deutsch 5 bis 10, H. 60, 35-37.

Betzel, D. & Droll, H. (2017): Dass das so schwierig ist... Beobachtungen zur das/dass-Thematisierung in Lehrwerken und zu den Schwierigkeiten von Lernenden mit den Ersatzproben. In: K. Siekmann, I. Corvacho del Toro & R. Hoffmann-Erz (Hrsg.): Schriftsprachliche Kompetenzen in Theorie und Praxis. Festschrift für Günther Thomé. Tübingen: Stauffenburg, 87-100.

Betzel, D. & Schöler, M. (2016): Rechtschreibung in der Diskussion. Schüler führen Rechtschreibgespräche. In: Deutsch 5 bis 10, H. 48, 42-43.

Betzel, D. & Schönenberg, S. (2016): Fehler als Hilfen für die Unterrichts- und Förderplanung nutzen. In: Deutsch 5 bis 10, H. 48, 37-39.

Betzel, D. & Steinig, W. (2013): Rechtschreibung bei ein- und mehrsprachigen Viertklässlern. In: Y. Decker-Ernst & I. Oomen-Welke (Hrsg.): Deutsch als Zweitsprache: Beiträge zur durchgängigen Sprachbildung. Stuttgart: Fillibach bei Klett, 173-191.

Birkel, P. (2007): WRT 1+. Weingartener Grundwortschatz Rechtschreib-Test für erste und zweite Klassen. Göttingen: Hogrefe.

Blatt, I. (2010): Sprachsystematische Rechtschreibdidaktik: Konzept, Materialien, Tests. In: U. Bredel, A. Müller & G. Hinney (Hrsg.): Schriftsystem und Schrifterwerb. Berlin u. a.: De Gruyter, 101-132.

Blatt, I. (2006): Am Dehnungs-h zweifeln, aber nicht verzweifeln. In: Praxis Deutsch, H. 198, 28-35.

Blatt, I. & Hein, C. (2013): Wortungeheuer?! Zusammenschreibung von Nomen erkunden. In: Deutsch 5 bis 10, H. 36, 12-15.

Blatt, I., Voss, A., Kowalski, K. & Jarsinski, S. (2015a): Messung von Rechtschreibleistung und empirische Kompetenzmodellierung. In: U. Bredel & T. Reißig (Hrsg.): Weiterführender Orthographieerwerb. 2., korrigierte Auflage. Baltmannsweiler: Schneider, 226-256.

Blatt, I., Hein, C. & Streubel, B. (2015b): Entdecke die Schrift. Ein schriftsystematisches und schriftkulturelles Konzept für den Deutschunterricht. Lehrermaterialien. Berlin: Cornelsen Schulverlage

Boettcher, W. (2009): Grammatik verstehen. III – Komplexer Satz. Tübingen: Niemeyer.

Borgwald, S. & Amorocho, S. (2013): Schweine braten oder Schweinebraten? In: Deutsch 5 bis 10, H. 36, 4-7.

Bredel, U. (2016): Interpunktion: System und Erwerb. In: R. Olsen, C. Hochstadt & S. Colombo-Scheffold (Hrsg.): Ohne Punkt und Komma ... Beiträge zu Theorie, Empirie und Didaktik der Interpunktion. Berlin: RabenStück, 18-50.

Bredel, U. (2015a): Das Satzgrenzenkomma und seine Didaktisierung – das Verb als Zentrum kommarelevanter Strukturen. In: B. Mesch & B. Rothstein (Hrsg.): Was tun mit dem Verb? Über die Möglichkeit und Notwendigkeit einer didaktischen Neuerschließung des Verbs. Berlin u. a.: De Gruyter, 135-149.

Bredel, U. (2015b): Die Interpunktion des Deutschen. In: U. Bredel & T. Reißig (Hrsg.): Weiterführender Orthographieerwerb. 2., korrigierte Auflage. Baltmannsweiler: Schneider, 129-144.

Bredel, U. (2015c): Der Aufbau von elementarem Wissen über die Systematik der Orthographie deutscher Wörter. In: C. Röber & H. Olfert (Hrsg.): Schriftsprach- und Orthographieerwerb: Erstlesen, Erstschreiben. Baltmannsweiler: Schneider, 255-279.

Bredel, U. (2015d): Systematischer Schriftspracherwerb. In: E. Brinkmann (Hrsg.): Rechtschreiben in der Diskussion. Schriftspracherwerb und Rechtschreibunterricht. Frankfurt/Main: Grundschulverband, 35-43.

Bredel, U. (2013): Sprachbetrachtung und Grammatikunterricht. 2., durchgesehene Auflage. Paderborn: Schöningh (UTB).

Bredel, U. (2012): (Verdeckte) Probleme beim Orthographieerwerb des Deutschen in mehrsprachigen Klassenzimmern. In: W. Grießhaber & Z. Kalkavan (Hrsg.): Orthographie- und Schrifterwerb bei mehrsprachigen Kindern. Freiburg: Fillibach, 125-142.

Bredel, U. (2011): Interpunktion. Heidelberg: Winter.

Bredel, U. (2010a): Der Schrift vertrauen. Wie Wörter und ihre Strukturen entdeckt werden können. In: Praxis Deutsch, H. 221, 14-21.

Bredel, U. (2010b): Die Satzinterne Großschreibung – System und Erwerb. In: U. Bredel, A. Müller & G. Hinney (Hrsg.): Schriftsystem und Schrifterwerb. Berlin u. a.: De Gruyter, 217-234.

Bredel, U. (2009): Orthographie als System – Orthographieerwerb als Systemerwerb. In: Zeitschrift für Literaturwissenschaft und Linguistik, H. 153, 135-154.

Bredel, U. (2008): Die Interpunktion des Deutschen. Ein kompositionelles System des Lesens. Tübingen: Niemeyer.

Bredel, U. (2006a): Die Herausbildung des syntaktischen Prinzips in der Historiogenese und in der Ontogenese der Schrift. In: U. Bredel & H. Günther (Hrsg.): Orthographietheorie und Rechtschreibunterricht. Tübingen: Niemeyer, 139-164.

Bredel, U. (2006b): Orthographische Zweifelsfälle. In: Praxis Deutsch, H. 198, 6-15.

Bredel, U. & Hlebec, H. (2019): Die Interpunktion des Deutschen – traditionelle und neue Perspektiven. In: Der Deutschunterricht, H. 4/2019, 2-12.

Bredel, U., Fuhrhop, N. & Noack, C. (2017): Wie Kinder lesen und schreiben lernen. 2., überarbeitete Auflage. Tübingen: Narr.

Bredel, U. & Müller, A. (2015): Interpunktion. In: Praxis Deutsch, H. 254, 4-13.

Bredel, U. & Pieper, I. (2015): Integrative Deutschdidaktik. Paderborn: Schöningh (UTB).

Bredel, U. & Röber, C. (2015): Zur Gegenwart des Orthographieunterrichts. In: U. Bredel & T. Reißig (Hrsg.): Weiterführender Orthographieerwerb. 2., korrigierte Auflage. Baltmannsweiler: Schneider, 3-9.

Bredel, U., Noack, C. & Plag, I. (2013): Morphologie lesen. Stammkonstanzschreibung und Leseverstehen bei starken und schwachen Lesern. In: C. Scherer & M. Neef (Hrsg.): Die Schnittstelle von Morphologie und geschriebener Sprache. Berlin u. a.: De Gruyter, 211-249.

Breitenbach, E. (2017): Inklusive Diagnostik – „alter Wein in neuen Schläuchen"? In: E. Fischer & C. Ratz (Hrsg.): Inklusion – Chancen und Herausforderungen für Menschen mit geistiger Behinderung. Weinheim u. a.: Beltz, 102-122.

Bremerich-Vos, A. (2012): Rezension zu Ursula Bredel/Nanna Fuhrhop/Christina Noack (2011): Wie Kinder lesen und schreiben lernen. In: Zeitschrift für angewandte Linguistik, H. 57, 180-186.
Bremerich-Vos, A. (1999): Zum Grammatikunterricht in der Grundschule: wie gehabt, gar nicht, anders? In: A. Bremerich-Vos (Hrsg.): Zur Praxis des Grammatikunterrichts. Mit Materialien für Lehrer und Schüler. Freiburg: Fillibach, 13-80.
Brinkmann, E. (2015) (Hrsg.): Rechtschreiben in der Diskussion. Schriftspracherwerb und Rechtschreibunterricht. Frankfurt/Main: Grundschulverband.
Budde, J. (2017): Heterogenität: Entstehung, Begriff, Abgrenzung. In: T. Bohl, J. Budde & M. Rieger-Ladich (Hrsg.): Umgang mit Heterogenität in Schule und Unterricht. Bad Heilbrunn: Klinkhardt (UTB), 13-26.
Dahmen, S. & Weth, C. (2018): Phonetik, Phonologie und Schrift. Paderborn: Schöningh (UTB).
Dauberschmidt, F. (2018): Muster bei der Kommasetzung erkennen. In: Deutschunterricht, H. 1/2018, 26-30.
Dauberschmidt, F. (2016): Die Entdeckung des (syntaktisch fundierten) Kommasystems. In: B. Mesch & C. Noack (Hrsg.): System, Norm und Gebrauch – drei Seiten einer Medaille? Orthographische Kompetenz und Performanz im Spannungsfeld zwischen System, Norm und Empirie. Baltmannsweiler: Schneider, 174-199.
Dreschinski, J. (2016): Punkte im Lese- und Schreibprozess. In: R. Olsen, C. Hochstadt & S. Colombo-Scheffold (Hrsg.): Ohne Punkt und Komma … Beiträge zu Theorie, Empirie und Didaktik der Interpunktion. Berlin: RabenStück, 399-416.
Droll, H. (2018): Rezensieren statt Kommentare posten. In einer Buchrezension die eigene Meinung begründen. In: Deutsch 5 bis 10, H. 56, 20-23.
Droll, H. (2014): Zweifeln ist der erste Schritt zur Besserung. Ein Lückendiktat als Ausgangspunkt für Rechtschreibgespräche. In: Praxis Deutsch, H. 248, 42-47.
Dürscheid, C. (2016): Einführung in die Schriftlinguistik. 5., aktualisierte und korrigierte Auflage. Göttingen: Vandenhoeck & Ruprecht (UTB).
Duden (2016): Duden 4. Die Grammatik. 9., vollständig überarbeitete und aktualisierte Auflage. Berlin: Dudenverlag.
Duden (2007): Duden 7. Das Herkunftswörterbuch. Etymologie der deutschen Sprache. 4., neu bearbeitete Auflage. Mannheim u. a.: Dudenverlag.
Duden (2006): Duden 1. Die deutsche Rechtschreibung. 24., völlig neu bearbeitete und erweiterte Auflage. Mannheim u. a.: Dudenverlag.
Eichler, W. (1991): Nachdenken über das richtige Schreiben. Innere Regelbildung und Regelfehlbildung im Orthographieerwerb. In: Diskussion Deutsch, H. 117, 34-44.
Eisenberg, P. (2017): Deutsche Orthografie. Regelwerk und Kommentar. Verfasst im Auftrag der Deutschen Akademie für Sprache und Dichtung. Berlin u. a.: De Gruyter.
Eisenberg, P. (2016): Phonem und Graphem. In: Duden 4. Die Grammatik. 9., vollständig überarbeitete und aktualisierte Auflage. Berlin: Dudenverlag, 19-94.
Eisenberg, P. (2015): Grundlagen der deutschen Wortschreibung. In: U. Bredel & T. Reißig (Hrsg.): Weiterführender Orthographieerwerb. 2., korrigierte Auflage. Baltmannsweiler: Schneider, 83-95.
Eisenberg, P. (2013a): Grundriss der deutschen Grammatik. Das Wort. 4., aktualisierte und überarbeitete Auflage. Stuttgart/Weimar: Metzler.
Eisenberg, P. (2013b): Grundriss der deutschen Grammatik. Der Satz. 4., aktualisierte und überarbeitete Auflage. Stuttgart/Weimar: Metzler.

Eisenberg, P. (1989): Die Schreibsilbe im Deutschen. In: P. Eisenberg & H. Günther (Hrsg.): Schriftsystem und Orthographie. Tübingen: Niemeyer, 57-84.
Eisenberg, P. & Fuhrhop, N. (2007): Schulorthographie und Graphematik. In: Zeitschrift für Sprachwissenschaft, H. 26, 15-41.
Eisenberg, P. & Feilke, H. (2001): Rechtschreiben erforschen. In: Praxis Deutsch, H. 170, 6-15.
Elsässer, J. & Volz, S. (2012): Der Kuchen schmeckt. Schrecklich. süß. In: Deutsch 5 bis 10, H. 31, 4-7.
Engel, U. (2009): Deutsche Grammatik. Neubearbeitung. 2., durchgesehene Auflage. München: Iudicium.
Esslinger, G. (2016): Das Komma zwischen Norm und System – zur Begründung und Konzeption einer leserorientierten Interpunktionsdidaktik. In: B. Mesch & C. Noack (Hrsg.): System, Norm und Gebrauch – drei Seiten einer Medaille? Orthographische Kompetenz und Performanz im Spannungsfeld zwischen System, Norm und Empirie. Baltmannsweiler: Schneider, 146-173.
Esslinger, G. (2014): Rezeptive Interpunktionskompetenz. Baltmannsweiler: Schneider.
Fay, J. (2013): Rechtschreiblernen in der Primarstufe. In: S. Gailberger & P. Wietzke (Hrsg.): Handbuch Kompetenzorientierter Deutschunterricht. Weinheim u. a.: Beltz, 172-194.
Fay, J. (2010a): Kompetenzfacetten in der Rechtschreibdiagnostik. Rechtschreibleistungen im Test und im freien Text. In: Didaktik Deutsch, H. 29, 15-36.
Fay, J. (2010b): Die Entwicklung der Rechtschreibkompetenz beim Textschreiben. Eine empirische Untersuchung von Klasse 1 bis 4. Frankfurt/Main u.a.: Lang.
Fay, J. & Berkling, K. (2013): Rechtschreibdiagnostik. In: J. Fay (Hrsg.): (Schrift-) Sprachdiagnostik heute. Baltmannsweiler: Schneider, 84-108.
Feilke, H. (2015): Der Erwerb der das/dass-Schreibung. In: U. Bredel & T. Reißig (Hrsg.): Weiterführender Orthographieerwerb. 2., korrigierte Auflage. Baltmannsweiler: Schneider, 340-354.
Feilke, H. (2014): Argumente für eine Didaktik der Textprozeduren. In: T. Bachmann & H. Feilke (Hrsg.): Werkzeuge des Schreibens. Beiträge zu einer Didaktik der Textprozeduren. Stuttgart: Fillibach bei Klett, 11-34.
Feilke, H. (1998): „Wie gut das/daß alles wächst" – Zur Konstruktion sprachlicher Struktur im Schriftspracherwerb. In: SPASS 1 (Siegener Papiere zur Aneignung sprachlicher Strukturformen). Siegen, 1-34.
Feilke, H. & Tophinke, D. (2016): Grammatisches Lernen. In: Praxis Deutsch, H. 256, 4-11.
Fix, M. (2002): „Die Recht Schreibung Ferbessern" – Zur orthographischen Kompetenz in der Zweitsprache Deutsch. In: Didaktik Deutsch, H. 12, 39-55.
Frahm, S. & Blatt, I. (2015): Rechtschreibkompetenz. In: U. Bredel & T. Reißig (Hrsg.): Weiterführender Orthographieerwerb. 2., korrigierte Auflage. Baltmannsweiler: Schneider, 546-567.
Fuhrhop, N. (2015a): Orthografie. 4. Auflage. Heidelberg: Winter.
Fuhrhop, N. (2015b): Morphemkonstanz bei starken Verben: Wie weit reichen unsere Schreibprinzipien? In: B. Mesch & B. Rothstein (Hrsg.): Was tun mit dem Verb? Berlin u. a.: De Gruyter, 151-168.
Fuhrhop, N. (2015c): System der Getrennt- und Zusammenschreibung. In: U. Bredel & T. Reißig (Hrsg.): Weiterführender Orthographieerwerb. 2., korrigierte Auflage. Baltmannsweiler: Schneider, 107-128.
Fuhrhop, N. (2011): Erbsen suppe kann man zusammen- oder getrennt-, groß- oder kleinschreiben. In: Mitteilungen des Deutschen Germanistenverbandes, H. 1/2011, 51-65.

Fuhrhop, N. (2010): Getrennt- und Zusammenschreibung: Kern und Peripherie. Rechtschreibdidaktische Konsequenzen aus dieser Unterscheidung. In: U. Bredel, A. Müller & G. Hinney (Hrsg.): Schriftsystem und Schrifterwerb. Berlin u. a.: De Gruyter, 235-259.

Fuhrhop, N. (2007): Zwischen Wort und Syntagma. Zur grammatischen Fundierung der Getrennt- und Zusammenschreibung. Tübingen: Niemeyer.

Fuhrhop, N. (2006): Erfolg versprechend oder erfolgversprechend? In: Praxis Deutsch, H. 198, 48-53.

Fuhrhop, N. & Peters, J. (2013): Einführung in die Phonologie und Graphematik. Stuttgart/Weimar: Metzler.

Fuhrhop, N. & Buchmann, F. (2009): Die Längenhierarchie: Zum Bau der graphematischen Silbe. In: Linguistische Berichte, H. 218, 127-155.

Fuhrhop, N. & Isele, I. (2006): Schreibungen mit Partizip I: Wissenschaftliche Fundierung und didaktische Umsetzung. In: U. Bredel & H. Günther (Hrsg.): Orthographietheorie und Rechtschreibunterricht. Tübingen: Niemeyer, 165-180.

Funke, R. (2017): Syntaxbasierte Vermittlung der satzinternen Großschreibung: Varianten eines Ansatzes. In: I. Rautenberg & S. Helms (Hrsg.): Der Erwerb schriftsprachlicher Kompetenzen. Empirische Befunde – didaktische Konsequenzen – Förderperspektiven. Baltmannsweiler: Schneider, 100-120.

Funke, R. (2014): Erstunterricht nach der Methode Lesen durch Schreiben und Ergebnisse schriftsprachlichen Lernens – Eine metaanalytische Bestandsaufnahme. In: Didaktik Deutsch, H. 36, 21-41.

Funke, R. (1995): Das Heben des Wortschatzes. Nomen im Kontext sehen. In: Praxis Deutsch, H. 129, 57-60.

Funke, R. (1987): Satzverstehen und Rechtschreibung. Beobachtungen zur rechtschreiblichen ‚das'-,daß'-Unterscheidung. In: Zeitschrift für erziehungswissenschaftliche Forschung, H. 21, 35-52.

Gaebert, D.-K. & Günther, H. (2015): Lehr- und Lernmittel. Die Behandlung der Orthographie im Schulbuch am Beispiel der satzinternen Großschreibung. In: U. Bredel & T. Reißig (Hrsg.): Weiterführender Orthographieerwerb. 2., korrigierte Auflage. Baltmannsweiler: Schneider, 441-456.

Gallmann, P. (2016): Der Satz. In: Duden 4. Die Grammatik. 9., vollständig überarbeitete und aktualisierte Auflage. Berlin: Dudenverlag, 775-1072.

Geilfuß-Wolfgang, J. (2006): Über die Worttrennung in der Grundschule. In: U. Bredel & H. Günther (Hrsg.): Orthographietheorie und Rechtschreibunterricht. Tübingen: Niemeyer, 103-125.

Geist, B. & Krafft, A. (2017): Deutsch als Zweitsprache. Tübingen: Narr.

Glinz, H. (1993): Was ist ein Satz? Teil 1: Linguistische Grundlagen für den Umgang mit Satzzeichen. In: Praxis Schule 5-10, H. 4/1993, 18-23.

Glück, H. & Rödel, M. (2016) (Hrsg.): Metzler Lexikon Sprache. 5., aktualisierte und überarbeitete Auflage. Stuttgart: Metzler.

Granzow-Emden, M. (2019): Deutsche Grammatik verstehen und unterrichten. 3., überarbeitete und erweiterte Auflage. Tübingen: Narr.

Grießhaber, W. (2004): Einblicke in zweitsprachliche Schriftspracherwerbsprozesse. In: Osnabrücker Beiträge zur Sprachtheorie (OBST), H. 67, 69-92.

Günther, H. & Gaebert, D.-K. (2015): Das System der Groß- und Kleinschreibung. In: U. Bredel & T. Reißig (Hrsg.): Weiterführender Orthographieerwerb. 2., korrigierte Auflage. Baltmannsweiler: Schneider, 96-106.

Günther, H. & Nünke, E. (2005): Warum das Kleine groß geschrieben wird, wie man das lernt und wie man das lehrt. In: Köbes 1 (Kölner Beiträge zur Sprachdidaktik). Duisburg: Gilles & Francke.
Haarmann, H. (2017): Geschichte der Schrift. 5., durchgesehene Auflage. München: Beck.
Helmke, A. (2015): Unterrichtsqualität und Lehrerprofessionalität. 6. Auflage. Seelze: Kallmeyer.
Herné, K.-L. & Naumann, C. L. (2005): Aachner Förderdiagnostische Rechtschreibfehler-Analyse. Aachen: Alfa Zentaurus.
Hinney, G. (2010): Wortschreibungskompetenz und sprachbewusster Unterricht. Eine Alternativkonzeption zur herkömmlichen Sicht auf den Schriftspracherwerb. In: U. Bredel, A. Müller & G. Hinney (Hrsg.): Schriftsystem und Schrifterwerb. Berlin u. a.: De Gruyter, 47-100.
Hinney, G. (1997): Neubestimmung von Lerninhalten für den Rechtschreibunterricht. Ein fachdidaktischer Beitrag zur Schriftaneignung als Problemlöseprozeß. Frankfurt/Main u.a.: Lang.
Hlebec, H. (2015): Aufgaben im weiterführenden Rechtschreibunterricht. In: U. Bredel & T. Reißig (Hrsg.): Weiterführender Orthographieerwerb. 2., korrigierte Auflage. Baltmannsweiler: Schneider, 422-440.
Hübl, A. & Steinbach, M. (2015): Die Topologie der NP als Grundlage für den Erwerb der satzinternen Großschreibung. In: A. Wöllstein (Hrsg.): Das topologische Modell für die Schule. Baltmannsweiler: Schneider, 219-238.
Hübl, A. & Steinbach, M. (2011): Wie viel Syntax steckt in der satzinternen Großschreibung? Eine optimalitätstheoretische Analyse. In: Linguistische Berichte, H. 227, 255-295.
Huneke, H.-W. (2010): Schrifterwerb und Rechtschreibunterricht. In: V. Frederking, H.-W. Huneke, A. Krommer & C. Meier (Hrsg.): Taschenbuch des Deutschunterrichts. Band 1. Baltmannsweiler: Schneider, 304-322.
Jagemann, S. (2015): Was wissen Studierende über die Regeln der deutschen Wortschreibung? – Eine explorative Studie zum graphematischen Wissen. In: C. Bräuer & D. Wieser (Hrsg.): Lehrende im Blick. Empirische Lehrerforschung in der Deutschdidaktik. Wiesbaden: Springer, 255-279.
Jeuk, S. (2018): Schriftspracherwerb und Alphabetisierung in der Zweitsprache im Grundschulalter. In: W. Grießhaber, S. Schmölzer-Eibinger, H. Roll & K. Schramm (Hrsg.): Schreiben in der Zweitsprache Deutsch. Berlin u. a.: De Gruyter, 49-62.
Jeuk, S. (2012): Orthographieerwerb mehrsprachiger Kinder in der ersten Klasse. In: W. Grießhaber & Z. Kalkavan (Hrsg.): Orthographie- und Schriftspracherwerb bei mehrsprachigen Kindern. Freiburg: Fillibach, 105-123.
Karg, I. (2008): Orthographieleistungsprofile von Lerngruppen der frühen Sekundarstufe I. Frankfurt/Main u.a.: Lang.
Klieme, E. (2006): Zusammenfassung zentraler Ergebnisse der DESI-Studie. Frankfurt/Main. [https://www.dipf.de/de/forschung/aktuelle-projekte/pdf/biqua/DESI_Ausgewaehlte_Ergebnisse.pdf] (letzter Zugriff am 19.12.2019).
KMK (Kultusministerkonferenz) (2005): Beschlüsse der Kultusministerkonferenz. Bildungsstandards im Fach Deutsch für den Primarbereich. 15.10.2004. München: Luchterhand.
Kniffka, G. & Siebert-Ott, G. (2009): Deutsch als Zweitsprache. Lehren und lernen. 2., durchgesehene Auflage. Paderborn u.a.: Schöningh (UTB).
Kohrt, M. (1990): Die ‚doppelte Kodifikation' der deutschen Orthographie. In: C. Stetter (Hrsg.): Zu einer Theorie der Orthographie: interdisziplinäre Aspekte gegenwärtiger Schrift- und Orthographieforschung. Tübingen: Niemeyer, 104-144.

Krafft, A. (2018): Mach mal einen Punkt. Die Funktion von Punkt, Ausrufezeichen und Fragezeichen kennenlernen. In: Deutsch differenziert, H. 2/2018, 30-33.

Krafft, A. (2016): „Einfach nach Gefühl ..." Zur Interpunktionskompetenz von Lehramtsstudierenden am Beispiel des Kommas. In: R. Olsen, C. Hochstadt & S. Colombo-Scheffold (Hrsg.): Ohne Punkt und Komma ... Beiträge zu Theorie, Empirie und Didaktik der Interpunktion. Berlin: RabenStück, 138-156.

Krauß, A. (2014): Schriftspracherwerb als Orthographieerwerb: Reflexionen, Realisationen, Rekapitulationen. Baltmannsweiler: Schneider.

Kruse, N. & Reichardt, A. (2016) (Hrsg.): Wie viel Rechtschreibung brauchen Grundschulkinder? Berlin: Schmidt.

Laser, B. & Riegler, S. (2014): Zwischen Berg und tiefem, tiefem Tal. Entdeckungen am <ß>. In: Praxis Deutsch, H. 248, 17-23.

Lenhard, A. & Lenhard, W. (2017): Diagnoseverfahren zur Erfassung schriftsprachlicher Leistungen. In: M. Philipp (Hrsg.): Handbuch Schriftspracherwerb und weiterführendes Lesen und Schreiben. Weinheim u. a.: Beltz, 174-198.

Lindauer, T. (2015): Das Komma zwischen Verbgruppen setzen. In: U. Bredel & T. Reißig (Hrsg.): Weiterführender Orthographieerwerb. 2., korrigierte Auflage. Baltmannsweiler: Schneider, 601-609.

Lindauer, T. & Schönenberg, S. (2012): Von Königen, Untertanen und Königreichen. In: Deutsch 5 bis 10, H. 31, 12-17.

Lindauer, T. & Schmellentin, C. (2008): Studienbuch Rechtschreibdidaktik. Zürich: Orell Füssli (UTB).

Lindauer, T. & Sutter, E. (2005): Könige, Königreiche und Kommaregeln. Eine praxistaugliche Vereinfachung des Zugangs zur Kommasetzung. In: Praxis Deutsch, H. 191, 28-35.

Lotze, S., Geipel, M. & Gallmann, P. (2016): Das Komma: Gewichtete syntaktische Regeln. In: R. Olsen, C. Hochstadt & S. Colombo-Scheffold (Hrsg.): Ohne Punkt und Komma ... Beiträge zu Theorie, Empirie und Didaktik der Interpunktion. Berlin: RabenStück, 52-76.

Ludwig, O. (1995): Integriertes und nicht-integriertes Schreiben. Zu einer Theorie des Schreibens. Eine Skizze. In: J. Baurmann & R. Weingarten (Hrsg.): Schreiben. Prozesse, Prozeduren und Produkte. Opladen: Westdeutscher, 273-288.

Maas, U. (2015): Zur Geschichte der deutschen Orthographie. In: U. Bredel & T. Reißig (Hrsg.): Weiterführender Orthographieerwerb. 2., korrigierte Auflage. Baltmannsweiler: Schneider, 10-47.

Maas, U. (2006): Phonologie. Einführung in die funktionale Phonetik des Deutschen. 2., überarbeitete Auflage. Göttingen: Vandenhoeck & Ruprecht.

Maas, U. (1992): Grundzüge der deutschen Orthographie. Tübingen: Niemeyer.

Mandl, H., Friedrich, H. & Hron, A. (1986): Psychologie des Wissenserwerbs. In: B. Weidenmann & A. Krapp (Hrsg.): Pädagogische Psychologie. Weinheim u. a.: Beltz, 143-187.

May, P. (2010): HSP 1-9. Diagnose orthografischer Kompetenz zur Erfassung der grundlegenden Rechtschreibstrategien mit der Hamburger Schreibprobe. Hamburg: vpm.

Meibauer, J. (2007): Einführung in die germanistische Linguistik. 2., aktualisierte Auflage. Stuttgart/Weimar: Metzler.

Meisenburg, T. (1998): Zur Typologie von Alphabetschriftsystemen anhand des Parameters der Tiefe. In: Linguistische Berichte, H. 173, 43-64.

Melenk, H. (2001): Kommasetzung und Grammatikkenntnisse. In: H. Melenk & W. Knapp (Hrsg.): Inhaltsangaben – Kommasetzung. Schriftsprachliche Leistungen in Klasse 8. Baltmannsweiler: Schneider, 169-188.

Menzel, W. (2012): Grammatikwerkstatt. Theorie und Praxis eines prozessorientierten Grammatikunterrichts für die Primar- und Sekundarstufe. 5. Auflage. Seelze: Klett.
Menzel, W. (1998): Nachdenken über *daß* (*dass*) und *das*. In: Praxis Deutsch, H. 151, 37-41.
Menzel, W. (1985): Rechtschreibunterricht. Praxis und Theorie. Seelze: Friedrich.
Menzel, W., Henke, R. & Rinke, I. (2015): Stratego 5. Übungen zum Rechtschreiben. Braunschweig: Westermann.
Mesch, B. (2018): Komma bei Infinitivsätzen. In: Deutschunterricht, H. 1/2018, 31-36.
Mesch, B. (2016): Weder am Buchstaben kleben – noch an der Silbe... Vorschläge für eine durchgängige Schriftförderung. In: Grundschulunterricht Deutsch, H.3/2016, 13-18.
Mesch, B. (2015): Konzepte des Erwerbs der Getrennt- und Zusammenschreibung. In: U. Bredel & T. Reißig (Hrsg.): Weiterführender Orthographieerwerb. 2., korrigierte Auflage. Baltmannsweiler: Schneider, 268-295.
Mesch, B. (2013): Getrennt- und Zusammenschreibung auf die Probe gestellt. In: Deutsch 5 bis 10, H. 36, 30-31.
Metz, K. (2016): Die Kommasetzung und ihre Vermittlung in aktuellen Schulbüchern. In: R. Olsen, C. Hochstadt & S. Colombo-Scheffold (Hrsg.): Ohne Punkt und Komma... Beiträge zu Theorie, Empirie und Didaktik der Interpunktion. Berlin: RabenStück, 263-296.
Mischo, C. & Wahl, S. (2015): Standardisierte Testverfahren zur Messung von Lese- und Rechtschreibfertigkeiten. In: C. Röber & H. Olfert (Hrsg.): Schriftsprach- und Orthographieerwerb: Erstlesen, Erstschreiben. Baltmannsweiler: Schneider, 327-346.
Müller, A. (2017a): Rechtschreiben lernen. Die Schriftstruktur entdecken – Grundlagen und Übungsvorschläge. 2., überarbeitete Auflage. Seelze: Friedrich.
Müller, A. (2017b): Rechtschreiben. In: J. Baurmann, C. Kammler & A. Müller (Hrsg.): Handbuch Deutschunterricht. Seelze: Friedrich, 256-262.
Müller, A. (2014): Herausforderung Rechtschreiben. Über Schreibungen nachdenken und sprechen. In: Praxis Deutsch, H. 248, 4-16.
Müller, H. G. (2016): Zur Divergenz von orthografischen Regeln und praktischer Kommasetzung von Lernenden: Befunde, Ursachen und Ansätze zu ihrer Überwindung. In: R. Olsen, C. Hochstadt & S. Colombo-Scheffold (Hrsg.): Ohne Punkt und Komma ... Beiträge zu Theorie, Empirie und Didaktik der Interpunktion. Berlin: RabenStück, 236-261.
Müller, H. G. (2007): Zum „Komma nach Gefühl". Implizite und explizite Kommakompetenz von Berliner Schülerinnen und Schülern im Vergleich. Frankfurt/Main: Lang.
Müller, R. (2003): DRT 1. Diagnostischer Rechtschreibtest für 1. Klassen. Göttingen: Beltz.
Naumann, C. L. (2006): Rechtschreiberwerb. Die graphematischen Grundlagen und eine Modellierung bis zum Ende der Schulzeit. In: S. Weinhold (Hrsg.): Schriftspracherwerb empirisch. Konzepte – Diagnostik – Entwicklung. Baltmannsweiler: Schneider, 45-86.
Naumann, C. L. (1990): Nochmals zu den Prinzipien der Orthographie. In: C. Stetter (Hrsg.): Zu einer Theorie der Orthographie. Interdisziplinäre Aspekte gegenwärtiger Schrift- und Orthographieforschung. Tübingen: Niemeyer, 145-162.
Neef, M. (2007): Worttrennung am Zeilenende. Überlegungen zur Bewertung und Analyse orthographischer Daten. In: Zeitschrift für Germanistische Linguistik, 35/2007, 283-314.
Neef, M. (2005): Die Graphematik des Deutschen. Tübingen: Niemeyer.
Nerius, D. (2007) (Hrsg.): Deutsche Orthographie. 4., neu bearbeitete Auflage. Hildesheim: Olms.
Neudeck, H. (1983): Untersuchungen zu den erwarteten Auswirkungen einer möglichen Reform der das-daß-Schreibung auf die orthographischen und Leseleistungen der Schüler der Mittel- und Oberstufe der polytechnischen Oberschule der DDR. Berlin.

Noack, C. (2018): Kommasetzung ist schwer, oder? In: Deutschunterricht, H. 1/2018, 4-9.
Noack, C. (2015a): Entdeckung der Großschreibung. In: U. Bredel & T. Reißig (Hrsg.): Weiterführender Orthographieerwerb. 2., korrigierte Auflage. Baltmannsweiler: Schneider, 585-600.
Noack, C. (2015b): Rechtschreiben – für sich und andere! Perspektivwechsel in der Rechtschreibdidaktik. In: Deutschunterricht, H. 5/2015, 4-11.
Noack, C. (2013): Mut zur Lücke. Die Funktion von Leerzeichen in Schrift untersuchen. In: Deutsch 5 bis 10, H. 36, 8-11.
Noack, C. (2010a): Phonologie. Heidelberg: Winter.
Noack, C. (2010b): Orthographie als Leserinstruktion: Die Leistung schriftsprachlicher Strukturen für den Dekodierungsprozess. In: U. Bredel, A. Müller & G. Hinney (Hrsg.): Schriftsystem und Schrifterwerb. Berlin u. a.: De Gruyter, 151-170.
Ossner, J. (2010): Orthographie. Paderborn u. a.: Schöningh (UTB).
Ossner, J. (2008): Sprachdidaktik Deutsch. 2., überarbeitete Auflage. Paderborn u.a.: Schöningh (UTB).
Ossner, J. (2006): Kompetenzen und Kompetenzmodelle im Deutschunterricht. In: Didaktik Deutsch, H. 21, 5-19.
Ossner, J. (2001): Das <h>-Graphem im Deutschen. In: Linguistische Berichte, H. 187, 325-351.
Paxa, A. (2013): Erwerb der Fremdwortschreibung. [https://hildok.bsz-bw.de/frontdoor/index/index/docId/189] (letzter Zugriff: 3.05.2020).
Penner, Z. (2007): Vom Sprachrhythmus zur Rechtschreibung. Die sprachrhythmischen Grundlagen der deutschen Orthographie. Bern: Schulverlag.
Pompino-Marschall, B. (1995): Einführung in die Phonetik. Berlin u. a.: De Gruyter.
Pießnack, C. & Schübel, A. (2005): Untersuchungen zur orthographischen Kompetenz von Abiturientinnen und Abiturienten im Land Brandenburg. In: Fachdidaktik (Hrsg.): Zentrum für Lehrerbildung. Potsdam: Univ.-Verl., 50-73.
Pittner, K. & Berman, J. (2013): Deutsche Syntax. 5., durchgesehene Auflage. Tübingen: Narr.
Primus, B. (2019): Die Kommasetzung im Deutschen und im Englischen. In: Der Deutschunterricht, H. 4/2019, 35-44.
Primus, B. (2010): Strukturelle Grundlagen des deutschen Schriftsystems. In: U. Bredel, A. Müller & G. Hinney (Hrsg.): Schriftsystem und Schrifterwerb. Berlin u. a.: De Gruyter, 9-45.
Primus, B. (2006): Buchstabenkomponenten und ihre Grammatik. In: U. Bredel & H. Günther (Hrsg.): Orthographietheorie und Rechtschreibunterricht. Tübingen: Niemeyer, 5-44.
Primus, B. (1993): Sprachnorm und Sprachregularität: Das Komma im Deutschen. In: Deutsche Sprache, H. 3/1993, 244-263.
Rat für deutsche Rechtschreibung (2017): Regeln und Wörterverzeichnis. Aktualisierte Fassung des amtlichen Regelwerks entsprechend den Empfehlungen des Rats für deutsche Rechtschreibung 2016. Mannheim.
Rautenberg, I., Wahl, S., Helms, S. & Nürnberger, M. (2016): Syntaxbasierte Didaktik der Großschreibung ab Klasse 2: Einführung, Methodensammlung, Kopiervorlagen. Offenburg: Mildenberger.
Reißig, T. (2014): Der <ä>-Schreibung auf der Spur. In: Praxis Deutsch, H. 248, 59-71.
Rheinberg, F. (2014): Bezugsnormen und schulische Leistungsbeurteilung. In: F. E. Weinert (Hrsg.): Leistungsmessungen in Schulen. 3. Auflage. Weinheim u. a.: Beltz, 59-71.
Riegler, S. (2012): Richtig schreiben. In: M. Budde, S. Riegler & M. Wiprächtiger-Geppert (Hrsg.): Sprachdidaktik. 2., aktualisierte Auflage. Berlin: Akademie Verlag, 115-130.
Rinderle, B. (2014): Die Freiburger Rechtschreibschule (FRESCH). In: Sprachförderung und Sprachtherapie, H. 4/2014, 238-247.

Risel, H. (2017): „Davor muss immer ein ie sein". Kinder erklären die Schreibung von Wörtern mit <ß>. In: C. Schiefele & M. Menz (Hrsg.): Handlungsorientierte Perspektiven des Förderschwerpunkts Sprache. 2., korrigierte Auflage. Baltmannsweiler: Schneider, 224-233.

Risel, H. (2016): Gesummt oder gezischt? S oder ß? „Bienen-s" und „Schlangen-s" unterscheiden können – oder dialektbedingt auch nicht. In: Deutsch 5 bis 10, H. 48, 13-17.

Risel, H. (2011): Arbeitsbuch Rechtschreibdidaktik. 2., überarbeitete Auflage. Baltmannsweiler: Schneider.

Röber, C. (2015): Ermittlung rechtschreiblicher Kompetenz. In: U. Bredel & T. Reißig (Hrsg.): Weiterführender Orthographieerwerb. 2., korrigierte Auflage. Baltmannsweiler: Schneider, 509-545.

Röber, C. (2010): Mehr Systematik bei der Großschreibung. In: Grundschule Deutsch, H. 27, 7-10.

Röber, C. (2009): Die Leistungen der Kinder beim Lesen- und Schreibenlernen. Grundlagen der Silbenanalytischen Methode. Baltmannsweiler: Schneider.

Röber-Siekmeyer, C. (1999): Ein anderer Weg zur Groß- und Kleinschreibung. Leipzig u. a.: Klett.

Röber-Siekmeyer, C. (1995): Die Schriftsprache entdecken. Rechtschreiben im offenen Unterricht. Weinheim u. a.: Beltz.

Schiefele, C., Streit, C. & Sturm, T. (2019): Pädagogische Diagnostik und Differenzierung in der Grundschule. München: Reinhardt (UTB).

Schönenberg, S. (2016a): Das mit dem „dass". Die passende Strategie zur Richtigschreibung finden. In: Deutsch 5 bis 10, H. 48, 26-31.

Schönenberg, S. (2016b): Die Sicht des Lesers als (Wieder-)Einstieg in die Interpunktion: Möglichkeiten und Grenzen verschiedener Didaktisierungsweisen. In: R. Olsen, C. Hochstadt & S. Colombo-Scheffold (Hrsg.): Ohne Punkt und Komma ... Beiträge zu Theorie, Empirie und Didaktik der Interpunktion. Berlin: RabenStück, 298-325.

Schönenberg, S. (2012a): Satzzeichen als „Verständlichmacher". In: Deutsch 5 bis 10, H. 31, 31-33.

Schönenberg, S. (2012b): Ver-rückte Kommas. Wie fehlende oder versetzte Kommas den Sinn verändern. In: Deutsch 5 bis 10, H. 31, 24-27.

Schönenberg, S. & Betzel, D. (2016): Verstehen statt Pauken. Rechtschreibsicherheit gewinnen – verschiedene Zugänge anbieten. In: Deutsch 5 bis 10, H. 48, 32-36.

Schrader, F.-W. & Helmke, A. (2014): Alltägliche Leistungsmessung durch Lehrer. In: F. E. Weinert (Hrsg.): Leistungsmessungen in Schulen. 3. Auflage. Weinheim u. a.: Beltz, 45-58.

Schrader, S. (2005): Förderdiagnostik. In: Lernchancen, H. 46, 16-24.

Siekmann, K. & Thomé, G. (2012): Der orthographische Fehler. Grundzüge der orthographischen Fehlerforschung und aktuelle Entwicklungen. Oldenburg: isb.

Stanat, P., Böhme, K., Schipolowski, S. & Haag, N. (Hrsg.) (2016): IQB-Bildungstrend 2015. Sprachliche Kompetenzen am Ende der 9. Jahrgangsstufe im zweiten Ländervergleich. Münster: Waxmann.

Stanat, P., Schipolowski, S., Rjosk, C., Weirich, S. & Haag, N. (Hrsg.) (2017): IQB-Bildungstrend 2016. Kompetenzen in den Fächern Deutsch und Mathematik am Ende der 4. Jahrgangsstufe im zweiten Ländervergleich. Münster: Waxmann.

Steinig, W. & Betzel, D. (2014): Schreiben Grundschüler heute schlechter als vor 40 Jahren? Texte von Viertklässlern aus den Jahren 1972, 2002 und 2012. In: A. Plewnia & A. Witt (Hrsg.): Sprachverfall? Dynamik, Wandel, Variation. IDS Jahrbuch 2013. Berlin u. a.: De Gruyter, 353-371.

Steinig, W., Betzel, D., Geider, F. J. & Herbold, A. (2009): Schreiben von Kindern im diachronen Vergleich. Münster: Waxmann.

Stock, C. & Schneider, W. (2008): Deutscher Rechtschreibtest für das dritte und vierte Schuljahr. Göttingen: Hogrefe.

Szczepaniak, R. (2011): Grammatikalisierung im Deutschen. Eine Einführung. 2., überarbeitete und erweiterte Auflage. Tübingen: Narr.

Thomé, G. (2003): Entwicklung der basalen Rechtschreibkenntnisse. In: U. Bredel, H. Günther, P. Klotz, J. Ossner & G. Siebert-Ott (Hrsg.): Didaktik der deutschen Sprache. Ein Handbuch. 1. Teilband. Paderborn: Schöningh (UTB), 369-379.

Thomé, G. (1987): Rechtschreibfehler türkischer und deutscher Schüler. Heidelberg: Groos.

Thomé, G. & Thomé, D. (2017): OLFA 3-9. Oldenburger Fehleranalyse für die Klassen 3-9. 5., verbesserte Auflage. Opladen u. a.: isb.

Voss, A., Blatt, I. & Kowalski, K. (2007): Zur Erfassung orthographischer Kompetenz in IGLU 2006: Dargestellt an einem sprachsystematischen Test auf Grundlage von Daten aus der IGLU-Voruntersuchung. In: Didaktik Deutsch, H. 23, 15-33.

Wahl, S., Rautenberg, I. & Helms, S. (2017): Evaluation einer syntaxbasierten Didaktik zur satzinternen Großschreibung. In: Didaktik Deutsch, H. 42, 32-52.

Walgenbach, K. (2017): Heterogenität – Intersektionalität – Diversity in der Erziehungswissenschaft. 2. Auflage. Opladen u. a.: Budrich (UTB).

Weinhold, S. (2009): Effekte fachdidaktischer Ansätze auf den Schriftspracherwerb in der Grundschule. In: Didaktik Deutsch, H. 27, 53-75.

Weinhold, S. (2006): Entwicklungsverläufe im Lesen- und Schreibenlernen in Abhängigkeit didaktischer Konzepte. Eine Longitudinalstudie in Klasse 1-4. In: S. Weinhold (Hrsg.): Schriftspracherwerb empirisch. Konzepte – Diagnostik – Entwicklung. Baltmannsweiler: Schneider, 120-151.

Wieprächtiger-Geppert, M. & Riegler, S. (2018): Empirische Befunde zum Professionswissen von Lehrpersonen im Bereich der Doppelkonsonantenschreibung. In: S. Riegler & S. Weinhold (Hrsg.): Rechtschreiben unterrichten. Lehrerforschung in der Orthographiedidaktik. Berlin: Schmidt, 29-50.

Unterrichtslehrwerke

D. Eins. Sprache, Literatur, Medien. Gymnasium. Klasse 5. Braunschweig: Schroedel (2017).
Jo-Jo Sprachbuch. Klasse 2. Berlin: Cornelsen (2012).

Abbildungsverzeichnis

Abb. 1:   Rechtschreibung und Schriftsprachgebrauch   19
Abb. 2:   Graphem-Phonem-Korrespondenzregeln
          (nach Eisenberg 2013a: 291 f.)   30
Abb. 3:   Uneindeutige lautliche Repräsentation am Beispiel
          des Vokalgraphems <e>   31
Abb. 4:   Häusermodell (vgl. Bredel 2010a)   36
Abb. 5:   Silbenkonstituentenmodell   40
Abb. 6:   Vergleich von phonologischer und
          graphematischer Silbenstruktur   41
Abb. 7:   Silbenbau und Sonorität (vgl. Eisenberg 2016: 41)   43
Abb. 8:   Länge vs. Kompaktheit (vgl. Eisenberg 2013a: 297)   44
Abb. 9:   Offene und geschlossene Silbe im Vergleich   45
Abb. 10: Häusermodell (vgl. Bredel 2010a: 11)   47
Abb. 11: Silbengelenk und Silbengelenkschreibung   50
Abb. 12: Gelenkschreibung im Häusermodell   53
Abb. 13: Silbeninitiales <h>   55
Abb. 14: Silbeninitiales <h> im Häusermodell   56
Abb. 15: Silbeninitiales <h> im Schulbuch (aus: D. Eins 2017: 282)   56
Abb. 16: Visualisierung von Silbenschnitt und Morphemschnitt   57
Abb. 17: <ie>-Schreibung   58
Abb. 18: Induktive Erarbeitung der <ie>-Schreibung
          (aus: D. Eins 2017: 283)   60
Abb. 19: Dehnungs-<h>   61
Abb. 20: Doppelvokale   64
Abb. 21: Drei Fälle intervokalischer *s*-Schreibung   68
Abb. 22: Morphemdifferenzierung (vgl. Noack 2010b: 162)   74
Abb. 23: Silbische Grundlagen der Auslautverhärtung   78
Abb. 24: Phonologische und morphologische Schreibungen   83
Abb. 25: Zweischrittiges Baumuster der Wortschreibung
          (vgl. Hinney 2010: 70)   84
Abb. 26: Morphemschnitt (vgl. Bredel 2010a: 15)   85
Abb. 27: Struktur der Nominalgruppe   89
Abb. 28: Nominalgruppe mit ausgedehntem Mittelfeld   91
Abb. 29: Nominalgruppe mit nominalem Nachfeld   91
Abb. 30: Struktur der Präpositionalgruppe   92

Abb. 31: ‚bellen' als Kern einer Nominalgruppe 93
Abb. 32: Unterschiedliche lexikalische Einheiten als Kerne
von Nominalgruppen 94
Abb. 33: Syntaxbezogener Ansatz der Großschreibung nach
Röber-Siekmeyer (1999) 97
Abb. 34: Treppengedichte (vgl. Röber 2010: 22) 98
Abb. 35: Arbeitsmaterial für Schüler/innen zur Erprobung
der Testwörter (Funke 1995: 60) 99
Abb. 36: Rückbildung 104
Abb. 37: GZS im Kernbereich 109
Abb. 38: Form und Funktion von *das/dass* (vgl. Feilke 2015: 342) 112
Abb. 39: Verbergänzungen 113
Abb. 40: *Dass*-Nebensatz als Attributsatz 114
Abb. 41: Komma bei satzinterner Satzgrenze (Verbalgruppen) 124
Abb. 42: Topologisches Modell und satzinterne Satzgrenze 125
Abb. 43: Infinitivgruppe und Nebensatz 127
Abb. 44: Kohärente und inkohärente zu-Infinitive
(vgl. Bredel 2015a: 137) 128
Abb. 45: Königreich-Modell (vgl. Lindauer 2015: 603) 132
Abb. 46: Abgrenzung von Königreichen im topologischen Modell 132
Abb. 47: Komma bei Koordination (Mehrfachbesetzung) 133
Abb. 48: Satzkonstruktion ohne Interpunktion 135
Abb. 49: Rechtschreibdiagnostik 153
Abb. 50: Diagnostische Kompetenz 156
Abb. 51: Aufgaben zur Diagnose von Problemlösungswissen
(Geist & Krafft 2017: 92) 170
Abb. 52: VERA 8, Deutsch Orthographieaufgaben (www.iqb.hu-
berlin.de/vera/aufgaben; letzter Zugriff: 07.10.2019) 171

Tabellenverzeichnis

Tab. 1:	Zusammenwirken graphematischer Prinzipien	13
Tab. 2:	Wissensarten in Anlehnung an Ossners Strukturmodell (2006) (Fay 2013: 177)	21
Tab. 3:	Modellierung der Rechtschreibkompetenz nach einem sprachsystematischen Kompetenzmodell (vgl. Voss et al. 2007: 17) ...	23
Tab. 4:	Unmarkierte und markierte silbisch motivierte Schreibungen (vgl. Müller 2017a: 47)	48
Tab. 5:	GPK-Regeln bei der *s*-Schreibung	67
Tab. 6:	Schreibentscheidungen bei der *s*-Schreibung	70
Tab. 7:	Lauttilgung an der Morphemgrenze	81
Tab. 8:	Substantiv-Substantiv-Verbindungen	102
Tab. 9:	Verb-Substantiv-Verbindungen	103
Tab. 10	Strukturelle Unterschiede zwischen Relativum und Subjunktion	115
Tab. 11:	Morphologische und morpheminterne Worttrennung	141
Tab. 12:	Fehleranalyseraster	158
Tab. 13:	Fehlerkategorien	166
Tab. 14:	Berechnung eines Fehlerquotienten	168

Verzeichnis der verwendeten Abkürzungen und Symbole

Abkürzungen

Abb.	Abbildung
bspw.	beispielsweise
d. h.	das heißt
et al.	et altera
etc.	et cetera
ggf.	gegebenenfalls
GPK	Graphem-Phonem-Korrespondenz
GZS	Getrennt- und Zusammenschreibung
Hrsg.	Herausgeber/innen
s.	siehe
s. o.	siehe oben
s. u.	siehe unten
Tab.	Tabelle
u. a.	unter anderem
usw.	und so weiter
vgl.	vergleiche
vs.	versus
Z.	Zeile
z. B.	zum Beispiel

Symbole

< >	graphematischer Ausdruck
/ /	phonologischer Ausdruck
[ ]	phonetische bzw. neutrale Schreibung für phonetische und phonologische Ausdrücke
\<hel-fen\>	Trennstrich: Silbengrenze in graphematischer Wortform
[leː.gən]	Punkt: Silbengrenze in phonetisch/phonologischer Wortform
Un/fall	Virgel: Morphemgrenze
[faḷən]	tiefgestellter Punkt: ambisilbischer Konsonant
[seːgl̩]	tiefgestellter senkrechter Strich: silbischer Konsonant
→	„...wird zu..." bzw. „...korrespondiert mit..."
*xxx	ungrammatischer Ausdruck
(?)xxx	grammatisch zweifelhafter Ausdruck bzw. grammatisch zweifelhafte Konstruktion
&	und

Sachregister

Adverbialsatz 121
Affix 73 ff.
  – Präfix 73 ff.
  – Suffix 73 ff.
Affrikate 30, **51 ff.**
Artikel **90**, 122
Artikelwort 90 ff.
Attribut 90 ff.
  – Adjektivattribut 91
  – Genitivattribut 91
  – Präpositionalattribut 91
  – Attributsatz 91, **114 f.**, 122
Attributfähigkeit 90 ff., 94 f.
Auslautverhärtung 77 ff.
Ausrufezeichen 139
Autonomiehypothese 12

Bezugsnorm 152 ff.
  – individuelle 152 f.
  – kriteriale 152 f.
  – soziale 152 f.
Buchstabe **26 f.**, 32, 33, 35

Demonstrativum 122
Dependenzhypothese 12, 34
Derivat 47, 75
Differenzkategorien **148 ff.**, 151
  – Geschlecht 148
  – sozioökonomischer Status 148 f.
  – Zuwanderungshintergrund 149 ff.
Diphthong **30 ff.**, 40, 55, 70
Divis 139 ff.
Doppelpunkt 137 f.

Ergänzungssatz **113 ff.**, 125
Ersatzprobe mit *dieses*/*welches* 116 f.

Erweiterungsprobe mit Attributen 97 ff.
Explizitlautung 13, **33**, 52, 54

Fehler bzw. Rechtschreibfehler 14 ff., **167**
Fehleranalyseraster 158 f.
Fehlerkategorie 159 ff.
Fehlerquotient 167, **168**
Förderdiagnostik 153 ff.
Fragezeichen 138 f.
Fugenelement 102 ff.
  – paradigmisch 102 ff.
  – unparadigmisch 102 ff.
Funktionsverbgefüge (FVG) 95

Geminate 51 f., 69
Geminatenreduktion 81
Geminatenschreibung 81
Gemination 50f.
Glottisverschlusslaut 27
Grammatikalisierung 115
Graphem **28 ff.**, 158 ff.
Graphem-Phonem-Korrespondenzen (GPK) **29 ff.**, 67, 159

Halbmodalverben 127
Häusermodell zur Silbe 47 ff.
Heterogenität 147 ff.

Infinitivgruppe **126 ff.**, 143
  – inkohärente **126 ff.**
  – kohärente 126 ff.
Inhaltssatz 113, 121
Interdependenzhypothese 12
Interferenzfehler 150

Interpunktionszeichen
- syntaktische 136 ff.
- kommunikative 138 f.
- defektive 139 ff.

Kern einer Nominalgruppe 89, **93 f.**
Kern einer Verbalgruppe 123 ff.
- finiter 123 ff.
- infiniter 125 ff.
Kernbereich der Orthographie **14 ff.**, 23, 47ff., 101 ff., 108, 162, 166
Kernwortschatz 28, 41, 82, 142
Koartikulation 35
Komma 123 ff.
- satzinterne Satzgrenze 123 ff.
- Koordination 128 ff.
- Herausstellung 130 ff.
Kompetenz bzw. Rechtschreibkompetenz **19 ff.**, 155 ff., 167, 169
Kompetenzmodell 20 ff.
Komplementsatz 113, 121
Kompositionsfuge 53, **80 ff.**
Kompositum 47, **101 ff.**, 141
- Adjektivkompositum 103
- Substantivkompositum 102
Königreichmodell zur Kommasetzung 131 f.
Konjunktion 126, **129**
- echt koordinierende 126, **129**
- nicht echt koordinierende 126, **129**
Konsonant 28 ff.
- ambisilbischer 50 ff.
Korrelat **114**, 118, 127 ff.

Längenausgleich 42, **45**, 48
Längenhierarchie 42 f.
Laut **26 f.**, 32 f., 34 ff., 39

Matrixsatz 113 ff.
Minimalpaar **28 f.**, 36, 52, 54
Morphem **73 ff.**, 80
- Flexionsmorphem **73 ff.**, 98,
- Stammmorphem 73, **85**
- Wortbildungsmorphem 73
Morphemgrenze 80 ff.
Morphemkonstanz 73 ff.
Nominalgruppe 89 ff.
Normfehler **14**, 95

Objektsatz **113 ff.**, 125
Obstruent **43**, 67, 77 ff.
- Frikativ **43**, 77 ff.
- Plosiv **43**, 77 ff.

Parenthese 131
Parsing 136 f.
- lexikalisches 140
- syntaktisches 136
- textuelles 137
Peripherie bzw. Peripheriebereich der Orthographie **14 ff.**, 48 ff., 103 ff., 155, 162
Phonem **28 f.**, 158 ff.
Pilotsprache 35
Prädikativ 95
Präposition 107, 111
Präpositionalgruppe 92 f.
Punkt 137 f.

Rechtschreibdiagnostik 153 ff.
- testabhängige 154
- testunabhängige 155, **157 ff.**
Rechtschreibfehleranalyse 147 ff.
- qualitativ 147 f., **157 ff.**, 166 f.
- quantitativ 147 f., 166
Rechtschreibgespräch 171 f.
Rechtschreibprinzip bzw. Prinzip **12 f.**, 23 ff.
Rechtschreibreform **11**, 52, 77, 85
Reduktionssilbe **41**, 47
Regelbildungsprozess **11**, 19
Relationsprinzip 101 ff.
Relativsatz **115**, 118, 121
Relativum 122, **115**
Rückbildung 104

Satz 123 ff.
- orthographischer 123 f.
- syntaktischer 124
Schlüsselwort 84
Schreibsilbe (graphematische Silbe) **41 ff.**, 43
Schriftspracherwerb 34 ff.
Schriftsystem 32
- flaches 32
- tiefes 32
Schwa-Laut **29**, 31, 36, 42, 45, 65
Silbe 40 ff.
- bedeckte 40
- geschlossene 41, **44 ff.**
- nackte 40
- offene 41, **44 ff.**
Silbenanfangsrand 40
Silbenendrand 40
Silbengelenk 50 ff.
Silbengelenkschreibung bzw. Gelenkschreibung 50 ff.
Silbenkern 40
Silbenkonstituentenmodell 40
Silbenschnitt vs. Morphemschnitt 57
Sonorant **43**, 61 ff.
- Liquid 43
- Nasal 43
Sonoritätshierarchie 42 f.
Spirantisierung 78
Sprechsilbe (phonologische Silbe) **41 ff.**, 140
Standardlautung/-varietät 33 ff., 159 ff.
Stützform 41, 59, 71
Subjektsatz 113 f.
Subjunktion 122 ff.
Subordination 136
Subordinationsblockade 136
- temporäre 137
- permanente 137
Substantiv 88 ff.
- lexikalisches 88 ff., 93
- syntaktisches 89 ff., 93

Substantivierung 92
Systemfehler **14**, 95

Textprozedur 117
Topologisches Modell 89 ff., 125 ff.
- der Nominalgruppe 89 f., **91**
- der Präpositionalgruppe 92
- des Satzes 125 ff.
Trochäus 35, **41**, 45 ff.

Übergeneralisierung 15, 60, 156, **167**
Umgangslautung/-varietät 42, 80
Umlaut 28 ff.
Umlautschreibung 75
Umstellprobe 97 ff.
Univerbierung 107

Variantenschreibung 11, 75, 77, 104 ff.
Varietät 164
Verbalgruppe **123 ff.**, 131
Verbalkomplex 124
Vokal 28 ff.
- gespannter 45 f.
- kurzer **46 ff.**, 53
- langer **46 ff.**, 53
- ungespannter 45 f.
Vollsilbe **41**, 47

Wissen **21 f.**, 155, 169
- deklaratives **21 f.**, 155
- metakognitives **21 f.**, 155, 169
- Problemlösungs- **21 f.**, 155, 169 f.
- prozedurales 21 f.
Wortbildungsprinzip 101 ff.
Wortstamm 48, **57**, 75
Worttrennung 139 ff.
- morphemintern 141
- morphologisch 141